Grundlagen

Katholischer Religionsunterricht
an Beruflichen Schulen
12./13. Jahrgangsstufe

Verfaßt von Adelhelm Bals,
Otmar Schnurr, Rudolf Wittmer

Kösel-Verlag, München

Grundlagen 2

Katholischer Religionsunterricht an Beruflichen Schulen
12./13. Jahrgangsstufe

Zugelassen durch die Lehrbuchkommission der Deutschen Bischofskonferenz

ISBN 3-466-50396-5

Umschlagentwurf: G. Oberhauser, unter Verwendung eines Fotos von B. Bartel
Gesamtherstellung: Kösel, Kempten

Der Kösel-Verlag ist Mitglied im Verlagsring Religionsunterricht (VRU)

Das Team, das die »Grundlagen« erarbeitete

Der »Chef« des Teams, Otmar Schnurr, wurde 1946 geboren. Er ist Schwarzwälder, und der alemannische Akzent ist auch dann deutlich herauszuhören, wenn er hochdeutsch spricht. Seit 1971 ist er Diplomtheologe und Religionslehrer an der berufsbildenden Schule. Neben Theologie studierte er noch Psychologie, Deutsch und Latein. Er unterrichtet an der Handelslehranstalt in Achern und an der dortigen Gewerbeschule. Verheiratet, zwei Kinder. Liest gerne Krimis, spielt Handball und hört gerne Country-Musik.

Der »Senior« des Teams, Rudolf Wittmer, geboren 1938, Schwabe, verheiratet, drei Töchter, unterrichtet in Ludwigsburg. Er ist Diplomtheologe und Diplompsychologe und seit 1971 Religionslehrer. Er spielt gern und gut Geige, arbeitet sehr aktiv in der kirchlichen Gemeinde mit und läßt nur selten ein Fußballspiel aus, das im Fernsehen gezeigt wird. War in seiner Jugend ein überdurchschnittlich guter Leichtathlet auf der Mittel- und Langstrecke.

Adelhelm (genannt Adi) Bals, der »Geistliche« im Team, wurde 1941 in Landsberg geboren, ein echter Bayer. 1968 wurde er zum Priester geweiht, war dann acht Jahre lang Kaplan in Kempten und Memmingen. 1976 wurde er Religionslehrer an der berufsbildenden Schule. Heute unterrichtet er in seiner Geburtsstadt Landsberg. Neben der Schule ist er dort auch als Seelsorger tätig. Manchmal streift er sein Renntrikot über und kurvt mit dem Rennrad durch die bayerischen Lande. Er war mit seinem Zweirad auch schon in Rom.

Inhaltsverzeichnis

KAPITEL 1

Das Buch der Bücher

Ein Buch, das Wirkung hinterließ.
Ein Buch, das immer noch Wirkung hat.

1.1 Bestandsaufnahme

Bibel – verstaubt und vergessen?

»Sechs Menschengenerationen bin ich nun alt. Die erste Generation, die mich besaß, ist schon lange tot, nicht einmal ihre Gräber sind auf dem Friedhof noch zu finden. Ebenso erging es der zweiten und dritten Generation.

Die vierte Generation, die ebenfalls schon gestorben ist, deren Gräber aber noch vorhanden sind, war die letzte Generation, die mich noch regelmäßig las. Jeden Abend versammelten Vater und Mutter ihre Kinder um den Küchentisch, und Vater las eine Geschichte aus der Heiligen Schrift vor.

Von den Kindern, die in ihrer Kindheit diese Geschichten hörten, erbte mich das älteste. Von dieser Zeit an hatte ich ein ruhiges Leben. Der Staub senkte sich auf mich, das Buch der Bücher. Nur an Weihnachten holte man mich hervor, und die Mutter blies den Staub von meinem Einband und las am Heiligen Abend den Kindern die Weihnachtsgeschichte vor. Wiederum erbte mich das älteste der beiden Kinder.

Ab dieser Zeit benötigte man mich nicht mehr, ich wurde nicht mehr benutzt. Zunächst stand ich unnütz im Bücherschrank herum zwischen vielen Bänden Konsalik und Simmel, dann trug man mich auf den Speicher. Dort lag ich bis vor einigen Wochen. Als der Speicher aufgeräumt wurde, zählte ich zu den überflüssigen Gegenständen. In einem Wäschekorb voller Bücher fand ich mich auf einem Flohmarkt wieder.

Einer von denen, die alte Bücher sammeln, kaufte mich und nahm mich mit nach Hause. In seinem Bücherschrank habe ich einen Ehrenplatz, weil ich eine »bibliophile Rarität«, d. h. ein seltenes Exemplar bin. Er liest mich zwar nicht, aber wenn Besuch kommt, dann nimmt er mich sorgfältig aus dem Regal, schlägt mich auf und verweist auf das Jahr, in dem ich gedruckt wurde. Dann nicken die Besucher ehrfürchtig, während er mich stolz an meinen Platz zurückstellt.«

Bibel, von (gr.) biblos = das Buch. Die Bibel umfaßt die beiden großen Schriftsammlungen des Alten und Neuen Testaments. Das Wort Testament (von lat. testamentum) bedeutet soviel wie Bund oder Vertrag.
Evangelium, von (gr.) euangelion = frohe Kunde, Heilsbotschaft. Evangelium ist die Botschaft vom Kommen des Gottesreiches; dann die Überlieferung vom Leben und Wirken Jesu, besonders deren schriftliche Ausformung in den entsprechenden neutestamentlichen Texten, den vier Evangelien.

ERINNERUNGEN

Ein Religionslehrer erzählt aus der Praxis

Die Arbeit mit der Bibel oder mit Texten aus der Bibel ruft bei den Schülern meist negative Reaktionen hervor, die sich etwa so zusammenfassen lassen:

Märchenbuch
»Für mich ist die Bibel ein altes Märchenbuch. Gott formt aus Lehm den Adam und haucht ihm den Lebensatem ein. Aus der Rippe des schlafenden Adam bastelt er die erste Frau. So fängt die Geschichte des Menschen nach den Texten des Alten Testamentes an. Die Zahl der Märchen aus dem Alten Testament kann man beliebig verlängern. Im Neuen Testament geht es so ähnlich weiter. Schon die Geburt Jesu ist ein wunderschönes Märchen. Gott wird Mensch, aus einer Jungfrau geboren, Engel singen »Gloria in excelsis«, drei Könige kommen aus dem Morgenland, weil ihnen ein Licht in Form eines Sterns aufgegangen ist. Lazarus, der schon am Verwesen war, kommt plötzlich auf ein Wort Jesu hin aus seinem Grab heraus und lebt munter weiter. Das alles sind Geschichten für Kinder, ein normal denkender Mensch kann das nicht für bare Münze nehmen.«

Langweilig
»Die Erinnerung, die ich an die Bibel habe, ist die, daß wir in der Schule Kapitel für Kapitel auswendig lernen mußten. Wer am besten auswendig lernte, der war dann der Beste in Religion. Verstanden hab ich wenig von dem, was ich da gelernt habe. Das Ganze fand ich unheimlich langweilig. Wenn ich Bibel höre, fällt mir automatisch das Wort Langeweile ein.«

Alter Hut
»Die Sprache der Bibel ist für den Menschen unserer Zeit längst überholt. Da gibt es Vergleiche, die einem heutigen Menschen nur noch ein müdes Lächeln abringen können. Da werden Menschen mit Schafen verglichen, denen der gute Hirte nachgeht, bis er sie gefunden hat. Da wird vom Licht der Welt gesprochen, vom Scheffel, vom Sauerteig, vom Sämann. Diese Sprache ist veraltet. Auch die Aussagen sind für einen logisch denkenden Menschen unrealistisch. ›Wenn

dich jemand auf die rechte Wange schlägt, dann halte ihm auch die linke hin. Wenn dir jemand deinen Mantel nimmt, dann gib ihm auch deinen Rock.‹ Wer sich in unserer Welt so verhält, der bringt es zu nichts.«

Alles und nichts
»Mit der Bibel kann man alles beweisen, was man will: ›Wer mit dem Schwert kämpft, wird durch das Schwert umkommen.‹ ›Ich bin nicht gekommen, den Frieden zu bringen, sondern das Schwert.‹ ›Liebe deinen Feind.‹ ›Auge um Auge, Zahn um Zahn.‹ Krieg und Frieden ... in der Bibel finden sich Argumente für beides. Mit Bibelzitaten läßt sich so ziemlich alles beweisen.«

Nur selten habe ich als Religionslehrer eine Äußerung gehört wie die folgende:
»Ich lese regelmäßig in der Bibel. Die Geschichten der Bibel helfen mir, mein Leben zu gestalten. Die Worte der Bibel sind Wegweiser meines Lebens.«

1. *Versuchen Sie, die Titelseite dieses Kapitels zu interpretieren.*
2. *»Bibel – verstaubt und vergessen?« Könnte Ihre Familienbibel eine ähnliche Geschichte erzählen?*
3. *Welche Geschichten aus der Bibel haben sich Ihnen besonders eingeprägt? Können Sie sie in ihren wesentlichen Teilen nacherzählen? Gibt es Verse oder Erzählungen der Bibel, die für Sie eine Art Leitmotov sind?*
4. *Versuchen Sie, die »Stimmen der Kritik« zu widerlegen. Wie kommt es zu diesen Meinungen?*
5. *Welche Erinnerungen lösen die Bilder in Ihnen aus?*

Dennoch: Ein einflußreiches Buch

Ohne die lebendige und gewisse Zuversicht zum Herrn und seiner allmächtigen Bewahrung wäre es unmöglich gewesen, zwölf Jahre lang in den unzugänglichen Gebieten von Asien auszuhalten. Auf meinen sämtlichen Reisen ist die Bibel stets mein Begleiter und meine beste Lektüre gewesen.
Sven Hedin, 1865–1952, Forscher

Ich für meine Person halte die Bibel lieb und wert; denn fast ihr allein war ich meine sittliche Bildung schuldig. Die Begebenheiten, die Lehren, die Symbole, die Gleichnisse: alles hat sich bei mir tief eingedrückt und war auf die eine oder andere Art wirksam gewesen ...
Johann Wolfgang von Goethe, 1749–1832

Die Bibel ist das Buch, dessen Inhalt selbst von seinem göttlichen Ursprung zeugt. Sie entdeckt uns die Größe unserer Verschuldung und die Tiefe unseres Falles. Die Bibel ist mein edelster Schatz, ohne welchen ich elend wäre.
Immanuel Kant, 1724–1804, Philosoph

Die Heilige Schrift im Leben der Kirche

Das II. Vatikanische Konzil betont die überragende Stellung, die der Heiligen Schrift im Leben der Kirche zukommt. Aus der Heiligen Schrift entnimmt die Kirche die Lehre, die zu verkünden und zu leben ihre Aufgabe ist. In den heiligen Schriften ist die Richtschnur des Glaubens gegeben. Die Kirche betrachtet die Heilige Schrift als von Gott eingegeben und ein für alle Mal niedergeschrieben. In der Heiligen Schrift wird Gottes Wort vermittelt, sei es in den Worten der Propheten des Alten Testamentes oder in den Worten der Apostel. Der christliche Glaube gründet in der Bibel, und jede kirchliche Verkündigung muß sich aus der Heiligen Schrift nähren und sich an ihr orientieren.

Die Heilige Schrift ist die Grundlage der Liturgie, des kirchlichen Gottesdienstes, ist Grundlage der christlichen Predigt und jeder wissenschaftlichen Theologie. Das Leben der Kirche und jedes einzelnen Christen muß sich an der Heiligen Schrift orientieren und von der Heiligen Schrift her korrigieren.

Doch ist die Heilige Schrift nicht die einzige Quelle, aus der die Kirche lebt. Neben sie tritt die Apostolische Überlieferung. Das II. Vatikanische Konzil erklärt: »Denn die Heilige Schrift ist Gottes Rede, insofern sie unter dem Anhauch des Heiligen Geistes schriftlich aufgezeichnet wurde. Die Heilige Überlieferung aber gibt das Wort Gottes, das von Christus dem Herrn und vom Heiligen Geist den Aposteln anvertraut wurde, unversehrt an deren Nachfolger weiter, damit sie es unter der erleuchtenden Führung des Geistes der Wahrheit in ihrer Verkündigung treu bewahren, erklären und ausbreiten. So ergibt sich, daß die Kirche ihre Gewißheit über alles Geoffenbarte nicht allein aus der Heiligen Schrift schöpft.« (Offenbarung 9)

1. *Welche Bedeutung schreiben Sven Hedin, Johann Wolfgang von Goethe und Immanuel Kant der Bibel zu? Was bedeutete sie ihnen im Leben?*
2. *Arbeiten Sie aus dem Text »Die Heilige Schrift im Leben der Kirche« jene Aussagen heraus, die die besondere Bedeutung der Heiligen Schrift im Leben der Kirche bezeugen.*
3. *Die Bibel in Comic-Form – ist das eine gute neue Form oder eine Verniedlichung, ja Verfälschung der Bibel?*

Zahlen und Fakten

Bibelübersetzungen: In 1763 Sprachen der Welt war die Bibel bis Ende des Jahres 1982 ganz oder teilweise übersetzt und gedruckt. Wie die Deutsche Bibelgesellschaft, Stuttgart, mitteilte, habe sich die Zahl der »Bibel-Sprachen« gegenüber 1981 um 23 erhöht. Die vollständige Bibel liege allerdings erst in 279 Sprachen vor, weitere 551 Sprachen besäßen das Neue Testament. In zusätzlichen 993 Sprachen gebe es bisher nur Teile der Bibel. Am häufigsten sind die Bibel oder Teile davon in afrikanische Sprachen übersetzt worden (514), gefolgt von Asien (446), Lateinamerika (293), Australien/Pazifik (162), Europa (184) und Nordamerika (64).

Auch eine Übersetzung

1.2 Das Werden des Buches

Die Bibel als Offenbarung Gottes

Von jeher haben die Menschen Antwort auf letzte Sinnfragen gesucht. In den Religionen der Völker, in den Worten weiser Menschen, in den Tiefen der eigenen Seele glaubten sie, eine »göttliche Stimme« zu vernehmen, die Antwort gab.

Nach jüdischer und christlicher Überzeugung hat sich Gott in einzigartiger Weise dem Volk Israel geoffenbart: Er griff in seine Geschichte ein . . . Dabei dienten ihm Menschen als Boten und Mittler, die in seiner Vollmacht sprachen . . .

Man kann die Offenbarung des AT als ein Gespräch verstehen, das Gott über Jahrhunderte mit Israel führte. Im Verlauf dieses Gespräches wurde immer deutlicher, wer Gott war und welche Absichten er mit der Welt hatte. Dabei lernte auch das Volk sich selbst und seine Berufung immer besser kennen, fand es Antworten auf letzte Menschheitsfragen.

Schließlich hat Gott – nach christlicher Überzeugung – durch Jesus Christus sein entscheidendes »Wort« an die Menschen gerichtet. Im Hebräerbrief heißt es: »Auf vielfache Weise hat Gott in der Vergangenheit zu unseren Vätern gesprochen, aber jetzt, am Ende der Zeit, hat er zu uns durch seinen Sohn gesprochen, aber jetzt, am Ende der Zeit, hat er zu uns durch seinen Sohn gesprochen« (Hebr 1,1). Das Johannes-Evangelium bezeugt: »Und das Wort wurde Mensch und lebte unter uns« (Joh 1,14). In Jesus erreichte das Gespräch Gottes mit den Menschen seine Vollendung.

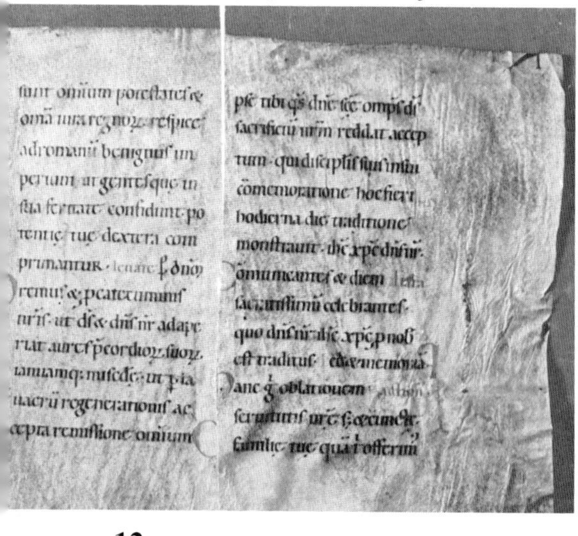

Die Geschichte Israels unter dem Wort Gottes, die Reden der Propheten, das gläubige Nachsinnen über die dem Volk zuteil gewordenen Offenbarungen, Worte und Taten Jesu, die Verkündigung der von ihm berufenen Zeugen, in denen sein Wort weiterwirkte –, dies alles ist in die Bibel eingegangen. Darum enthält sie »Gottes Wort«. Sie *ist* aber zugleich auch »Gottes Wort«. Denn nach christlicher Auffassung haben die Verfasser unter Anleitung des göttlichen Geistes ihre Bücher niedergeschrieben.

So ist jedes biblische Buch ganz von Gott . . . und zugleich auch ganz von seinem menschlichen Verfasser . . . Als menschliche Bücher spiegeln die Bücher der Bibel das Wissen, das Weltbild und das Lebensgefühl der Menschen, die sie schrieben, und der Menschen, für die sie geschrieben wurden . . .

Durch die Bibel will Gott alle Menschen ansprechen, sie ins Gespräch ziehen. Wer sich der Botschaft der Bibel gläubig öffnet, kann auch heute noch die Kraft des Gotteswortes in seinem Leben erfahren.

Nach Norbert Lohfink

Inspiration (lat. = Einhauchung): Nach dem Glauben von Juden und Christen war bei der Abfassung der biblischen Schriften der Heilige Geist Gottes wirksam; er inspirierte die Verfasser; das heißt: ihre Schriften bezeugen Gottes Wort für die Kirche.

Kanon (griech. = Richtschnur): Was von der Gemeinschaft der Glaubenden als Heilige (= inspirierte) Schriften anerkannt wurde, darf im Gottesdienst verlesen werden; diese Schriften wurden in den Kanon (das Verzeichnis) der Heiligen Schrift aufgenommen. – Welche Bücher zur Bibel gehören und in welche Gruppen sie eingeteilt werden, ist aus jeder vollständigen Bibelausgabe zu ersehen. *Grundriß des Glaubens*

Schreibgeräte und Schriften

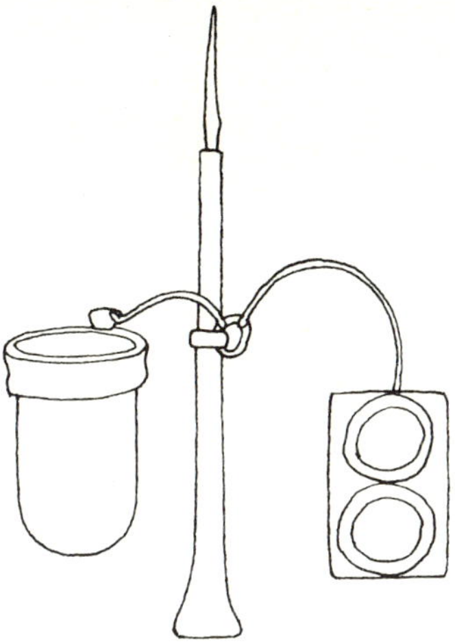

Der Stift
in Benutzung

Ägyptisches Schreibgerät, wie es ähnlich auch von den biblischen Schriftstellern benutzt wurde: Schreibrohr, Doppelfaß für verschiedene Tinten und Wassernapf zum Reinigen.

Der älteste Stift: aus Knochen, für das Schreiben von Keilschrift, um 2000 v. Chr.

Geschriebene Sprachen des biblischen Landes

Ägyptische Hieroglyphen

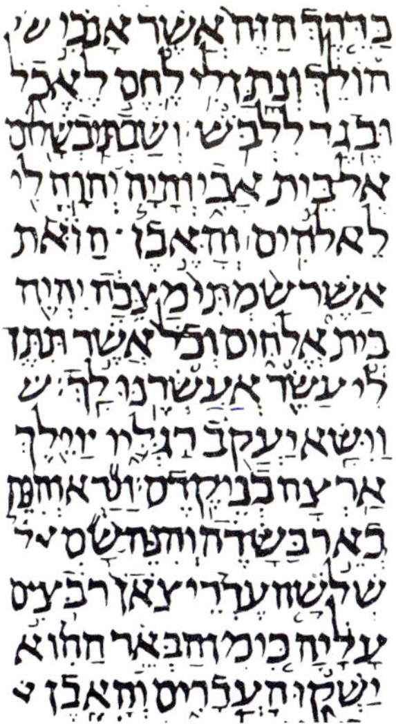

Hebräisch, die Sprache des Alten Testaments

Ein Brief auf Papyrus in Griechisch, der Sprache des Neuen Testaments

Die Heiligen Schriften werden Buch

Die Bücher des Alten Testaments – der Heiligen Schriften des Volkes Israel – waren überwiegend in Hebräisch und Aramäisch geschrieben, den alten Sprachen Israels. Bis 1947 stammten die ältesten hebräischen Abschriften des AT, das insgesamt 39 Bücher umfaßt, aus dem 9. und 10. Jahrhundert nach Christus. Es waren die ersten fünf Bücher des AT, der *Pentateuch* (= fünf Bücher Moses). 1947 wurden dann die Schriftrollen am Toten Meer entdeckt. Sie gehörten zur Bibliothek der jüdischen Sekte von *Qumran*, die zur Zeit Jesu ihre Blütezeit hatte. Diese Handschriften sind ca. 1000 Jahre älter als die aus dem 9. Jahrhundert. Unter ihnen befinden sich Abschriften aller Bücher des AT, außer Ester. Diese Manuskripte aus Qumran sind von großer Bedeutung, weil sie im wesentlichen denselben Text haben wie die Handschriften aus dem 9. Jahrhundert. Der Text des AT hat sich also in 1000 Jahren nur geringfügig geändert. Der Text des AT ist uns auch aus anderen Übersetzungen bekannt. Sie stimmen zum größten Teil mit dem uns vorliegenden hebräischen Text des AT überein. Eine der wichtigsten Übersetzungen ist die griechische Version des AT, die *Septuaginta*. In den ersten christlichen Jahrhunderten wurde sie von griechisch sprechenden Juden und von vielen Christen benutzt. Als das Christentum Völker erreichte, die andere Sprachen redeten und lasen, wurde das AT auch ins Lateinische *(Vulgata)*, ins Syrische (Peschitta) und ins Ägyptische (Koptische Version) übersetzt. Es ist nicht möglich, genau zu bestimmen, wie die Sammlung der Bücher des AT entstand, wie es zu dem *Kanon* kam, der bestimmte Bücher einschloß und andere nicht. Doch gilt es als erwiesen, daß die hebräische Heilige Schrift zur Zeit Jesu aus den 39 Büchern bestand, die wir heute als das AT kennen.

Die Entstehung des Neuen Testamentes in seiner heutigen Gestalt ist mit ziemlicher Sicherheit zu rekonstruieren. Die ersten christlichen Versammlungen glichen wahrscheinlich den Gottesdiensten der Juden. Bestimmte Abschnitte des Alten Testamentes wurden verlesen; doch da die Christen Jesus Christus verehrten, war es natürlich, daß in ihren Gottesdiensten etwas über ihn vorgetragen wurde. Anfänglich waren es wohl mündliche

1947 entdeckten Beduinen in einer Höhle bei Qumran einen unermeßlichen Schatz. Sie fanden die Qumranrollen, Handschriften des AT und anderer Bücher aus der Zeit vor Christus. Hier ist die sog. Isaias-Rolle abgebildet.

Berichte derer, die ihn noch gekannt hatten. Später, als die Gemeinden mehr und die Augenzeugen immer weniger wurden, schrieb man diese Erzählungen auf. So entstanden die vier Evangelien, die einen wichtigen Platz im Gottesdienst einnehmen.

Einige Apostel, aber auch andere, hatten eine ganze Reihe Briefe an Gemeinden und Einzelpersonen geschrieben. Da diese Briefe die Bedeutung des Evangeliums für das Leben der Christen und den Inhalt des Glaubens darlegten, wurden sie in den Gemeinden als wichtig und wertvoll anerkannt. Die Apostelgeschichte wurde als Fortsetzung des Lukasevangeliums aufgenommen, sie vermittelt Einblicke in das Leben der frühen Kirche. Die Paulusbriefe sind die ältesten Schriften des NT. Sie waren schon früh weit verbreitet. Schon vor 150 Jahren nach Christus benutzten die Gemeinden die vier Evangelien. Legendenhafte Jesuserzählungen, die vor allem nach 150 entstanden, fanden keinen Zugang zu den Gottesdiensten. Die vier Evangelien nach Markus, Lukas, Matthäus und Johannes verkünden Leben und Lehre Jesu und deuten sie (im Glauben). Die übrigen Bücher des NT waren teils früh verbreitet und anerkannt, teils wurden sie erst nach und nach als apostolische Schriften angenommen.

Die Gemeinden orientierten sich bei der Anerkennung der Schriften an dem, was apostolischen Ursprungs war, und an dem, was vom Geiste Jesu geprägt war. Erst nachdem diese Schriften schon lange in den Gemeinden benutzt wurden und die Gemeinden prägten, erklärten auf dem Konzil von Laodicäa (363) und auf dem Konzil von Karthago (397) die Bischöfe eine Liste von Büchern, identisch mit unserem NT, für maßgeblich.

Bibelhandschriften

Bis kurz nach Erfindung des Buchdrucks wurden Bibel und Bibelteile handschriftlich vervielfältigt. Diese Bibelhandschriften im Urtext oder in alten Übersetzungen unterscheiden sich in Alter, Material (Buchrolle, Papyrushandschriften, Pergamenthandschriften, Papier), Inhalt und Umfang, Ausstattung (z. T. Initialen, farbige Buchmalereien, gelegentlich mit Gold oder Silber oder auf purpurgetränktem Pergament), Spaltenzahl, Schriftart (Majuskeln = nur Großbuchstaben, Minuskeln = nur Kleinbuchstaben) und Textcharakter.

Die berühmtesten Bibelhandschriften sind:
Codex Alexandrinus, aus Ägypten (5. Jh.), Septuaginta und NT, 2 Spalten, durch Geschenk im Britischen Museum in London.
Codex Sinaiticus, aus dem 4. oder 5. Jh., Septuaginta und NT, 4 Spalten, mehrfach korrigiert, unter abenteuerlichen Umständen von K. von Tischendorf 1844 und 1859 gefunden, von der Sowjetregierung dem Britischen Museum verkauft.
Codex Vaticanus, aus dem 4. Jh., Septuaginta und NT, 3 Spalten, sehr lückenhaft, in der Vatikanischen Bibliothek.

1. *In welchen Sprachen und Übersetzungen entstanden die Schriften des Alten Testamentes? Was deutet darauf hin, daß die Überlieferung des Textes wenig Verfälschungen brachte?*
2. *Wie kommt es zur Entstehung des Neuen Testamentes in seiner heutigen Form? Welche Bücher wurden schließlich in den Kanon des NT aufgenommen?*
3. *Welche unterschiedlichen Bibelhandschriften gibt es? Worin unterscheiden sie sich?*

Codex Sinaiticus. Die griechische Pergamenthandschrift, die fast den vollständigen Text des Alten und Neuen Testaments enthält, entstand vermutlich um 350 in Caesarea (Palästina). Die Pergamentblätter (43 × 37,5 cm) sind klar und leicht lesbar geschrieben. Sie bieten in vier Spalten den biblischen Text in griechischer Sprache.

1.3 Ein menschlich/göttliches Buch

Inspiration und Irrtumslosigkeit

Das II. Vatikanische Konzil erklärt dazu folgendes: »Das von Gott Geoffenbarte, das in der Heiligen Schrift enthalten ist und vorliegt, ist unter dem Anhauch des Heiligen Geistes aufgezeichnet worden; denn aufgrund apostolischen Glaubens gelten unserer heiligen Mutter, der Kirche, die Bücher des Alten und des Neuen Testamentes in ihrer Ganzheit mit allen ihren Teilen als heilig und kanonisch, weil sie unter der Einwirkung des Heiligen Geistes geschrieben, Gott zum Urheber haben und als solche der Kirche übergeben sind. Zur Abfassung der Heiligen Bücher hat Gott Menschen erwählt, die ihm durch den Gebrauch ihrer eigenen Fähigkeiten und Kräfte dazu dienen sollten, all das und nur das, was er – in ihnen und durch sie wirksam – geschrieben haben wollte, als echte Verfasser schriftlich zu überliefern.
Da also alles, was die inspirierten Verfasser oder Hagiographen aussagen, als vom Heiligen Geist ausgesagt zu gelten hat, ist von den Büchern der Schrift zu bekennen, daß sie sicher, getreu und ohne Irrtum die Wahrheit lehren, die Gott um unseres Heiles willen in heiligen Schriften aufgezeichnet haben wollte.«

Inspiration und Auslegung der Heiligen Schrift

Da Gott in der Heiligen Schrift durch Menschen nach Menschenart gesprochen hat, muß der Schrifterklärer, um zu erfassen, was Gott uns mitteilen wollte, sorgfältig erforschen, was die heiligen Schriftsteller wirklich zu sagen beabsichtigten und was Gott mit ihren Worten kundtun wollte.
Denn die Wahrheit wird je anders dargelegt und ausgedrückt in Texten von in verschiedenem Sinn geschichtlicher, prophetischer oder dichterischer Art, oder in anderen Redegattungen.
Weiterhin hat der Erklärer nach dem Sinn zu forschen, wie ihn aus einer gegebenen Situation heraus der Hagiograph (= heiliger Schriftsteller, Schriftsteller des Heiligen) den Bedingungen seiner Zeit und Kultur entsprechend – mit Hilfe der damals üblichen literarischen Gattungen – hat ausdrücken wollen und wirklich zum Ausdruck gebracht hat. Will man richtig verstehen, was der heilige Verfasser in seiner Schrift aussagen wollte, so muß man schließlich genau auf die vorgegebenen umweltbedingten Denk-, Sprach- und Erzählformen achten, die zur Zeit des Verfassers herrschten, wie auf die Formen, die damals im menschlichen Alltagsverkehr üblich waren.

II. Vatikanisches Konzil (1965)

---

1. *Was meint man mit dem Ausspruch: »Dieses Ereignis hat mich inspiriert?«*
2. *Wie stellt der Maler des Bildes »Johannes auf Patmos« die Inspiration des Evangelisten dar?*
3. *Versuchen Sie, aus dem vorliegenden Text den wesentlichen Inhalt der Begriffe Inspiration und Irrtumslosigkeit zu erarbeiten. Versuchen Sie eine eigene Formulierung!*
4. *»Gott hat in der Heiligen Schrift durch Menschen auf Menschenart gesprochen«, sagt das II. Vatikanische Konzil. Welche Konsequenzen ergeben sich daraus für die Auslegung der Heiligen Schrift?*

»Mit übernatürlicher Kraft hat Gott die Menschen so zum Schreiben angeregt und bestimmt, ist ihnen so beim Schreiben zur Seite gestanden, daß sie alles das, aber auch nur das, was er sie hieß, richtig im Geiste auffaßten, getreu niederschreiben wollten und auch passend in unfehlbarer Wahrheit ausdrückten. Sonst wäre er ja nicht der Urheber der gesamten Heiligen Schrift.« *Papst Leo XIII. (1893)*

1.4 Glaubensbuch. Kein Biologiebuch, aber ein Lebensbuch!

Mißverständnisse und Fehldeutungen

Wenn die Bibel »recht hätte«, . . .
. . . wäre Abraham 175 Jahre alt geworden
. . . wäre die Arche Noach so groß wie der Kölner Dom gewesen
. . . wäre der Hase ein Wiederkäuer
. . . wäre die Sonne stillgestanden
. . . wäre die Welt in sechs Tagen entstanden
. . . hätte ein Dornbusch gebrannt und wäre nicht verbrannt
. . . wären die Mauern von Jericho durch Trompetenschall eingestürzt
. . . wäre Christus gleichzeitig an verschiedenen Orten gewesen

Die strapazierte Bibel

Der Bestsellerautor *Erich von Däniken* geht von der Annahme aus, daß vor Urzeiten Astronauten von fernen Planeten die Erde besuchten, einige Zeit blieben und dann wieder davonschwebten. Das, was die Menschen als Gott oder Götter verehrten und immer noch verehren, waren – nach Dänikens Ansicht – diese Astronauten der Vorzeit. Vieles deute daraufhin, daß Außerirdische hier auf der Erde waren; auch die Bibel liefere Indizien:

»Im 2. Buch, 25,10 berichtet Moses über die genauen Anweisungen, die »Gott« zum Bau der Bundeslade gab. Die Richtlinien werden zentimetergenau angegeben, wie und wo Stäbe und Ringe anzubringen sind und aus welcher Legierung die Metalle zusammengesetzt sein sollen. Die Anweisungen zielten auf eine genaue Ausführung, wie der »Gott« sie zu haben wünschte: Er ermahnte Moses mehrfach, keine Fehler zu machen.

»Und sieh zu, daß du alles genau nach dem Vorbild machst, das dir auf dem Berg gezeigt werden soll . . .« (2. Buch Moses, 25,40) »Gott« sagte Moses auch, daß er selbst mit ihm sprechen werde, und zwar von der Deckplatte her. Niemand, schärfte er Moses ein, dürfte in die Nähe der Bundeslade kommen, und für deren Transport gab er genaue Vorschriften über die zu tragende Kleidung und das geeignete Schuhwerk. Trotz aller Sorgfalt gab es dann doch eine Panne (2. Buch Samuel, Kapitel 6): als David die Bundeslade transportieren ließ, ging Usa daneben her. Als vorbeiziehende Rinder die Bundeslade ausmachten, sie angriffen und umzustürzen drohten, griff Usa mit der Hand an die Lade: wie vom Blitz getroffen, fiel er auf der Stelle tot um.

Fraglos war die Bundeslade elektrisch geladen! Wenn man nämlich die von Moses überlieferten Anweisungen heute rekonstruiert, entsteht ein auf mehrere hundert Volt geladener Kondensator. Dieser wurde durch die Goldplatten gebildet, von denen die eine positiv und die andere negativ aufgeladen war. Wirkte nun noch einer der beiden Cheruben auf der Deckplatte als Magnet, dann war der Lautsprecher – vielleicht sogar eine Art von Gegensprechanlage zwischen Moses und dem Raumschiff – perfekt. Die Details der Konstruktion der Bundeslade sind in schönster Ausführlichkeit in der Bibel nachzulesen. Ohne Gedächtnisauffrischung ist uns in Erinnerung, daß die Bundeslade oft von sprühenden Funken umgeben war und daß Moses – wann immer er Rat und Hilfe brauchte – sich dieses »Senders« bediente. Moses hörte die Stimme seines Herrn, aber er hat ihn nie zu Gesicht bekommen.«

Grenzüberschreitung

Am 22. Juni 1633 beschwört *Galilei,* ein fast 70jähriger Greis, in Rom die folgende Urkunde:

Ich, Galileo, Sohn des Vinzenz Galilei aus Florenz, siebzig Jahre alt, stand persönlich vor Gericht, und ich knie vor Euch, Eminenzen, die Ihr in der ganzen Christenheit die

Galilei.

Inquisitoren gegen die ketzerische Verworfenheit seid. Ich habe vor mir die heiligen Evangelien, berühre sie mit der Hand und schwöre, daß ich immer geglaubt habe, auch jetzt glaube und mit Gottes Hilfe auch in Zukunft glauben werde, alles was die heilige katholische und apostolische Kirche für wahr hält, predigt und lehrt. Es war mir von diesem Heiligen Offizium von Rechts wegen die Vorschrift auferlegt worden, daß ich völlig die falsche Meinung aufgeben müsse, daß die Sonne der Mittelpunkt der Welt ist, und daß sie sich nicht bewegt, und daß die Erde nicht der Mittelpunkt der Welt ist, und daß sie sich bewegt. Es war mir weiter befohlen worden, daß ich diese falsche Lehre nicht vertreten dürfe, sie nicht verteidigen dürfe und daß ich sie in keiner Weise lehren dürfe, weder in Wort noch in Schrift. Es war mir auch erklärt worden, daß jene Lehre der Heiligen Schrift zuwider sei. Trotzdem habe ich ein Buch geschrieben und zum Druck gebracht, in dem ich jene bereits verurteilte Lehre behandele und in dem ich mit viel Geschick Gründe zugunsten derselben beibringe, ohne jedoch zu irgendeiner Entscheidung zu gelangen. Daher bin ich der Ketzerei in hohem Maße verdächtig befunden worden, darin bestehend, daß ich die Meinung vertreten und geglaubt habe, daß die Sonne Mittelpunkt der Welt und unbeweglich ist, und daß die Erde nicht Mittelpunkt ist und sich bewegt.

»Und die Bibel hat doch recht«

Es ist schon einige Jahre her, daß *Werner Keller* sein Buch »Und die Bibel hat doch recht« schrieb. Es will zeigen, daß vieles, was in der Bibel berichtet wird, historische Hintergründe besitzt und auf Tatsachen beruht. Zum »Wachtel- und Mannawunder« (Ex 16) schreibt er:

Der Auszug Israels beginnt im Frühling, der Zeit des großen Vogelzuges. Von Afrika, das im Sommer unerträglich heiß und trocken wird, ziehen die Vögel seit alters auf zwei Routen nach Europa. Die eine führt über die Westspitze Afrikas nach Spanien, die andere um das östliche Mittelmeer zum Balkan. Mit anderen Vögeln kommen in den Frühjahrsmonaten auch Wachteln über die Wasser des Roten Meeres gezogen, das sie auf der Ostroute zu überqueren haben. Ermüdet vom langen Flug, fallen sie an den flachen Küsten ein, um neue Kräfte zu sammeln für den Weg über die hohen Berge zum Mittelmeer. Flavius Josephus (Alt., III. 1,5) schildert ein solches Erlebnis, und noch in unseren Tagen fangen Beduinen in der gleichen Gegend im Frühjahr und Herbst die erschöpften Wachteln mit der Hand.

Was es mit dem berühmten Manna auf sich hat, erfahren wir zuverlässig von den Pflanzenkundlern. Um es vorwegzunehmen: Wer sich für Manna interessiert, findet es in der Exportliste der Sinai-Halbinsel. Im übrigen ist sein Lieferant in allen botanischen Tafeln des Vorderen Orients verzeichnet, nämlich die *Tamarix mannifera Ehr.*

In der breiten Öffentlichkeit gilt das biblische Himmelsbrot nach wie vor als unerklärliches Wunder.

1. *Vergleichen Sie den Originaltext Ex 25,10; 25,40; 2 Sam 6 mit der Interpretation dieser Stellen durch Erich von Däniken. Was spricht gegen die Auslegung Dänikens?*
2. *Welche Haltung nahm die Kirche im Fall Galilei ein? Warum wurde in diesem Fall von seiten der Kirche »eine Grenze überschritten«?*
3. *Die Israeliten glaubten auf ihrer Wüstenwanderung an ein Wunder, als sie mitten in der Wüste Nahrung fanden. Was bleibt davon, wenn man den Text Kellers liest?*
4. *Diskutieren Sie die unterschiedlichen Fehldeutungen, denen die Bibel unterworfen war. Welche Ursachen gibt es dafür, welche Ziele werden damit verfolgt?*

1.5 Geschichtsüberblick

Das Volk Israel

Um 1700 v. Chr. wandert Abraham von Ur am Unterlauf des Euphrat nach Palästina. Beginn der Zeit der Patriarchen (Abraham, Isaak und Jakob). Die Jakobstämme siedeln sich in Ägypten an.
Um 1250 Auszug der Israelstämme unter der Führung des Mose nach Palästina. Besetzung des Landes unter Josua.
Etwa 200 Jahre wird Israel von den »Richtern« geführt, von Gott berufenen charismatischen Führern, ohne Erbfolge.

1020–932 Die Könige Saul, David und Salomo. Das Reich Israel behauptet sich zwischen Syrien im Nordosten und Ägypten im Südwesten. Hauptstadt des Reiches ist Jerusalem. Dort baut Salomo auch den ersten Tempel.
932 Spaltung des davidischen Reiches in das Nordreich Israel (Hauptstadt Samaria) und das Südreich Juda (Hauptstadt Jerusalem). Kriege zwischen den beiden Königshäusern.
In der Zeit der Könige treten auch die ersten Propheten auf: Elija, Amos, Hosea.

722 Untergang des Nordreiches Salmanassar V., König von Assyrien, erobert Samaria und bringt das Land unter seine Herrschaft.
587 Nebukadnezzar, König von Babel, erobert und zerstört Jerusalem und den Tempel. Die »oberen Zehntausend« des Volkes werden in das Exil nach Babylon verschleppt.

538 Der Perserkönig Kyrus entläßt die Heimkehrwilligen aus dem Exil. Palästina kommt unter persische Oberhoheit. Beginn des Wiederaufbaus der Stadt und des Tempels.

Um 450 2. Rückführung unter Esra und Nehemia. Feierliche Verpflichtung des Volkes auf das Gesetz des Mose.

Die anderen Völker

Um 1750 herrscht König Hammurabi in Babylon. Bau von Stufentürmen im Zweistromland zwischen Euphrat und Tigris.

Minoische Palastkultur auf der Insel Kreta.

1600–1200 Ägyptische Oberhoheit über Palästina. Religiöse Reform unter Pharao Echnaton (1375–1357).
Absinken der Vormachtstellung Ägyptens in Palästina während der Zeit der Richter.
Um 1000 Assyrien übernimmt die Vormachtstellung im Orient.

Um 1000 Einwanderung der indogermanischen Dorer in Griechenland. Griechische Kolonien an der Westküste Kleinasiens. Kampf um Troja (Homer: Ilias und Odyssee).
Die Kelten besiedeln Gallien, das spätere Frankreich.

766 Die ersten Olympischen Spiele.
753 Gründung Roms (nach der Legende).

732 Der König von Assyrien erobert Damaskus.
Um 700 Höhepunkt der assyrischen Macht.
612 Ninive, die Hauptstadt der Assyrer, wird von den Babyloniern erobert.

Persien wird unter Großkönig Kyrus (558–529) die Vormacht im Orient und verdrängt Babylon.
Die Griechen verhindern durch Siege bei Marathon (490) und Salamis (480) das weitere Vordringen der Perser auf dem europäischen Festland.
Vormacht der Griechen im Mittelmeerraum.

332 Alexander der Große erobert Palästina. Aufenthalt in Jerusalem.
300–198 steht das Land unter der Herrschaft der ägyptischen Ptolemäer.
Ab 198 unter der Herrschaft der syrischen Seleukiden.

168 Aufstand und erfolgreicher Befreiungskampf der Makkabäer.
142–63 Unabhängiger jüdischer Staat unter Führung der Hassmonäer, die sich 104 den Königstitel geben.

63 Der römische Feldherr Pompejus nimmt Palästina unter römische Schutzherrschaft.
45 Cäsar gewährt den Juden eine eigene Gerichtshoheit.

37–4 Herodes der Große, König unter römischer Protektion, beginnt mit dem Neubau des dritten Tempels, der 64 n. Chr. vollendet wird.
6 v. Chr. Jesus wird geboren. Als etwa 30jähriger Beginn seines Wirkens in Galiläa und Jerusalem.
26–36 n. Chr. Pontius Pilatus römischer Statthalter in Palästina.
Um 30 Tod Jesu am Kreuz.

31/33 Bekehrung des Paulus.
Ab 45 Missionsreisen des Paulus und Gründung christlicher Gemeinden in Kleinasien und Griechenland.
Um 67 Tod des Paulus und Petrus in Rom.

66–70 Aufstand der Juden gegen die Römer in Palästina.
70 Zerstörung Jerusalems und des Tempels durch den römischen Feldherrn Titus.

64–70 Entstehung der Evangelien nach Markus und Matthäus.
70–80 Lukasevangelium und Apostelgeschichte.
Um 90 Evangelium nach Johannes.
Um 100 Tod des Johannes, des letzten Apostels.

333–323 Reich Alexanders des Großen von Mazedonien (Nordgriechenland). Teilung seines Reiches unter die »Diadochen« (Nachfolger): Ptolemäus erhält Ägypten, Seleukus den Orient.

Um 200 Die Römer erkämpfen sich die Vorherrschaft im ganzen Mittelmeerraum.
168 Kleinasien und Mazedonien werden römische Provinz.

110–100 Erster Einfall von Germanenstämmen (Cimbern und Teutonen) in das römische Reichsgebiet.
58–51 Cäsar erobert Gallien.

30 v.–14 n. Chr. Augustus, erster römischer Kaiser.
9 n. Chr. Schlacht im Teutoburger Wald. Die Cherusker besiegen römische Legionen.

14–37 Kaiser Tiberius. Im 15. Jahr seiner Regierung tritt Johannes der Täufer auf (vgl. Lk 3,1).

54–68 Kaiser Nero. Unter seiner Regierung (64) Brand der Stadt Rom; wird zum Anlaß für die Verfolgung der Christen.

69–79 Kaiser Vespasian.
79 Ausbruch des Vesuvs vernichtet die Städte Pompeji und Herculanum.

1.6 Das Alte Testament – eine Übersicht

Daten der Geschichte Israels

Um 1250: Auszug der Israeliten aus Ägypten, Zeit des Moses. In Ägypten herrscht Pharao Ramses II.

1200–1020: Zeit der Richter
Um 1020: Saul, erster König in Israel.

1012–972: Regierungszeit des Königs David

972–932: Zerfall des salomonischen Reiches in das Nordreich Israel und das Südreich Juda.

722–705: Sargon II. ist König in Assur, ab 710 auch in Babel. Im Jahre 722 wird Samaria erobert und das Nordreich geht unter.

587: Eroberung Jerusalems und Untergang des Südreiches Juda.

587–538: Babylonische Gefangenschaft.

320–198: Ständiger Kampf zwischen Ptolemäern und Seleukiden um Palästina. Ab 198 Palästina endgültig unter der Herrschaft der Seleukiden.

37–4: Herodes der Große regiert in Jerusalem.

1. Geschichtliche Bücher

Entstehung der Bundesurkunde (Ex 20). Aus dieser Zeit stammen viele Erzählungen, auch Siegeslieder, die später Aufnahme fanden in das *Josue-* und *Richterbuch*.
Die Zeit der Könige ist der Höhepunkt der israelitischen Literatur. Es entstehen Geschichtsdarstellungen über David und Salomon, enthalten in den *Samuel-* und *Königsbüchern*.
Unter Salomon werden die Traditionen der Patriarchen und Moses gesammelt. Der Schriftsteller ist uns namentlich nicht bekannt. Man nennt ihn den *Jahwisten*, weil er für Gott den Namen Jahwe verwendet. Er deutet die Geschichte der Menschheit (Schöpfungsgeschichte, Sündenfall, Turmbau zu Babel u. ä.).
Im nördlichen Reich entsteht eine ähnliche Sammlung. Der Verfasser benutzt meistens den Gottesnamen Elohim, deshalb nennt man ihn den *Elohisten*. Ihn interessieren vor allem die Stammväter Israels. Jahwist und Elohist werden später in den Pentateuch (= fünf Bücher Moses) aufgenommen.
621 wird im Tempel von Jerusalem das *deuteronomistische Gesetzbuch* wiedergefunden. Es betont den Bund Gottes mit seinem Volk. Die *Priestertradition*, vom Klerus in Jerusalem geprägt, behandelt Opferformen und eine Tempeltheologie.
Nach der Heimkehr aus dem Exil erhält die Thora ihre letzte Fassung (Genesis, Exodus, Leviticus, Numeri, Deuteronomium).
In der hellenistischen Zeit entsteht das *Chronistische Geschichtswerk* (1. und 2. Chronikbuch, Esra und Nehemia). Auch die Erzählungen wie das Buch *Jona, Tobias, Judit, Ester und Rut* stammen aus dieser Zeit. Sie dienen der Erbauung.
Der jüdische Freiheitskampf im 2. Jahrhundert findet eine Darstellung im *1.* und *2. Makkabäerbuch*.

2. Prophetenbücher

König David

Im 8. Jahrhundert werden die Worte und Taten der Propheten *Amos* und *Hosea* gesammelt.
Im Reiche Juda ist in der Epoche der Reichsteilung das Prophetentum die bedeutendste Erscheinung. *Micha* und vor allem *Jesaja* künden ihrer Zeit den Willen Gottes.
Im 7. und 6. Jahrhundert erwachsen dem Prophetentum in *Nahum, Habakuk* und vor allem *Jeremia* neue große Gestalten. Die Worte des Propheten Jeremia geben den Israeliten im Exil Trost. Im Exil lebt der Prophet *Ezechiel.*

Im 5. und 4. Jahrhundert tritt das Prophetentum mit *Haggai, Sacharja, Maleachi* und *Joel* in sein Endstadium.

In der hellenistischen Zeit entstehen die vier großen Prophetenbücher:
- Jesaja
- Jeremia
- Ezechiel
- Das Zwölfprophetenbuch.

3. Lehr- und Weisheitsbücher

David selbst war musikalisch und dichterisch begabt. Von ihm stammen religiöse Gedichte in der Art der Psalmen. Viele *Psalmen* werden unter die Autorität des Königs David gestellt.
Salomon galt als der weise König. Aus seiner Umgebung stammt ein Teil des *Buchs der Sprüche*. Er gilt als der Verfasser folgender Bücher – besser gesagt, sie werden ihm zugeschrieben: *Sprüche, Hoheslied, Kohelet* und *Weisheitsbuch*.
Diese Bücher sind allerdings, wie man heute weiß, viel später entstanden.

Nach dem Exil nimmt die Weisheitsliteratur einen neuen Aufschwung. Alte Sprichwörter werden gesammelt. Doch ebenso wie das Buch der Sprüche fälschlicherweise Salomon zugeschrieben wird, wird ihm auch eine Sammlung Liebeslieder aus dieser Zeit zugeschrieben (Hoheslied). Gedanken über die Gerechtigkeit Gottes finden ihren Niederschlag im *Buch Ijob*.

Im 2. Jahrhundert entstehen die *Bücher Prediger, Jesus Sirach und das Buch der Weisheit*.

4. Apokalyptische Schriften

Im 2. Jahrhundert entsteht als einzige vollständige apokalyptische Schrift des AT das *Buch Daniel*.

1.7 Literarische Gattungen im AT

Was sind literarische Gattungen?

Den meisten ist vom Deutschunterricht her bekannt, daß es in der Literatur die unterschiedlichsten Arten von Texten gibt: Sprichwörter, Erzählungen, Märchen, Gedichte, Tatsachenberichte und viele andere. In der Fachsprache nennt man die Textarten »literarische Gattungen«. Unterschiedliche Erfahrungen und Erlebnisse verlangen unterschiedliche sprachliche Formen. Es ist nicht vorstellbar, daß die Sportberichte am Montag in der Zeitung in Gedichtform erscheinen, daß der Wirtschaftsteil einer Zeitung Berichte in Form von Märchenerzählungen liefert.
Unter literarischen Arten (Formen, Gattungen) versteht man stilistische und sachliche Eigenarten, nach denen sich Werke der Literatur voneinander unterscheiden lassen.
In das große Sammelwerk der Bibel sind Texte unterschiedlicher Art eingegangen, auch Texte unterschiedlicher Formen. Um diese Texte richtig verstehen zu können, muß man wissen, wo und zu welchem Zweck sie verfaßt wurden, wo und wann sie von den Menschen gebraucht wurden. Ein Lied kann eine ebenso wichtige Aussage enthalten wie ein Erzähltext; manche Erfahrungen lassen sich aber eher in einem Lied ausdrücken als in einer Erzählung.

Kostproben

**1. Rufe aus voller Kehle, halte nicht zurück! Der Posaune gleich erhebe deinen Ruf, künde meinem Volk sein Vergehen und dem Haus Jakob seine Sünden!
Aber sie fragen mich Tag um Tag, sie begehren nach Erkenntnis meiner Wege. Wie ein Volk, das Gerechtigkeit tut und das Recht seines Gottes nicht aufgibt, fordern sie von mir gerechte Gerichte, nach Gottes Nähe verlangen sie.
›Warum fasten wir, du siehst es aber nicht, kasteien wir uns, doch du kümmerst dich nicht?‹ Sehet, an eurem Fasttage findet ihr ein Geschäft, all eure Unternehmen betreibt ihr!
Seht, zu Streit und Hader fastet ihr und zum Schlagen mit ruchloser Faust; ihr fastet zur Zeit nicht so, daß man in Himmelshöhen euren Gebetsruf hört!**

**2. »Schön bist du, meine Freundin, wie Tirza, lieblich wie Jerusalem, majestätisch gleich den Bannerscharen.
Wende weg deine Augen von mir, denn sie sind es, die mich verwirren! Dein Haar gleicht einer Herde von Ziegen, die herabsteigt von Gilead;
deine Zähne blinken wie eine Herde von Mutterschafen, die frisch aus der Schwemme steigen. Von Zwillingen trächtig sind alle, und keines von ihnen ist unfruchtbar.
Wie ein Granatapfelstück erstrahlt deine Schläfe hinter deinem Schleier hervor.**

**3. Abram brach auf, wie der Herr ihm geboten hatte, und Lot zog mit ihm. Abram stand damals im Alter von 75 Jahren, als er von Haran auszog.
Abram nahm seine Frau Sarai und seinen Brudersohn Lot und allen Herdenbesitz, den sie erworben hatten, und alle Leute, die sie in Haran gewonnen hatten. Sie brachen auf, um ins Land Kanaan zu ziehen; und sie kamen ins Land Kanaan.**

1. *Was versteht man unter »Literarischen Gattungen«? Was bedeutet der Begriff »Sitz im Leben«?*
2. *Ordnen Sie die Textproben folgenden Gattungen zu: Liebeslied, Prophetentext, Geschichtsschreibung, Jubellied, Weisheitssprüche.*
3. *Erarbeiten Sie anhand des Textes »Die Vielfalt der literarischen Arten« die unterschiedlichen literarischen Gattungen des AT. Sammeln Sie Beispiele aus dem AT.*
4. *Was sagt Gott uns heute durch das AT? Versuchen Sie das aufzuzeigen an den Zehn Geboten und an Gen 1!*

4. Wer sich Verstand erwirbt, der liebt sein Leben, und wer Vernunft bewahrt, der findet Gutes.
Ein falscher Zeuge bleibt nicht unbestraft, wer Lügen spricht, der geht zugrunde.
Wohlleben ist für Toren nicht geziemend, geschweige denn dem Knecht die Herrschaft über Fürsten.

5. Herr, unser Herrscher, wie gewaltig ist dein Name auf der ganzen Erde! Besungen wird deine Pracht am Himmel vom Mund der Kinder und Säuglinge.
Du hast eine Festung gegründet wegen deiner Gegner, um rachsüchtige Feinde zum Schweigen zu bringen.
Wenn ich deinen Himmel schaue, das Werk deiner Hände, den Mond und die Sterne, die du befestigt hast:
Was ist dann der Mensch, daß du seiner gedenkst, das Menschenkind, daß du seiner dich annimmst?
Nur wenig geringer als einen Gott hast du ihn gemacht, mit Glanz und Herrlichkeit ihn gekrönt.

Viele Zahlenangaben des Alten Testaments haben ihren eigenen Sinn. Ähnlich wie bei anderen orientalischen Völkern der frühen Zeit sind sie nicht wörtlich zu verstehen. Sie haben oft eine geistige oder geistliche Bedeutung. Besondere Zahlen sind:
3: Vollkommenheit und Beziehung auf Gott (Gott ruft oft dreimal, 3 Versuchungen usw.)
4: Zahl der Welt (4 Himmelsrichtungen, 4 Paradiesströme, 4 Winde, 4 Säume der Erde)
7: Zahl der Vollkommenheit und Fülle (Schöpfungsbericht, Woche, die 7 Gaben des Geistes Gottes (Jes 11,2), 7faches Wehe (Jes 5,8–24)
10: Zahl des Abschlusses geschichtlicher Ereignisse (Geschlechtsregister, 10 Plagen, 10 Gebote)
12: Zahl der Nachkommenschaft und Auserwählung (12 Söhne Jakobs, 12 Stämme Israels, 12 Apostel, 12 kleine Propheten)
40: Zahl der Generation und der Vorbereitungszeit auf eine neue Epoche (40 Jahre Wüstenaufenthalt, 40 Tage Fasten, 40 Tage bei Elija (1 Kön 19,8) und Jesus (Mt 4,2).
Manchmal kann man merkwürdige Zahlenspiele entdecken, z. B.:

Abraham	ist 175 Jahre = 7×5×5	Gen 25,7
Isaak	ist 180 Jahre = 5×6×6	Gen 35,28
Jakob	ist 147 Jahre = 3×7×7	Gen 47,28

Die Vielfalt der literarischen Arten

Eine Gruppe der literarischen Arten des Alten Testamentes stammt aus dem Leben von Familie, Sippe und Volk. Verschiedene Lieder werden überliefert: Trinklieder, Prahllieder, Leichenlieder und Liebeslieder.
Erzählungen, die mit Märchenmotiven durchsetzt sind, gingen in das Alte Testament ein, ebenso alte Sagen wie die Eigentümlichkeit merkwürdiger Orte oder die Eigentümlichkeiten bestimmter Stämme und Völker. Auch Überlieferungen, die wichtiges geschichtliches Material enthalten, wurden in die Bibel aufgenommen. Durch die Bibel blieben alte Spruchweisheiten der Nachwelt erhalten.
Eine weitere literarische Art entstammt der Rechtsprechung. Es gibt im Alten Testament Gerichtsreden, aber auch Formulierungen des jüdischen Rechts, die an folgenden Formulierungen zu erkennen sind: »Wenn einer das tut, dann . . . soll ihm das geschehen.«
Viele Texte entstammen dem Kult. Es gibt Texte, die den Grund nennen, weshalb an bestimmten Orten die Gottheit verehrt wird, und andere Texte, die Belehrungen über Fragen des Kultes, der Opfer und der Reinheitsbestimmungen enthalten. Auch die Gebete des Volkes Israel fanden Eingang in das Alte Testament, ebenso wie das Glaubensbekenntnis, in dem die Heilstaten Gottes aufgezählt werden.
Vom Königshof stammen die Gattungen der Geschichtsschreibung, der Weisheitslehre und der Königslieder.
Die Form der Prophetentexte geht zurück auf alte Botensprüche, in denen die Botschaft des Herrschenden kundgetan wurde.
Wenn man sich mit den Texten des Alten Testamentes beschäftigt, dann muß man sich über folgende Tatsachen im klaren sein: Das AT setzt sich aus Büchern zusammen, die aus verschiedenen Jahrhunderten stammen, und die Bücher sind in unterschiedlichen Textarten geschrieben, je nachdem, aus welchem Bereich sie stammen. Will man den Inhalt der Texte verstehen, dann muß man das Gewand erkennen und von der beabsichtigten Aussage unterscheiden lernen. Es gilt, in alten Formen die Lehre für unsere Zeit zu entdecken.

1.8 Jesus und das Alte Testament

Mit dem Auftreten Jesu wird das AT nicht über Bord geworfen. Die Schriften des Alten Bundes sind das Fundament des religiösen Lebens und der Botschaft Jesu.

Denkt nicht, ich sei gekommen, um das Gesetz und die Propheten aufzuheben. Ich bin nicht gekommen, um aufzuheben, sondern um zu erfüllen. Amen, das sage ich euch: Bis Himmel und Erde vergehen, wird auch nicht der kleinste Buchstabe des Gesetzes vergehen, bevor nicht alles geschehen ist. Wer auch nur eines von den kleinsten Geboten aufhebt und die Menschen entsprechend lehrt, der wird im Himmelreich der Kleinste sein. Wer sie aber hält und halten lehrt, der wird groß sein im Himmelreich. *(Mt 5,17–19)*

Es gab in der Kirche nie einen Zweifel daran, daß das Alte Testament ein unaufgebbarer Teil der Offenbarung Gottes ist.

1. Das Alte Testament ist die **Bibel Jesu.** In seiner Verkündigung bezieht sich Jesus ständig auf die »Schriften«. Seine Worte sind geprägt vom Geist der Propheten und der Frömmigkeit der Psalmen. Für ihn sind »das Gesetz und die Propheten« Gottes Wort an Israel.

2. Das **Gottesbild** des Alten und Neuen Testaments ist in den Grundzügen das gleiche. Gott ist der Schöpfer der Welt, der Lenker der Geschichte, der sich seinem Volk immer neu und tief offenbart. Er hat mit Israel einen Bund geschlossen, der letztlich auf das Heil aller Völker abzielt. Diesen Gott nennt Jesus seinen Vater. Es wäre daher falsch, zwischen dem Gottesbild des Alten und Neuen Testaments grundlegende Unterschiede zu behaupten. Trotzdem ist ein Unterschied bemerkenswert: das AT kennt Gott nur als den Einen und Einzigen; das Geheimnis der Dreifaltigkeit ist ihm nicht bekannt. In vielfacher Hinsicht läßt sich das Zentralgeheimnis der Trinität im Leben und in der Verkündigung Jesu aufweisen. In den Apostelbriefen und in den Evangelien wird Christus als Sohn Gottes bezeichnet. In den Abschiedsreden spricht Jesus vom Geist der Wahrheit, den er den Jüngern senden werde (Joh 16,7–15). In den Schlußversen des Matthäusevangeliums (Mt 28,16–20) wird zum ersten Male die Formel »Vater, Sohn und Heiliger Geist« verwendet, eine Taufformel der ersten Gemeinden. Erst auf den Konzilien von Nicäa (325) und Konstantinopel (381) wird die Lehre von der Dreifaltigkeit Gottes ausformuliert.

3. Das Alte Testament enthält die **Verheißungen** Gottes, deren **Erfüllung** das Neue Testament verkündet. Das gilt nicht nur für einzelne Worte, es gilt noch mehr für die im Alten Bund erkennbare Ausrichtung der Heilsgeschichte. Sie zielt auf eine Zukunft, in der das Handeln Gottes Endgültigkeit gewinnt. Immer wieder deutet das Neue Testament die Ereignisse um Jesus Christus und die Kirche als Erfüllung alttestamentlicher Verheißungen. Oft kehrt die Formel wieder: »damit die Schrift erfüllt werde«.

---

1. Welches Verhältnis Jesu zum Alten Testament bezeugen die Verse aus der Bergpredigt? Welche Folgerungen zog die Kirche daraus?

2. Nennen Sie mit eigenen Worten die drei unaufgebbaren Gründe für die Anerkennung des Alten Testamentes durch die Kirche.

3. Interpretieren Sie die Überschrift der nächsten Seite. Welches Ereignis bringt diese Wende? Welchen Stellenwert gibt Paulus im Korintherbrief diesem Ereignis?

Auferstehung Christi
Gemälde von Dirk Bouts dem Älteren, 1460 ▷

1.9 Der Schritt zum Neuen Testament

Ist aber Christus nicht auferweckt worden,
dann ist unsere Verkündigung leer
und euer Glaube sinnlos.
1 Kor 15,14

1.10 Übersicht: Neues Testament

Evangelien

(70–95 n. Chr.)

In ihrer vorliegenden Form sind die vier Evangelien des NT jünger als die Paulusbriefe. Sie enthalten aber auch älteres Überlieferungsgut. Das Markusevangelium entstand kurz vor 70 n. Chr. (Zerstörung Jerusalems), das Matthäusevangelium bald danach, das Lukasevangelium um 80 n. Chr. und das Johannesevangelium 90/95 n. Chr. Schon früh haben schriftliche Sammlungen von Worten Jesu existiert – Paulus beruft sich gelegentlich darauf –, aber auch Sammlungen von Erzählungen. Als die Generation der Augenzeugen starb, kam es zur Niederschrift der Evangelien. Das Markusevangelium ist das älteste, es wird von den Verfassern des Matthäus- und Lukasevangeliums als Vorlage verwendet. Sie verarbeiten aber auch eigenes Material, die sogenannte Redequelle Q. Diese drei Evangelien können als Einheit betrachtet werden; das Johannesevangelium geht von einer eigenständigen Theologie aus. Es ist als letztes der vier Evangelien entstanden. Die Verfasserbezeichnungen aller Evangelien sind erst später den Handschriften hinzugefügt worden.

Apostelgeschichte

(80–90 n. Chr.)

Der Verfasser des Lukasevangeliums ist mit höchster Wahrscheinlichkeit identisch mit dem der Apostelgeschichte, die zwischen 80 und 90 n. Chr. als Fortsetzung und Ergänzung der Evangelien verfaßt wurde.

Die Paulinischen Briefe

(50–120 n. Chr.)

Von den Schriften des Neuen Testamentes sind die Paulusbriefe am frühesten entstanden. Unter ihnen ist der 1.Thessalonicherbrief (um 50 n. Chr.) der älteste. Es folgen der Galaterbrief, die Korintherbriefe, der Römerbrief, der Philipperbrief und der Brief an Philemon. Der Kolosserbrief ist, was seine Abfassung durch Paulus angeht, umstritten, ebenso der 2. Thessalonicherbrief.

Nicht von Paulus stammen mit großer Wahrscheinlichkeit der Epheserbrief, mit Sicherheit die sog. Pastoralbriefe (Timotheus, Titus). Der Hebräerbrief nennt Paulus nicht einmal mit Namen als Verfasser (um 80/90 n. Chr.). Die Pastoralbriefe sind noch später anzusetzen. Doch auch die Nicht-Paulinischen Briefe stehen inhaltlich in einem Bezug zum Apostel.

Die Katholischen Briefe

(90–130 n. Chr.)

Bei den sogenannten Katholischen Briefen stammt keiner der Briefe von dem Apostel, dessen Namen er trägt (Jakobusbrief, Petrusbriefe (2), Johannesbriefe (3), Judasbrief). Es läßt sich nur mit einiger Wahrscheinlichkeit sagen, daß der Verfasser der (beiden ersten) Johannesbriefe mit dem des Johannesevangeliums identisch ist (90–130 n. Chr.).

Die Offenbarung des Johannes

(um 96 n. Chr.)

Die Offenbarung des Johannes stammt mit Sicherheit nicht von Johannes, sondern von einem anderen Autor, der sie um 96 n. Chr. als Zusammenfassung der ihm zuteil gewordenen Visionen niederschrieb.

1.11 Die Briefe des Apostels Paulus

Paulus, zum Apostel berufen, nicht von Menschen oder durch einen Menschen, sondern durch Jesus Christus und durch Gott, den Vater, der ihn von den Toten auferweckt hat, an die Gemeinden in Galatien: Gnade sei mit euch und Friede von Gott, unserem Vater, und dem Herrn Jesus Christus, der sich für unsere Sünden hingegeben hat, um uns aus der gegenwärtigen bösen Welt zu befreien, nach dem Willen unseres Gottes und Vaters. Ihm sei Ehre in alle Ewigkeit. Amen.
Ich bin erstaunt, daß ihr euch so schnell von dem abwendet, der euch durch die Gnade Christi berufen hat, und daß ihr euch einem anderen Evangelium zuwendet. Doch es gibt kein anderes Evangelium, es gibt nur einige Leute, die euch verwirren und die das Evangelium Christi verfälschen wollen. *Gal 1,1–7*

El Greco, Paulus (Ausschnitt)

An der Spitze der Briefsammlung des Neuen Testamentes stehen 14 Briefe, die den Namen des Apostels Paulus in der Anschrift tragen. Diese Briefe waren (abgesehen von den Schreiben an Philemon, Timotheus und Titus) dazu bestimmt, in der Gemeindeversammlung vorgelesen zu werden. Sie schenken uns wichtige Einblicke in das Denken des großen Apostels, auch seiner Mitarbeiter und in das Leben wichtiger urchristlicher Gemeinden seines Missionsgebietes.
Wichtige Briefe des Apostels wurden schon früh gesammelt. Ein Hinweis auf eine solche Sammlung paulinischer Briefe findet sich bereits im Neuen Testament (2 Petr 3,15f): »Das hat euch auch unser geliebter Bruder Paulus mit der ihm verliehenen Weisheit geschrieben; es steht in allen seinen Briefen, in denen er davon spricht. In ihnen ist manches schwer zu verstehen . . .«.
Die heutige Sammlung von Paulusbriefen ist aber unvollständig, da eine Anzahl paulinischer Briefe verlorengegangen ist (vgl. 1 Kor 5,9; 2 Kor 2,3f und Kol 3,16f).
Die einzelnen Briefe dieser Schriftgruppe sind dem Umfang nach angeordnet, die umfangreichsten stehen an der Spitze. Der Hebräerbrief, der den Apostel Paulus nicht einmal als Verfasser nennt, steht am Ende.

1. Wie sind die Paulusbriefe einzuteilen (nach Verfasser, Adressaten usw.)?
2. Aus welchen Anlässen verfaßte Paulus seine Briefe?
3. Welches ist der Anlaß im Galaterbrief, dessen Anfang auf dieser Seite abgedruckt ist?

1.12 Die Evangelien

Das Evangelium ... nach Matthäus:

Das uns überlieferte Matthäusevangelium wurde in griechischer Sprache abgefaßt; es benutzt das griechisch geschriebene Markusevangelium als Vorlage. Es schöpft außerdem aus einer griechischen Vorlage, die auch Lukas verwendet hat, einer heute verlorengegangenen Sammlung von Jesusworten (sogenannte Spruch- oder Redequelle). Daraus sind die Bergpredigt, das Vaterunser und eine Reihe von Gleichnissen genommen, die sich bei Matthäus und Lukas, nicht aber bei Markus finden. Außerdem besitzt Matthäus eigene Überlieferungen, die weder bei Markus noch bei Lukas vorkommen. Das Evangelium setzt den Untergang Jerusalems (70 n. Chr.) voraus; es ist wohl um 80 n. Chr. verfaßt worden, und zwar vermutlich in Syrien (eher als in Palästina). Seinem Inhalt ist zu entnehmen, daß es in einem Gebiet entstanden sein muß, in dem Christen und Juden zusammenlebten. Als Verfasser nimmt man heute einen uns nicht näher bekannten judenchristlichen Lehrer an, der noch Schüler der Apostel war. Der Evangelist wollte offenbar seiner Kirche eine Art Handbuch über Jesus und seine Lehre bieten. Seine Darstellung ist von der Absicht geprägt, Jesus als den Erben Abrahams zu erweisen, den verheißenen Messias Israels, der von seinem Volke abgelehnt, von Sündern und Heiden aber anerkannt wurde.

nach Markus:

Das älteste, griechisch geschriebene Evangelium wird nach altkirchlicher Überlieferung Markus zugeschrieben. Damit ist Johannes Markus aus Jerusalem gemeint, der Sohn einer Maria, in deren Haus sich die Urgemeinde Jerusalems versammelte; er war ein Vetter des Barnabas, Mitarbeiter des Paulus und später auch des Petrus. Ebenfalls nach altkirchlicher Überlieferung schrieb er sein Evangelium in Rom. Es steht in zeitlichem Zusammenhang mit der Zerstörung Jerusalems und ist deshalb um 70 n. Chr. verfaßt, und zwar für Heiden und Heidenchristen. Die bedrängten Heidenchristen will Markus durch sein Evangelium in ihrem Glauben ermutigen und stärken, Christus auch in Verfolgungen treu zu bleiben.

nach Lukas:

Die altkirchliche Überlieferung nennt als Verfasser des dritten Evangeliums und der Apostelgeschichte »Lukas, den geliebten Arzt«, der Heidenchrist war und mit Paulus in Verbindung stand. Lukas benutzt das Evangelium des Markus und schöpft aus einer mit Matthäus gemeinsamen Sammlung von Jesusworten. Er blickt auf den Untergang Jerusalems zurück und erwartet die Wiederkunft Christi nicht mehr als unmittelbar bevorstehend. Die Abfassung des Evangeliums (wie auch der Apostelgeschichte) fällt wohl in die Jahre 80–90 n. Chr. Ob es in Kleinasien oder in Griechenland entstanden ist, läßt sich nicht sicher bestimmen. Lukas will ein Schriftwerk für gebildete Heiden und Heidenchristen schaffen. Lukas verdanken wir verschiedene wertvolle Überlieferungen, die sich in den anderen Evangelien nicht finden, darunter die Gleichnisse vom barmherzigen Samariter, vom verlorenen Sohn, vom klugen Verwalter, und auch wichtige Hinweise auf das Verhalten Jesu gegenüber Frauen, Zöllnern und Sündern. Die Sonderüberlieferungen des Lukas stehen im Dienst seiner theologischen Aussage. Er zeigt in Jesus den Heiland der Verlorenen, der sozial Entrechteten, der Frauen, der Zöllner und Sünder.

Matthaeus Merian: Die vier Evangelisten (1627)

nach Johannes:

Das letzte der vier Evangelien wird von der altkirchlichen Überlieferung dem Apostel Johannes, Sohn des Fischers Zebedäus und Bruder des Jakobus, zugeschrieben. Es hat erst am Ausgang des 1. Jahrhunderts seine jetzige Gestalt gefunden. Träger und Gewährsmann der in ihm bezeugten Überlieferung ist der »Jünger, den Jesus liebte«. Manche Anzeichen weisen darauf hin, daß dieses Evangelium einen längeren Entstehungsprozeß durchlaufen hat.
Das Johannesevangelium unterscheidet sich in Anlage, Auswahl und Darbietung des Stoffes erheblich von den drei früheren Evangelien. Es berichtet wiederholt von Reisen Jesu zu den Festen in Jerusalem und erzählt hauptsächlich vom Auftreten Jesu in diesem Zentrum des Judentums. Vom Wirken Jesu in Galiläa bringt es nur eine knappe Auswahl, fügt aber andererseits ein langes Kapitel über einen Aufenthalt in Samaria ein. Doch ist das alles nur der äußere Rahmen für die Selbstoffenbarung Jesu in Wort und Zeichen, in der er sich als der von Gott gesandte Sohn, als Licht und Leben der Menschen bezeugt. Die ganze Darstellung soll den Glauben begründen, daß Jesus der Messias, der Sohn Gottes ist.

1. *Wer sind die Verfasser der einzelnen Evangelien? Um welche Zeit entstanden sie?*
2. *Worin bestehen die Unterschiede? Welche Adressaten werden angesprochen?*
3. *Wodurch unterscheidet sich das Johannesevangelium von den anderen drei Evangelien?*
4. *Welche Symbole wurden den Evangelisten zugelegt? Was bedeuten diese Symbole?*

1.13 Die synoptische Frage

Haben die Evangelisten abgeschrieben?

Mt 4,12–17	Mk 1,14–15	Lk 4,14–15
[12]Nachdem er aber gehört hatte, daß Johannes überliefert sei, entfernte er sich nach Galiläa. [13]Und verließ Nazareth, kam (und) wohnte in Kapharnaum, der am See im Gebiet von Zabulon und Nepthtalim gelegenen (Stadt), [14]damit erfüllt werde, was gesprochen wurde durch Jesaja den Propheten, der da sagt: [15]Land Zabulon und Land Nephthalim, gegen den See zu, jenseits des Jordans, Galiläa der Heiden, [16]das Volk, das da saß in Finsternis, sah großes Licht, und denen, die da saßen im Land und Schatten des Todes, Licht ging ihnen auf.	[14]Und nachdem überliefert ward Johannes, kam Jesus nach Galiläa,	[14]Und Jesus kehrte zurück in der Kraft des Geistes nach Galiläa. Und die Kunde von ihm ging aus im gesamten benachbarten Land.
[17]Von da an begann Jesus zu predigen und zu sagen: Ändert den Sinn! Denn nahegekommen ist die Königsherrschaft der Himmel.	predigte das Evangelium Gottes, [15]sagte, daß erfüllt sei die Zeit und nahegekommen die Königsherrschaft Gottes. Ändert den Sinn und glaubt an das Evangelium!	[15]Und er lehrte in ihren Synagogen, gepriesen von allen.

Zwei-Quellentheorie

Sondergut = eigene Erzählungen, besondere Akzentsetzungen, die nur in diesem Evangelium zu finden sind.

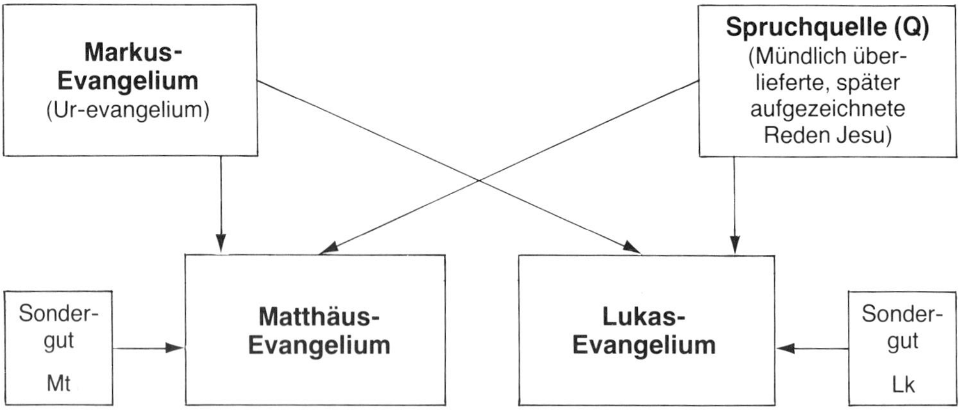

Ein Evangelium in vier Evangelien

Vier Evangelienbücher fanden Aufnahme in das Neue Testament. Sie bezeugen, jedes auf seine Weise, das *eine* Evangelium von Jesus Christus. Diese Bücher wurden von der frühen Kirche wahrscheinlich nach der damals angenommenen Abfassungszeit geordnet.
Das Wort Evangelium stammt aus dem Griechischen (euangélion) und bedeutet »gute Nachricht«, »frohe Botschaft«. Mit diesem Wort benannten die Christen ihre Verkündigung vom endgültigen Heil, das Gott durch Jesus Christus allen Menschen anbietet. Markus verwendete als erster dieses Wort als Überschrift seines Berichtes über die Worte, Taten und das Schicksal Jesu (Mk 1,1). Damit entstand eine neue Form religiöser Schriften, die Evangelien.
Die Überschriften der kanonischen Evangelien lauten seit dem 2. Jahrhundert: Das Evangelium nach Matthäus, nach Markus, nach Lukas, nach Johannes. Die ersten drei Evangelien sind untereinander nach Inhalt, Aufbau und Sprache eng verknüpft; darum werden sie »synoptische« Evangelien genannt (sýnopsis heißt Zusammenschau), und Matthäus, Markus und Lukas als »die Synoptiker« bezeichnet. Das einzige Interesse der Evangelisten richtet sich auf die Verkündigung der Botschaft von Jesus als dem Gottessohn und Messias. Darin besteht das Evangelium. Diese Botschaft verkündigen sie jedoch unter verschiedenen Aspekten und mit je eigenen Darstellungsformen. Das macht trotz ihrer Übereinstimmung die Eigenart der einzelnen synoptischen Evangelien aus. Auch für das Johannesevangelium gilt wie für den Synoptiker: Nicht die historische Wirklichkeit als solche, sondern die Glaubensbotschaft von Jesus Christus bildet den Inhalt seines Evangeliums. Weil die Evangelien nicht nur zum Glauben an Christus führen wollen, sondern bereits aus diesem Glauben heraus geschrieben sind, entstand die heute vieldiskutierte Frage, wieweit diese Glaubensbotschaft auf geschichtlicher Wirklichkeit beruht. Die Evangelisten verkünden keine allgemeinen religiösen Wahrheiten, sondern sprechen von einer geschichtlichen Wirklichkeit, deren Augen- und Ohrenzeugen sie selbst gekannt haben und für deren Treue sie sich verbürgen. Die Evangelien sind Aufzeichnungen der Geschichte des Heils in Jesus Christus.

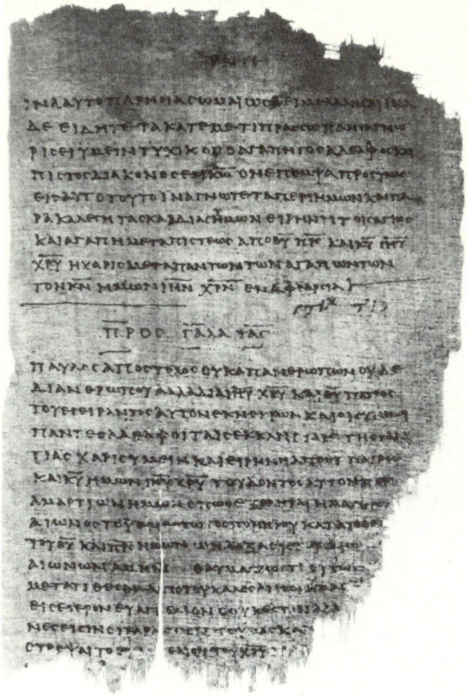

Einer der ältesten Papyrusfunde mit dem Text Eph 6,20 und Gal 1,1–8

1. *Versuchen Sie anhand der nebenstehenden Skizze den Begriff »Zwei-Quellentheorie« zu erklären. Was versteht man unter Sondergut, Urevangelium und Spruchquelle? Sind es eigentlich nicht drei Quellen?*
2. *Warum nennt man die drei Evangelisten Matthäus, Markus und Lukas Synoptiker?*
3. *Vergleichen Sie Berichte, die von den drei Synoptikern überliefert wurden (z. B. Taufe, Versuchung, Jüngerberufung, Auferstehung). Worin unterscheiden sie sich, worin stimmen sie überein?*
4. *Was ist das Evangelium in den Evangelien? Versuchen Sie, mit eigenen Worten den Inhalt des oben stehenden Textes wiederzugeben.*

1.14 Jesus redet in Gleichnissen

Rembrandt, Das Gleichnis von den Arbeitern im Weinberg (1637)

Das Gleichnis von den Arbeitern im Weinberg

Denn mit dem Himmelreich ist es wie mit einem Gutsbesitzer, der früh am Morgen sein Haus verließ, um Arbeiter für seinen Weinberg anzuwerben. Er einigte sich mit den Arbeitern auf einen Denar für den Tag und schickte sie in seinen Weinberg. Um die dritte Stunde ging er wieder auf den Markt und sah andere dastehen, die keine Arbeit hatten. Er sagte zu ihnen: Geht auch ihr in meinen Weinberg! Ich werde euch geben, was recht ist. Und sie gingen. Um die sechste und um die neunte Stunde ging der Gutsherr wieder auf den Markt und machte es ebenso. Als er um die elfte Stunde noch einmal hinging, traf er wieder einige, die dort herumstanden. Er sagte zu ihnen: Was steht ihr hier den ganzen Tag untätig herum? Sie antworteten: Niemand hat uns angeworben. Da sagte er zu ihnen: Geht auch ihr in meinen Weinberg. Als es nun Abend geworden war, sagte der Besitzer des Weinbergs zu seinem Verwalter: Ruf die Arbeiter und zahle ihnen den Lohn aus, angefangen von den letzten bis zu den ersten. Da kamen die Männer, die er um die elfte Stunde angeworben hatte, und jeder erhielt einen Denar. Als dann die ersten an der Reihe waren, glaubten sie, mehr zu bekommen. Aber auch sie erhielten nur einen Denar. Da begannen sie, über den Gutsherrn zu murren, und sagten: Diese letzten haben nur eine Stunde gearbeitet, und du hast sie uns gleichgestellt; wir aber haben den ganzen Tag über die Last der Arbeit und Hitze ertragen. Da erwiderte er einem von ihnen: Mein Freund, dir geschieht kein Unrecht. Hast du nicht einen Denar mit mir vereinbart? Nimm dein Geld und geh! Ich will dem letzten ebensoviel geben wie dir. Darf ich mit dem, was mir gehört, nicht tun, was ich will? Oder bist du neidisch, weil ich gütig bin? So werden die Letzten die Ersten sein und die Ersten die Letzten.

Mt 20,1–16

Die finsteren Gedanken des Prokuristen Franz S.

Es war ein schöner Sonntagmorgen, als Franz S. gut gestimmt sich zum Sonntagsgottesdienst begab. Doch als das Evangelium von den Arbeitern im Weinberg verlesen wurde, stieg Ärger in ihm auf. Dieses Gleichnis brachte ihn immer aus dem Gleichgewicht, wenn er es hörte. Seit Jahren hoffte er darauf, der Pfarrer könnte ihm in der Predigt eine einleuchtende Erklärung dieser Geschichte geben. Aber auch an diesem Sonntag scheiterte der Pfarrer kläglich, fand Franz S. Daß die, die nur eine Stunde arbeiteten, denselben Betrag als Lohn erhielten, ging nicht in seinen Kopf. Er hatte in seiner Firma mit den Lohngeldern zu tun. Wer viel arbeitete erhielt dementsprechend mehr Geld als der andere, der wenig geleistet hatte. Franz S. hielt das Verhalten des Gutsbesitzers für ungerecht. Er verstand nicht, wie Jesus mit einem solch haarsträubenden Gleichnis das Himmelreich erklären wollte. Die, die schuften, erhalten den gleichen Lohn wie die Faulenzer. Diese Einstellung würde im Arbeitsalltag alles durcheinander bringen. Franz S. war geneigt, dieses Gleichnis für eine Fälschung zu halten. Seine Frau wunderte sich, daß ihr Mann beim Mittagessen so mürrisch war. Aber sie konnte ja nicht wissen, wie ein Prokurist bei diesem Gleichnis empfindet.

Das Gleichnis vom Weinberg – eine Interpretation

»Darf ich mit dem, was mir gehört, nicht tun, was ich will? Oder bist du neidisch, weil ich gütig bin?« (V. 15) Mit diesem Satz schließt das ursprüngliche Gleichnis Jesu. Er hat ihm also, wie meistens, keine Deutung beigegeben. So muß sich jeder Hörer fragen: Warum läßt der Gutsbesitzer allen Taglöhnern den gleichen Lohn auszahlen? Aus reiner Willkür? Die Antwort kann nur lauten: Nein, sondern aus purem Mitleid mit den Arbeitern der letzten Stunde. Er wußte, daß sie mit einem bloßen Stundenlohn nicht genügend heimbringen würden, um ihre Familien zu ernähren. Die Parabel schildert also nicht einen Willkürakt, sondern die Tat eines gütigen Menschen. Jesus will mit ihr sagen: So handelt Gott, so gütig ist er, daß er aus reiner Güte auch Zöllnern und Sündern Anteil an seinem Reich gewährt. Die Schlußbemerkung »weil ich gütig bin« trägt den Hauptakzent der Parabel. Mit anderen Worten: Gott vertritt nicht den Rechtsstandpunkt, sondern den der Güte. Im Gegensatz zum jüdischen Lohndenken stellt Jesus mit seiner Erzählung die neue Lehre vom nichtgeschuldeten Gnadenlohn vor.

Ein modernes Mißverständnis der Parabel

Heutigen Christen scheint die Parabel vielfach unverständlich. Für ihr geschärftes soziales Empfinden untergräbt das willkürliche Verhalten des Gutsbesitzers jede Arbeitsmoral.

Eine solche Kritik geht jedoch am Sinn der Parabel völlig vorbei. Selbstverständlich wollte Jesus darin nicht das Modell für einen christlichen Arbeitgeber aufstellen. Die Arbeit im Weinberg betrachtet er nicht als Verdienstmöglichkeit, sondern als eine Wohltat des Gutsherrn (man denke an die damalige Arbeitslosigkeit). Sie verschafft den Arbeitern die Fürsorge des väterlichen Weinbergbesitzers. Jesus will einfach die unbegreifliche Güte Gottes darstellen, die es sich vorbehält, einem Menschen, der nicht viel geleistet hat, mehr zu geben, als ihm zusteht. Die Gewißheit, daß Gott gütig ist, besitzt nur der, der sich in seiner Güte geborgen weiß und für seine Gnaden dankbar ist, ohne den Mitmenschen zu kontrollieren, ob er nicht etwa mehr an Gnade erhält, als er verdient, sondern ihm neidlos die Berufung zum Heil gönnt.

Alfons Kemmer

---

1. *Geben Sie eine Inhaltsangabe des Gleichnisses von den Arbeitern im Weinberg.*
2. *Woran nimmt der Prokurist Franz S. Anstoß, als er das Evangelium im Gottesdienst hört? Ist Ihre Meinung zu dem geschilderten Vorgang ähnlich?*
3. *Lesen Sie die Interpretation, die hier gegeben wird. Was soll mit dieser Geschichte, die Jesus erzählt, ausgedrückt werden?*
4. *Wann ist die Parabel mißverstanden? Warum neigt man dazu, diese Parabel mißzuverstehen?*

Was sind Gleichnisse?

In den synoptischen Evangelien nehmen die Gleichnisse einen breiten Raum ein. In ihnen stößt man immer wieder auf zentrale Themen der Predigt Jesu: Reich Gottes, Ruf zur Umkehr, Hinweis auf den Ernst der Stunde, Gegensatz zu den Pharisäern.

Die Gleichnisse Jesu sind etwas völlig Neues und ohne Vorbild in der zeitgenössischen Literatur. Erst um das Jahr 80 n. Chr. findet sich darin ein Gleichnis, das zudem noch im Verdacht steht, einem Gleichnis Jesu nachgebildet zu sein. Die echten Gleichnisse Jesu zeichnen sich aus durch ihre schlichte, klare Sprache, meisterhafte Gestaltung und ganz persönliche Eigenart. So ist es nicht übertrieben zu sagen, daß wir in ihnen »auf ein Stück Urgestein der Überlieferung« stoßen (J. Jeremias) und daß sie besonders zuverlässig überliefert wurden. Sie enthalten die Lehre Jesu in knapper und anschaulicher Form.

Freilich stößt der heutige Leser immer wieder auf Schwierigkeiten, die ihn am Verstehen der Gleichnisse hindern. Das kommt daher, daß sie schon sehr bald nach dem Tode Jesu Umdeutungen erfahren haben. Man hat oft mehr in ihnen gesucht, als sie enthalten. So hat man oft einen tieferen Sinn in sie hineingetragen oder in ihnen ein Spiegelbild des Lebens Jesu oder einen Abriß der Heilsgeschichte gesehen. Nachdem das Evangelium die engen Grenzen Palästinas überschritten hatte und in anderen Kulturkreisen verkündet wurde, haben die Prediger versucht, die Gleichnisse dem neuen Publikum verständlicher zu machen. Dinge, die den ursprünglichen Hörern Jesu selbstverständlich waren, mußten nun den kulturellen Bedingungen der Missionsländer angepaßt werden.

Gleichnisse sind erweiterte Vergleiche, wie wir solche täglich gebrauchen, z. B. wenn wir sagen: Heute herrscht eine Kälte wie in Sibirien, oder: In diesem Zimmer ist es heiß wie in einem Backofen. Wir wollen so eine Aussage veranschaulichen, indem wir die Ähnlichkeit zwischen zwei Dingen in einer bestimmten Hinsicht hervorheben. Besonders im Orient liebte man es, alles in Bildern mit Vergleichen zu sagen. Das hebräische Wort für Gleichnis, maschal, bezeichnet freilich auch einen einfachen Vergleich, ein Bildwort, ein Rätsel oder ein Sprichwort. Im Neuen Testament hat das dem maschal entsprechende Wort parabolé ebenfalls diese Bedeutungen. Im Deutschen gebrauchen wir den Ausdruck »Parabel« meist im gleichen Sinn wie »Gleichnis«; doch wäre es richtiger, zwischen beiden zu unterscheiden. Das Gleichnis zieht nämlich einen Sachverhalt heran, der in der Natur oder im Alltagsleben immer wieder beobachtet werden kann, z. B. das Wachsen der Saat, spielende Kinder auf der Straße u. ä. Die Parabel dagegen geht von einem Einzelfall aus, den sie zu einer kurzen Erzählung ausgestaltet. Das Einmalige ist jedoch in religiöser Hinsicht typisch. Berichtet eine Parabel von einem Musterfall, liegt eine Beispielerzählung vor (z. B. der barmherzige Samariter).

Bei den Gleichnissen ist immer die Bildhälfte von der Sachhälfte zu unterscheiden. Jesus spricht das, was er sagen will, durch den Schleier eines Bildes aus. Der Zuhörer wird eingeladen, das Bild zu deuten. Für gewöhnlich erklärte er den Zuhörern das Gleichnis nicht, sie konnten ja seinen Sinn leichter verstehen als wir heute. Denn die Bilder waren aus ihrer Umwelt, aus der Natur, der Landwirtschaft jener Zeit genommen. Wichtiger als die Bildhälfte ist die Sachhälfte, das, worauf es dem Erzähler ankommt und was das Gleichnis ausdrücken will.

---

1. *Welches sind die zentralen Themen der Gleichnisse, die Jesus erzählt? Welche Gleichnisse sind Ihnen bekannt? Versuchen Sie, sie zu erzählen, und vergleichen Sie sie dann mit dem Bibeltext.*
2. *Unterscheiden Sie Parabel, Gleichniserzählung und Beispielerzählung. Worin liegen die Unterschiede?*
3. *Was ist in einem Gleichnis die Bildhälfte, was die Sachhälfte? Worauf kommt es mehr an?*
4. *Was ist bei dem Gleichnis von den Arbeitern im Weinberg Bild- und was ist Sachhälfte?*
5. *Lesen Sie das Gleichnis vom verlorenen Sohn (Lk 15,11–32) nach. Auf den ersten Blick scheint der ältere Bruder im Recht zu sein. Warum aber erzählt Jesus die Geschichte? Was will er aussagen?*
6. *Versuchen Sie, die Geschichte vom verlorenen Sohn »modernisiert« zu erzählen.*

Die Sicht des älteren Bruders ...

Das Gleichnis vom verlorenen Sohn ist eines der bekanntesten Gleichnisse der Heiligen Schrift. Der Sohn, der in der Fremde alles durchgebracht hat, kehrt nach Hause zurück und der Vater empfängt ihn mit offenen Armen. (Vgl. Lk 15,11–32)

Rembrandt, Der verlorene Sohn (Ausschnitt)

Hier könnte das Gleichnis eigentlich enden. Im Verhalten des Vaters hat es die Einstellung Gottes den umkehrenden Sündern gegenüber geschildert und damit auch das Recht Jesu dargetan, sich ebenfalls über die Rückkehr der Sünder zu freuen. Aber es hat einen zweiten Teil. Der ältere Sohn, von dem bisher nicht die Rede war, hat auf dem Feld gearbeitet. Wie er nun abends heimkommt und schon draußen an der Musik erkennt, daß im Haus drinnen ein Fest gefeiert wird, erkundigt er sich bei einem Knecht nach dem Grund dieser Freudenfeier. Wie er ihn erfährt, packt ihn der Zorn. Er weigert sich, am Festmahl teilzunehmen. Die Empörung des selbstgerechten Sohnes ist das genaue Gegenteil des väterlichen Erbarmens. Im Bild des älteren Sohnes malt Jesus den jüdischen Gerechten, d. h. die Pharisäer und Schriftgelehrten, die sich ja nach V. 2 über seinen Verkehr mit den Sündern empörten.

Der Vater läßt den Protestler aber ebensowenig stehen wie den heimkehrenden Bruder. Damit will der Erzähler seinen Zuhörern zu verstehen geben, daß Gott sich auch um verstockte Menschen bemüht; auch sie bittet er um eine Änderung ihrer Gesinnung. Die Einladung gilt auch heute noch, es ist nie zu spät. Aber der ältere Sohn beantwortet die Einladung des Vaters mit eine Reihe heftiger und rücksichtsloser Vorwürfe. Er zählt alle seine Verdienste auf: Wie ein Knecht hat er auf dem Hof gearbeitet, sich nie das Geringste zuschulden kommen lassen. Der Vater dagegen hat das alles als selbstverständlich angenommen und ihm nie angeboten, sich ein kleines Vergnügen mit seinen Freunden zu gönnen. Ganz ähnlich zählt im Gleichnis vom Pharisäer und Zöllner jener im Tempel vor Gott seine Leistungen auf (Lk 18,11 f). Daß nun der Vater für seinen mißratenen Jüngsten ein Freudenmahl veranstalten läßt, ist für den älteren Bruder ein ausgemachter Skandal. Er nennt ihn »dieser dein Sohn«; er selbst will mit ihm nichts mehr zu tun haben. Ein Mensch, der wie dieser Mustersohn ausschließlich in der Kategorie »Verdienst – Lohn« denkt, hat natürlich für die verzeihende Liebe des Vaters kein Verständnis.

Aber dieser läßt sich durch die Vorwürfe des Älteren nicht aus der Fassung bringen. Er spricht ihn mit dem zärtlichen Ausdruck »mein Kind« an. Um ihn von der Haltlosigkeit seiner Vorwürfe zu überzeugen, weist er auf die ungestörte Geborgenheit beim Vater und auf die Tatsache hin, daß ihm von seinem Besitz und Erbrecht nicht das Geringste genommen ist. »Alles, was mein ist, ist auch dein.« Dieses Wort ist so voll Güte, daß auch ein verstocktes Herz gerührt werden müßte. Und er wiederholt, was er schon V. 24 gesagt hat, nun mit Bezug auf den Ältesten: Auch du müßtest mitfeiern und dich freuen, denn der Heimgekehrte ist ja dein Bruder.

1.15 Jesus wirkt Wunder

Viele reden von Wundern

In dem humorvollen, geistreichen Roman „Das Wunder des Malachias" läßt der Schriftsteller Bruce Marshall einen Kaplan sagen: „Wunder sind heute aus der Mode gekommen. Wenn sich eins im Schlafzimmer unseres hochwürdigsten Herrn Bischofs ereignen würde, täte Seine Gnaden alles, um den ungehörigen Fall zu vertuschen."

Wunder der Welt in Wort und Bild

Eine einzigartige Übersicht über alle großen Wunder unserer Erde – ob von Menschenhand oder von der Natur geschaffen – mit 150 prachtvollen Farbfotos und erklärenden Begleittexten. Die weitreichende Auswahl geht von gigantischen Wasserfällen ... Canyons über großartige ... vergangener Zeiten ... Wundern

Das Wunder von Lengede

Die „zweite Geburt" der elf Geretteten

Am 24.10.1963 wurden 129 Bergleute im Eisenerzbergwerk Lengede verschüttet. 79 konnten sich selbst befreien; sieben wurden am folgenden, drei am übernächsten Tag geborgen. Dann stellte ... elf Männer lebend aus sechzig Meter Tiefe geholt wurden, feierte die Welt diese Rettung als das Wunder von Lengede. Acht der elf überlebenden Bergleute erklärten sich nach langem Zögern ... it, vor ... r ihre ... chen.

Das neue deutsche Fußball-Wunder

Bedeutung des Wortes Wunder

Zwischen der Bedeutung des Wortes »Wunder« im heutigen Sprachgebrauch und dem, was in der Antike und in der Bibel als Wunder bezeichnet wird, besteht eine große Kluft.

Wunderverständnis					
Heute		Antike		Bibel	
Gotteserfahrung: Nebensache	Außerordentlichkeit des Ereignisses: Hauptsache	Gotteserfahrung: Hauptsache	Außerordentlichkeit: Nebensache	Gotteserfahrung: Hauptsache	Außerordentlichkeit: Nebensache

Die Wunder Jesu

Manche Wundergeschichten werden erzählt, um eine für das menschliche Leben bedeutsame Wahrheit deutlich zu machen. Anderen Wundererzählungen liegen tatsächliche Begebenheiten zugrunde. Viele Texte der Bibel bezeugen, wie Gott auf vielfältige Weise in die Geschichte der Menschen eingegriffen hat.
Es steht fest: Es gibt einen Grundstock von historisch sicheren Wundertaten Jesu, vor allem Heilungen und Dämonenaustreibungen. Die wunderbaren Machttaten Jesu zeigen: Wo Gottes Reich kommt und wo Menschen daran glauben, da wird schon jetzt leibhaftig Not gewendet, geschieht schon jetzt Heilung für den ganzen Menschen. Andere Wundergeschichten, die nach Ostern von Jesus erzählt wurden, wollen in Form einer

Wunder sind auffallende Ereignisse, die von glaubenden Menschen als Zeichen des Heilshandelns Gottes verstanden werden.

Erzählung sagen, wer Jesus ist: mehr als Mose, mehr als Elija; ja, was im Alten Testament nur von Gott gesagt wird, der dem Sturm und dem Meer gebietet, wird nun auch von Jesus erzählt, der in Gottes Macht und Namen handelt.
Die vier Evangelien und die neutestamentliche Überlieferung bezeugen einheitlich, daß Jesus Wunder wirkte. Die Wunderberichte sind eng mit der Jesustradition verknüpft. Jesu Wunder dürfen nicht isoliert betrachtet werden, sie stehen in einem unlöslichen Zusammenhang mit seiner Verkündigung; sie werden hervorgerufen durch das machterfüllte Wort Jesu. Die Wunder, die Jesus wirkt, wollen in erster Linie den Menschen den Zugang zu seiner göttlichen Sendung eröffnen, im Wirken und in der Person Jesu ist die messianische Heilszeit angebrochen. Die Wunder, besonders die Dämonenaustreibungen machen anschaulich, daß mit dem Kommen Jesu die erlösenden Kräfte des künftigen Reiches Gottes bereits in diese Welt eingebrochen sind. Die der Gottesherrschaft entgegenstehende Satansherrschaft wird bezwungen; ein Stärkerer ist aufgestanden, den Starken zu binden.
Eine Frage wird im Zusammenhang mit Wunderberichten immer wieder gestellt: Durchbricht ein Wunder die bestehenden Naturgesetze? Darauf ist zu antworten: Gott als freies und personales Wesen ist in seinem Wirken nach außen nicht durch die Naturgesetze beschränkt. Wunder sind etwas Außerordentliches im Vergleich zu den wirkenden Naturgesetzen, nicht eine Durchbrechung dieser Gesetze.

Herr, du hast der Tochter des Jairus
wieder das Leben geschenkt –

heute aber stirbt die Tochter des Jairus
in den Slums
von Asien und Afrika –

aber niemand hat die Kraft
deines Wortes –

Der Todesschrei verhallt in unseren
Wohnzimmern –
wir schalten um auf ein anderes
Programm –
man kann das nicht dauernd sehen
und hören ...

Uns fehlt die Kraft, Wunder zu wirken,
weil unser Glaube
zu schwach ist, um unser Leben
zu verwandeln –

Und so hat die Tochter des Jairus
heute keine Chance mehr.

entnommen dem
»Regensburger Pfarrbriefdienst«

Zur Unterscheidung

Im Neuen Testament werden viele Wunderberichte überliefert. Diese Berichte überliefern Wunder verschiedener Art. Da sind zunächst die Heilwunder: Jesus heilt einen Gelähmten (Mk 2,1–12), er gibt einem Blindgeborenen das Augenlicht wieder (Joh 9,1–7). Daneben finden sich die Wunderberichte der Dämonenbannung: Die Bannung der Dämonen in der Synagoge von Kafarnaum (Mk 1,21–28), die Heilung des Besessenen in Gerasa (Mk 5,1–20).
Recht spektakulär sind die sogenannten Naturwunder: der Seewandel Jesu (Mt 14,22 bis 33), die Verfluchung des Feigenbaumes (Mk 11,12–14.20–21). Das Wunder von der Speisung der Volksmenge (Lk 9) gehört zu den Geschenkwundern. Dazu kommen noch Berichte über Totenerweckungen: Jesus ruft seinen toten Freund Lazarus aus dem Grab (Joh 11), das Töchterlein des Jairus wird seinen Eltern wiedergegeben (Mt 9) und der junge Mann aus Naim wird ins Leben zurückgerufen (Lk 7).

1. *In welchen Situationen verwenden Menschen – ob gläubig oder nicht gläubig – das Wort Wunder? Was wollen sie damit ausdrücken? Ist in den angeführten Beispielen das Wort Wunder gerechtfertigt?*
2. *Wie hat sich die Bedeutung des Wortes Wunder seit der Antike verändert?*
3. *Was ist nach christlicher Auffassung ein Wunder? Welche Bedeutung haben die im Neuen Testament überlieferten Wunderberichte? Was bedeuten Heilungen und Dämonenaustreibungen für den gläubigen Christen?*
4. *Welche Arten von Wunder kann man unterscheiden? Lesen Sie die oben angegebenen Stellen, die Wunder berichten.*

Das Wunder in der Bibel . . .

Als Jesus von dem Berg herabstieg, folgten ihm viele Menschen. Da kam ein Aussätziger, fiel vor ihm nieder und sagte: Herr, wenn du willst, kannst du machen, daß ich rein werde. Jesus streckte die Hand aus, berührte ihn und sagte: Ich will es – werde rein! Im gleichen Augenblick wurde der Aussätzige rein. Jesus aber sagte zu ihm: Nimm dich in acht! Erzähl niemand davon, sondern geh, zeig dich dem Priester und bring das Opfer dar, das Mose angeordnet hat. Das soll für sie ein Beweis (deiner Heilung) sein.

(Mt 8,1–4)

. . . Zeichen des anbrechenden Gottesreiches

Der Aussätzige des Evangeliums wurde als einer von jenen angesehen, die man ablehnt, die man verachtet, deren man sich entledigt, weil man im Grunde genommen Angst vor ihnen hat.
Man hatte Angst vor der Ansteckung.
Man wollte keinen Umgang mit ihnen.
Man wollte ihnen zwar zu essen geben, aber . . . auf Abstand.
Wenn er sich einem Dorfe näherte, mußte er mit seiner Schelle läuten und fünfhundert Meter weit hinten bleiben.
So war die Vorschrift, eine religiöse Vorschrift.
Zu behaupten, daß er nicht darunter litt, das ist eine andere Sache.
Man hatte ihn übrigens nicht um seine Meinung gefragt; er war aussätzig, er war also kein Mensch wie die anderen, das ist alles.
Nicht er war es, der zu befehlen hatte. Da geht Jesus auf ihn zu.
Er geht auf ihn zu, trotz aller Verbote, trotz der religiösen Vorschrift, auf die Gefahr hin, gesetzlich für unrein erklärt zu werden.
Er geht auf ihn zu, trotz der Ansteckungsgefahr, und was viel schwerwiegender ist, trotz der allgemeinen Einstellung.
Er geht auf ihn zu, weil der Aussätzige ihm von weitem zugerufen hat: »Herr, wenn Du willst, kannst Du mich rein machen!«
Der Aussätzige schaut Ihn an, wie Er da auf ihn zukommt. Es ist das erstemal, daß einer seiner menschlichen Brüder ihm so nahe kommt, seit ihn der Aussatz befallen hat.
»Jesus streckte die Hand aus, berührte ihn und sprach: ›Ich will, sei rein.‹ Und sofort war er von seinem Aussatze rein.«
Ein geheilter Aussätziger, das hatte man auch noch nicht gesehen.
Man bleibt immer bestürzt, wenn . . . ein Aussätziger wieder ein Mensch ohne Aussatz wird, ein Faulenzer zu arbeiten beginnt, ein Alkoholiker gesund wird.
Man glaubte so wenig daran.
Man glaubt immer noch so wenig daran.
Trotzdem ist es eine Tatsache: Dieser Aussätzige ist geheilt. Er ist geheilt, geheilt von seinem Aussatz, ja, aber das ist noch nicht das Beste für ihn, er ist vor allem davon geheilt, als ein Abnormaler betrachtet zu werden.
Er ist von diesem Aussatz geheilt, der aus ihm einen Menschen machte, der nicht wie die anderen war, der aus ihm einen Kranken machte, mit dem man Mitleid hatte, der aus ihm einen Kranken machte, vor dem man Angst hatte, der aus ihm einen Sünder machte, einen Schuldigen, von dem man sich fernhielt, und über den man urteilte, und den man verachtete.
Und nur deshalb, weil ein Mensch, Jesus von Nazaret, ein einziges Mal, ihn als einen Menschen betrachtet hat, als seinesgleichen.
Es war nur nötig, daß einmal ein Mensch die Schranke niederriß, die Berge beiseite schob, die ihn von dem Rest der Menschen trennten.
Denn als ein Abnormaler betrachtet zu werden, das war gerade sein Aussatz, und der von soundso vielen.
Kein Mitleid, keine Verachtung, kein Mißtrauen – die Freundschaft ist es, die nicht urteilt, die alles versteht, die allein weiß, daß ein Mensch ein Mensch ist und daß er mehr wert ist als alles.
Das Wunder der Freundschaft. Es gibt übrigens kein anderes.
Alle Wunder sind Wunder der Freundschaft – aber einer Freundschaft, die den Menschen übersteigt, einer Freundschaft, die die Berge versetzt, wie der Glaube, aus dem sie kommt,

Illustration aus einer alten griechischen Handschrift

und die den Namen Liebe hat und die den Namen Gott hat.
Der Aussätzige ist geheilt, weil er einem Menschen begegnet ist, der aus Gott lebt, einem Menschen, der sagt: »Ich mache nichts aus mir selbst.«
Es ist immer, und allein, diese Liebe Gottes, die die Toten auferweckt, indem sie durch das Herz eines Menschen geht. *Francois Chalet*

1. *Welcher Oberbegriff wird für die Gruppe derer verwendet, denen Aussätzige angehören?*
2. *Was zählt zu dieser Gruppe heute?*
3. *Wer könnte heute diese Menschen »heilen«?*
4. *Wie ist der Satz am Schluß zu deuten: »Es ist immer und allein diese Liebe Gottes, die die Toten auferweckt, indem sie durch das Herz eines Menschen geht.«?*

1.16 Die Frohbotschaft des Neuen Testamentes

Im Mittelpunkt des Lebens Jesu und seiner Botschaft steht das Reich Gottes in der Welt. Diese Welt soll durch den Menschen das werden, was sie vom Ursprung her ist: Gottes Welt. Sein Wille soll hier zur Geltung kommen. Wenn dies geschieht, wird auch der Mensch in dieser Welt Liebe, Gnade und Heil finden. Denn mit Gottes Herrschaft sind Gewalt und Ungerechtigkeit, Hunger und Haß, Lieblosigkeit und Unfreiheit, Leiden und Tod unvereinbar. Diese Botschaft faßt er unter dem schon im Alten Testament vorkommenden Wort »Reich Gottes« zusammen.

Reich Gottes in Bild und Gleichnis

Jesus hat die Proklamation vom nahegekommenen Reich Gottes bis zu seinem Tod ständig erläutert und vertieft. Er hat davon in zahlreichen Bildworten und Gleichnissen erzählt. So vergleicht er es mit einem Schatz im Acker, einer kostbaren Perle, einer aufgehenden Saat, einer reichen Ernte, einem brennenden Licht, einem großen Gastmahl, einer glücklichen Hochzeit, einem herrlichen Fest, einem gütigen Vater.

Christusmosaik

Man würde die zahlreichen Reich-Gottes-Gleichnisse Jesu allerdings gründlich mißverstehen, wenn man sie nur als anschauliche Bilder für einen unanschaulichen Sachverhalt deutete. Jesu Gleichnisse wollen mehr als veranschaulichen. Indem sie bei den Hörern Bereitschaft zur Umkehr, Trost, Freude, Vertrauen, Hoffnung, Hilfsbereitschaft und Frieden, Versöhnung und Liebe bewirken, bringen sie das Reich Gottes selber nahe.

Machttaten und Wunder

Auch in den Wundern Jesu haben wir Zeichen des Reiches Gottes zu sehen. Jesus selbst hat sie so gedeutet. Was die Gleichnisse in Worten veranschaulichen, das machen die Wunder als Taten gegenwärtig. In den Dämonenaustreibungen wird die Macht des Bösen gebrochen. Krankheiten werden geheilt, Hungrige gesättigt, der Tod ist besiegt und die Welt auf Gott hingeordnet. All das ist noch nicht in endgültiger Vollendung da. Denn noch müssen wir mit Hunger, Krankheit, Leiden und Tod leben. Aber die Wunder Jesu sind Hoffnungszeichen dafür, daß menschliches Leid und selbst der Tod einmal völlig besiegt werden. Dann ist das Reich Gottes endgültig da. Was am Ende der Zeiten sein soll, das bricht in Jesu Machttaten schon jetzt in die Gegenwart ein und soll durch uns in seiner Kraft weitergeführt werden.

Der Evangelist Markus faßt die Botschaft Jesu in einem Satz zusammen:
Jesus ging wieder nach Galiläa; er verkündete das Evangelium Gottes und sprach: Die Zeit ist erfüllt, das Reich Gottes ist nahe. Kehrt um, und glaubt an das Evangelium! *Mk 1,14–15*

»Seid gewiß: Ich bin bei euch
alle Tage
bis zum Ende der Welt.«
Mt 28,20

KAPITEL 2

Jesus Christus

Ich sehe einen übergroßen Christus, der an einem nicht sichtbaren Kreuz hängt. Eine Handvoll Menschen blickt zu ihm auf. Sie scharen sich ängstlich zusammen, sie erwarten etwas. Sie scheinen – wenigstens teilweise – in den herabfließenden Strom des Lebens einbezogen, der von dem Sterbenden ausgeht.

Die überlangen Arme bilden gleichsam einen Mantel, der Schutz und Geborgenheit gewährt. Keiner ist näher dran; nur zusammen, mit dem anderen, sind sie ergriffen vom Leben.

Die Waage hat sich gesenkt. Jesus neigt sich herab – und in ihm Gott. Jesus stirbt nicht für sich allein.

Gerhard Boos

2.1 Einer, von dem man spricht

Wir fürchten uns nicht

Die Christen werden gejagt. Sie werden in die Arena geschleppt. Sie werden von Löwen zerfleischt. Andere werden ans Kreuz geschlagen. Andere werden mit Pech übergossen und angezündet. Sie werden verbrannt – als lebende Fackeln bei Nacht.
Und viele liegen in den Kerkern. Auch sie werden sterben. Sie zittern. Sie haben den Tod vor Augen. Sie haben schreckliche Angst. Das Wasser steht ihnen bis zum Hals. Es ist wie ein Meer der Angst. »Wer hilft uns?« Es ist, als ob sie ertrinken. »Hilf uns, wir gehen unter!«
Das alles geschieht in Rom. Unter dem Kaiser Nero. Es ist das Jahr 64. Nero wollte Rom brennen sehen. Überall hatte er Feuer legen lassen – heimlich. Voller Wut war das Volk. Schuldige mußten her: Die Christen! Die Christen sind schuld! So gellte es durch die Straßen. Da begann die Jagd.
Jetzt liegen sie in den Kerkern, die Christen. Viele sind schon tot. Aber die, die noch leben, die klammern sich ans Leben. Sie beten. Sie schreien: »Hilf uns, wir gehen unter!« Sie schreien ihre Angst hinaus.
Da beginnt einer zu reden in einem der Kerker des Kaisers. Ganz still schaut er die anderen an, alle, die vor Angst schreien. Er ist ganz ruhig: »Ich war in Galiläa«, sagt er. »Damals! Ich hörte, was sie von Jesus erzählten. Von einem Sturm haben sie erzählt, von einem Wirbelwind auf dem See Gennesaret. Ja, so war es:

Die Jünger waren draußen im Boot. Das Meer erhob seine Stimme. Die Wellen kamen wild daher. Die Wellen schlugen hoch. Sie faßten das Boot mit wilder Gewalt. Die Jünger hatten Angst. Die Wellen kamen über das Boot. Da war Finsternis über der Tiefe. Die Jünger schrien: Hilf uns, Herr! Wach auf! Wir gehen unter!
Jesus aber schlief mit Frieden. Die Jünger schrien: Hilf uns!
Da stand er auf. Er reckte die Hand. Er bedrohte das Meer: Sei still!
Da war es still, das Meer der Angst.
Da sprach er zu ihnen: Habt Mut! Ich bin doch da. Gott ist doch da.
Glaubt ihr das immer noch nicht?
Da wurden sie still, die Jünger im Boot. Da hatten sie Frieden mit Gott!«

(Markus 4,35–41)

So erzählt der eine in Rom. Da sind sie still geworden im Kerker des Kaiser. Sie zittern nicht mehr, die Christen. Sie beten: Hilf uns, Herr! Bleibe bei uns, wenn wir versinken. Gib uns deinen Frieden. Sie wissen: Jesus ist bei uns – auch im Meer der Angst.
Es ist wie ein Schiff, wie ein Schiff im Meer der Angst: »Jesus ist bei uns! Wir fürchten uns nicht.«
Markus hat das aufgeschrieben, diese Geschichte vom Sturm auf dem Meer. Viele haben diese Geschichte gehört. Viele wurden dadurch getröstet.
Eine Geschichte wie eine Predigt.
Gott ist bei uns. Deshalb fürchten wir uns nicht.

Dietrich Steinwede

Sie alle hatten mit ihm zu tun

Petrus: »Herr, ich bin bereit, mit dir sogar ins Gefängnis und in den Tod zu gehen.« (Lk 22,33)

Justin (griechischer Kirchenvater) wird um 165 n. Chr. mit sechs weiteren Christen zusammen ergriffen und in Rom hingerichtet, weil er sich weigert, Jesus Christus zu verleugnen. Er hat dessen Lehre, wie er sagt, nach sorgfältigem Studium für wahr erkannt und zweifelt nicht, daß sie das Heil für die Welt bedeutet.

Augustinus (lateinischer Kirchenvater) lebt in einer Zeit (354–430 n. Chr.), als das Christentum schon Staatsreligion ist. Sein theologisches Denken wird das ganze Mittelalter stark prägen. In seinen autobiographischen »Bekenntnissen« schildert er seine Entwicklung zum Christen und sagt, ohne Jesus Christus müsse er verzweifeln.

Franz von Assisi beginnt im Jahr 1209 n. Chr. mit einem Leben nach dem Evangelium Jesu. Er sammelt Brüder um sich und lehrt sie, auch aus dem Geist Jesu zu leben.

Elisabeth von Thüringen (Gräfin auf der Wartburg) lebt zur selben Zeit wie Franz von Assisi. Wenn sie in einer Kirche Christus mit seiner Dornenkrone am Kreuz hängen sieht, kann sie die Kronen der Fürsten und ihre prächtigen Gewänder nicht mehr sehen.

Friedrich Nietzsche (Philosoph) lebt und lehrt in der zweiten Hälfte des 19. Jahrhunderts. Er ist entschiedener Atheist. Das Christentum bekämpft er in einer glanzvollen und aufsehenerregenden Sprache. Jesus lehnt er als einen Schwächling ab, der den Menschen die Freude am Leben nehme.

Sophie Scholl (Studentin) wird wegen ihrer Zugehörigkeit zu der akademischen Widerstandsgruppe »Die weiße Rose« von einem nationalsozialistischen Gericht unter Freisler 1943 zum Tod verurteilt. Unmittelbar vor ihrer Hinrichtung darf sie nochmals mit ihrer Mutter sprechen. Diese sagt: »Gelt, Sophie: Jesus.« Und Sophie: »Ja, aber du auch.«

Was wäre, wenn . . .

Und hätte dieser Mann aus Nazaret,
dem auch noch heut'
Millionen namentlich verpflichtet sind,
niemals gelebt,
was wäre – die Frage sei gestattet – anders?

Die Jahreszahl des Briefkopfs wäre anders,
und auf den Bergen gäb' es keine Gipfelkreuze.
Parteien könnten sich nicht christlich nennen,
und Freiburg, Straßburg, Ulm und Köln:
sie hätten keine Münster oder Dome.
Auch bräuchte San Francisco einen neuen Namen.

So manches Buch wär' nie erschienen,
und Christenhasser wären unbekannt,
sie wär'n gezwungen, anderes zu hassen.
Man müßte Flüche anders formulieren,
das Lebenswerk von vielen Philosophen,
es wäre letztlich ungedacht geblieben.

Die Bilderrahmen in den meisten Galerien,
sie wären leer – mangels Motiven.
Manche Musik wär' nie erklungen,
und mancher Urlaubstag entfiele.

Otmar Schnurr

1. *Warum sprechen Menschen von »ihm« (die Christen im Kerker des Kaisers – Christen und Nichtchristen verschiedener Zeiten)?*
2. *Welche weiteren Beispiele fallen Ihnen ein zu dem Gedicht »Was wäre, wenn . . .«?*
3. *Wie spricht man in Ihrem Bekanntenkreis oder unter Ihren Freunden von Jesus? Wie sprechen Sie selbst von ihm?*

2.2 Geschichtlicher Rahmen des Lebens Jesu

Biographische Umrisse

Jesus wurde sieben Jahre vor dem Einsetzen unserer christlichen Zeitrechnung, also 7 v. Chr. geboren. Er war Jude. Als Geburtsort wird im Neuen Testament Betlehem genannt. Die biblische Darstellung, Jesus sei in Betlehem geboren, folgte wohl der theologischen Absicht, Jesus als einen Nachkommen des Königs David herauszustellen, denn Betlehem war die »Davidsstadt«. Jesus wuchs in Nazaret auf. Er blieb unverheiratet.

Erstmals, mit ungefähr 34 Jahren, trat er öffentlich auf. Er predigte und sammelte Jünger, mit denen er einige Zeit durch das Land zog. Infrage kommt ein Zeitraum von 1–3 Jahren. Er erregte mit dem, was er tat, und dem, was er sagte, die Aufmerksamkeit des ganzen Volkes und seiner religiösen Führung. Sein Anspruch war es, von Gott als der endzeitliche Heilbringer gesandt zu sein, so daß alle auf ihn zu hören und alle sich an ihm zu orientieren hätten. Neben aufbrechenden messianischen Hoffnungen, die sich an seine Person knüpften (unter anderem hoffte man auf Befreiung vom römischen Joch), zeigten sich auch entschiedene Ablehnung und Gegnerschaft, vor allem von seiten der führenden Schicht in Jerusalem. Die jüdischen Behörden ließen ihn vor dem Osterfest im Jahr 30 n. Chr. verhaften und verurteilten ihn als der Gotteslästerung überführt zum Tod. Da sie das Urteil selbst nicht vollziehen durften, überstellten sie ihn sodann den römischen Behörden. Sie bezichtigten ihn der Aufrührung des Volkes. Der römische Statthalter Pontius Pilatus gab ihn zur Kreuzigung frei. Die Hinrichtung erfolgte wahrscheinlich am 7. April 30 n. Chr., einem Freitag. Noch am selben Abend wurde er beigesetzt.

Außerbiblische Zeugnisse

Immer wieder gibt es Leute, die behaupten, Jesus habe gar nicht gelebt. Irgendwer habe ihn erfunden und »literarisch« in die Welt gesetzt. Schon deshalb ist es wichtig zu wissen, daß es auch außerbiblische Zeugnisse für das Leben und Wirken Jesu gibt. Zwei der wichtigsten Zeugnisse sollen hier (gekürzt) wiedergegeben werden. Sie stammen von dem jüdischen Geschichtsschreiber Flavius Josephus (37–97 n. Chr.) und von Plinius dem Jüngeren (62–114 n. Chr.), dem römischen Statthalter der Provinz Bithynien.

Flavius Josephus:
»Zu dieser Zeit lebte Jesus, ein weiser Mann. Er tat wunderbare Werke. Viele Juden und Heiden zog er an sich. Und als ihn auf Anklage unserer vornehmen Männer Pilatus mit dem Kreuzestod bestraft hatte, ließen die nicht ab, die ihn früher geliebt hatten. Noch bis heute hat das Geschlecht derer nicht aufgehört, die nach ihm Christen genannt sind.«

Plinius der Jüngere:
»An Gerichtsverfahren gegen die Christen habe ich nie teilgenommen . . . (Andere) versicherten aber, ihr ganzes Vergehen oder ihr Irrtum habe darin bestanden, daß sie gewohnt seien, an einem bestimmten Tag vor Sonnenaufgang zusammenzukommen und Christus als einem Gott im Wechselgesang Lieder zu singen . . . Die Angelegenheit schien mir eine Anfrage wert . . . Nicht nur die Städte, sondern auch die Dörfer und das flache Land hat dieser ansteckende Aberglaube erfaßt.«

1. *»Biographische Umrisse«: Was können sie belegen? Was nicht?*
2. *Und wenn nun Betlehem* nicht *die »Geburtsstätte« wäre?*
3. *Werten Sie die beiden außerbiblischen Jesus-Zeugnisse aus! (Was ergibt sich aus ihnen? Halten Sie solche Zeugnisse für wichtig?)*

2.3 Das Land, in dem Jesus gelebt hat

1 Wahrscheinlicher Ort der Hinrichtung von Johannes dem Täufer (Mt 14; Mk 6; Lk 3)
2 Geburt Jesu (Lk 2)
3 Tätigkeit Jesu: Leiden, Tod und Auferstehung (Mt 26–28; Mk 14–16; Lk 22–24; Joh 18 bis 21)
4 Heimat von Lazarus, Marta und Maria (Lk 10; Joh 11) sowie von Simon dem Aussätzigen (Mt 26; Mk 14)
5 Erscheinung des Auferstandenen vor den beiden Jüngern (Lk 24)
6 Heilung eines Blinden (Mt 20; Mk 10; Lk 18); Aufnahme des Zachäus (Lk 19)
7 Aufenthalt Jesu vor seinem Leiden
8 Heimat von Josef, dem Mitglied des Hohen Rates
9 Begegnung mit der Samariterin (Joh 4)
10 Alte Hauptstadt des Nordreichs, unter den Römern »Sebaste« genannt
11 Gewöhnlich Residenz des römischen Statthalters
12 Erweckung des Sohnes der Witwe (Lk 7)
13 Jugendjahre Jesu
14 »Hochzeit von Kana« (Joh 2)
15 Stillung des Seesturms (Mt 8; Mk 4; Lk 8); wunderbarer Fischfang (Lk 5; Joh 21); Gang auf dem Wasser (Mt 14; Mk 6)
16 Stadt der Apostel Petrus, Andreas, Jakobus, Johannes und Philippus (Mt 4; Mk 1; Lk 5; Joh 1)
17 Beginn des öffentlichen Wirkens Jesu; Schauplatz zahlreicher Reden und Wunder (Mt 4; Mk 1; Lk 4; Joh 4)
18 Die Dämonen werden in die Schweine gejagt (Mt 8; Mk 5; Lk 8)
19 Begebenheit mit der syrophönizischen Frau (Mt 15; Mk 7)
20 Glaubensbekenntnis des Petrus (Mt 16; Mk 8; Lk 9)

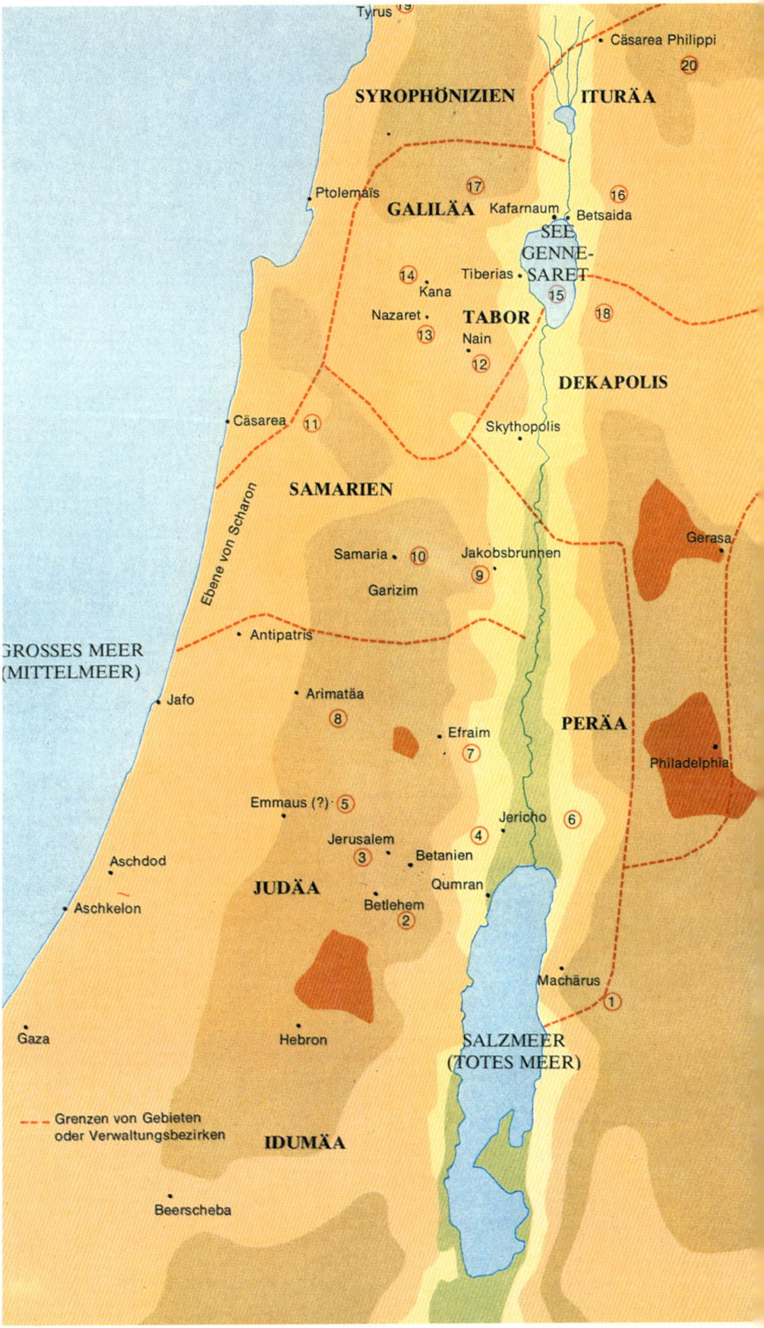

Alltägliches

Esel und Maultier

Sie werden zum Tragen schwerer Lasten und als Reittiere gebraucht. Der Esel ist ein Nachkomme des nordafrikanischen Wildesels. Sowohl Esel als auch Maultiere haben einen sicheren Gang und können auf schwierigerem Gelände gehen als Pferde.
Auf einem Esel ritt Jesus in Jerusalem als Friedefürst ein (vgl. Mt 21,1–11).

Wegmaße

Am gleichen Tag waren zwei von den Jüngern auf dem Weg in ein Dorf namens Emmaus, das sechzig *Stadien* von Jerusalem entfernt ist. Lk 24,13
Stadion: etwa 185 m (nach der Länge des Stadions in Olympia)
römische *Meile:* 1478 m (entspricht 1000 Doppelschritten nach römischem Maß)

Dann kehrten sie vom Ölberg, der nur einen *Sabbatweg* von Jerusalem entfernt ist, nach Jerusalem zurück (Apg 1,12)
Sabbatweg: größte dem Juden erlaubte Gehstrecke am Sabbat (etwa 1 km)

Senfstaude

Jesus sagte, das Reich Gottes sei wie ein Senfkorn, das zu einer großen Pflanze wird. Er dachte dabei sicher an den schwarzen Senf. Obwohl diese Pflanze normalerweise nur 1,20 m hoch wird, kann sie doch eine Höhe bis zu 4,60 m erreichen (vgl. Mt 13,31 bis 32).

Münzen

In Palästina waren drei Währungen im Umlauf. Es gab das offizielle, kaiserliche Geld römischer Prägung. Dann gab es griechische Münzen, die in Tyrus und Antiochien geprägt wurden, und die jüdischen Münzen, die vielleicht in Cäsarea hergestellt wurden. Das Geld für den Tempel mußte in tyrischer Währung bezahlt werden. Das betraf auch die Halb-Schekel-Steuer. Kein Wunder, daß das Geschäft der Geldwechsler blühte! Geld wurde aus Gold, Silber, Kupfer, Bronze und Messing geprägt.

Bronze-Lepton (»Scherflein«) um 6–9 n. Chr. Jesus lobte die Witwe, die mit zwei solchen Münzen alles gab. Wert sehr gering, nicht mehr genau feststellbar.
(vgl. Mk 12,42)
Als nun der Diener hinausging, traf er einen anderen Diener seines Herrn, der ihm hundert *Denare* schuldig war. Er packte ihn, würgte ihn und rief: Bezahl, was du mir schuldig bist! (Mt 18,28)

Am häufigsten erwähnt das NT die griechische Drachme und den römischen Denar. Beides waren Silbermünzen, der Denar entsprach ungefähr dem Tageslohn eines Arbeiters.

Silberdenar mit dem Kopf des Tiberius, Kaiser von 14–37 n. Chr.

Gesellschaftliche Gruppen

Die römische Besatzungsmacht
Die Römer hatten 63 v. Chr. Palästina ihrem Machtbereich einverleibt. Das jüdische Volk konnte aber auch unter römischer Herrschaft seine Religion zunächst ungestört ausüben. Die Rücksichtnahme auf seine religiösen Empfindungen ging sehr weit. So pflegten römische Truppen in Jerusalem einzuziehen, ohne die für Juden anstößigen Kaiserbilder mit sich zu führen. Einzelne Statthalter wie Pontius Pilatus indes verhielten sich anders und provozierten die Juden.
Der römische Statthalter residierte in der Hafenstadt Cäsarea. Er war militärischer Oberbefehlshaber und verantwortlich für das Aufkommen der Steuern und der Zölle, die von jüdischen Pächtern einzutreiben waren. Die oberste Gerichtsbarkeit lag ebenfalls beim Statthalter, auch wenn der »Hohe Rat« zu Jerusalem nach wie vor die Gerichtsbarkeit für religiöse Vergehen behielt und hier selbst die Todesstrafe aussprechen konnte. Polizeigewalt zur Aufrechterhaltung der öffentlichen Ordnung und das »Schwertrecht« standen allerdings nur der römischen Justiz zu.
Das Volk ertrug die Fremdherren nur widerwillig. Geringe Anlässe genügten, um passiven oder aktiven Widerstand des Volkes auszulösen.

Religiöse Gruppen in Israel
Vier Gruppen kennzeichnen das religiöse Leben Israels zur Zeit Jesu. Das politisch geknechtete Volk sammelte sich in diesen Gruppierungen religiöser Unabhängigkeit. Dennoch wurde je nach religiösem Standort auch das Verhältnis zu den Römern unterschiedlich bestimmt.

Die Sadduzäer
Zu ihnen gehörten vor allem die Priester, das reich gewordene Bürgertum und der Landadel. Sie hatten eine unangefochtene Autorität über den Tempel und im »Hohen Rat« die Mehrheit.
Sie waren mit den Römern verbündet und öffneten sich der hellenistischen Kultur.
Sie glaubten nicht an eine Auferstehung des Leibes und an eine Existenz von Engeln und Dämonen.

Die Zeloten
Aus religiösen Gründen ging es dieser Gruppe um nationale Unabhängigkeit von den Römern. Sie betrieben mit Leidenschaft den bewaffneten Kampf gegen die römische Fremdherrschaft. Ihre Entschlossenheit ging so weit, daß sie lieber sterben wollten, als sich dem römischen Joch zu unterwerfen.
Zelotische Gedanken gab es auch im Jüngerkreis Jesu.

Die Pharisäer
Das Volk achtete diese Gruppe sehr wegen ihrer strengen Lebensweise. Dennoch waren sie zahlenmäßig geringer und weniger einflußreich als die Sadduzäer. Ihr Ziel war es vor allem, die Kenntnis und Beobachtung des Gesetzes zu fördern. Sie versuchten, das alte Gesetz auf die veränderten Zeitgegebenheiten anzuwenden, ohne am »Buchstaben« zu rütteln. Sie lehnten die römische Fremdherrschaft ab, verhielten sich aber politisch neutral.

Die Essener
Im Neuen Testament ist von ihnen nicht die Rede. Von ihrem Leben wissen wir durch die sensationellen Handschriftenfunde am Nordwestufer des Toten Meeres bei Qumran nach dem Zweiten Weltkrieg. Sie führten ein streng abgesondertes Leben in kleinen mönchsähnlichen Gemeinden in der Wüste. Sie verhielten sich politisch und gesellschaftlich abstinent und warteten auf eine große Erlösungstat Gottes.

1. *Welche weiteren Kenntnisse haben Sie über die Welt, in der Jesus lebte? (Pflanzen? Tiere? Landschaft? Gesellschaft? Alltag?)*
2. *Wie waren die Zuständigkeiten im besetzten jüdischen Land geregelt? (Gerichtsbarkeit? Polizeigewalt? Religion?)*
3. *Unterscheiden Sie die vier wichtigsten religiösen Gruppen in Israel zur Zeit Jesu!*
4. *Wie verhielten sich die einzelnen Gruppen gegenüber der römischen Besatzungsmacht?*
5. *Wie verhielten sich diese Gruppen gegenüber Jesus?*

2.4 Grundzüge des Wirkens und der Botschaft Jesu

Die Legitimation

So kam er auch nach Nazaret, wo er aufgewachsen war, und ging, wie gewohnt, am Sabbat in die Synagoge. Als er aufstand, um aus der Schrift vorzulesen, reichte man ihm das Buch des Propheten Jesaja. Er schlug das Buch auf und fand die Stelle, wo es heißt:
Der Geist des Herrn ruht auf mir;
denn der Herr hat mich gesalbt.
Er hat mich gesandt,
damit ich den Armen eine gute Nachricht bringe;
damit ich den Gefangenen die Entlassung verkünde
und den Blinden das Augenlicht;
damit ich die Zerschlagenen in Freiheit setze
und ein Gnadenjahr des Herrn ausrufe.
Dann schloß er das Buch, gab es dem Synagogendiener und setzte sich. Die Augen aller in der Synagoge waren auf ihn gerichtet. Da begann er, ihnen darzulegen: Heute hat sich das Schriftwort, das ihr eben gehört habt, erfüllt. *Lk 4,16–21*

Wer sind diese Menschen?
Vom Sprecher fällt ein Schatten auf die Worte der Buchrolle, die er eben verliest. Da wird der Betrachter mit einem plötzlichen Erschrecken gewahr, daß er selbst auf der Seite des sprechenden Jesus steht, und daß die Gestalten des Bildes zugleich ihn anschauen. Wer sind diese Menschen, die ihn da ansehen?
Es sind Menschen von damals und heute. Da sehen ihn ein Verwundeter mit großen Augen an und ein Mann mit gefesselten Händen. Wer ist gerufen, heute die Zerschlagenen zu befreien und die Wunden zu heilen? Da hält einer seinen Eßnapf erwartungsvoll in Händen. Und hinter ihm hören zwei Frauen das Evangelium vom angenehmen Jahr des Herrn, das nun anbricht. Haben wir es wieder versinken lassen? Von der Unbefangenheit, in der Jesus mit Frauen umging, ist in der Kirche von heute wenig zu spüren. Unter der Buchrolle sehen zwei jugendliche Gesichter ernst und fragend auf den Betrachter. Wer

Sieger Köder: Jesus lehrt in der Synagoge

kann auf Fragen hören und antworten? Wer, wenn nicht der, der auf Jesu Seite steht und aus seinem Geiste spricht! Und doch ist dieses Fenster auch eine Art Spiegel. Die eigene Not und die eigenen Hoffnungen erkennt der Betrachter wieder. Vielleicht auch das eigene abweisende und heimtückische Schweigen der Gegner, die ihre Augen geschlossen halten.

Befreiend? Provozierend? Das Auftreten Jesu

- Jesus setzte sich über gesetzliche Vorschriften weg und behauptete, dennoch den Willen Gottes zu tun. (vgl. Mt 12,1–8; Lk 20,45–47)
- Jesus suchte Gemeinschaft mit Sündern und sagte, Gott liebe den Sünder. (vgl. Mt 18,12–14)
- Jesus sagte, das Reich Gottes sei mit ihm gekommen, und da sei nichts Spektakuläres mehr zu erwarten. (vgl. Mk 4,30–32; Lk 4,21; 17,21)
- Jesus setzte ein bedingungsloses Vertrauen auf Gott und wies alle Überlegungen weit von sich, er könne sich vielleicht täuschen und in Wirklichkeit gegen Gott und sein Volk handeln. (vgl. Mt 12,27)
- Jesus behauptete, von Gott gesandt zu sein; er beanspruchte, wie Gott aufgenommen zu werden.

Wer euch aufnimmt, der nimmt mich auf, und wer mich aufnimmt, nimmt den auf, der mich gesandt hat.

Mt 10,40

Begegnung mit Jesus

Es gibt Begegnungen mit Menschen, die unser ganzes Leben bestimmen. Wir bleiben nach diesen Begegnungen nicht, wie wir vorher waren. Die Begegnung hat uns verwandelt. Wir haben einen Menschen wirklich in uns hineingelassen, er gehört nun zu unserem Leben. Es kann ein Freund sein, ein bestimmter Lehrer, der Autor eines Buches, das einem viel gegeben hat. In dieser Weise sind Menschen Jesus begegnet. Sie haben sich auf ihn eingelassen. Sie ließen sich von ihm in der Mitte ihres Herzens anrühren. Und das wollte er. Er wollte in dieser Weise wichtig werden für sie. Was weiß man eigentlich von einem Menschen? Was weiß der Grenzbeamte über mich, wenn er meinen Personalausweis studiert? Was weiß man über Martin Luther King, wenn man liest, daß er 1929 in den USA geboren und 1968 – wieder in den USA – durch Schüsse ermordet wurde? Und daß er Neger war? Was wissen wir von Jesus? Die Historiker sagen: Wenig Gesichertes. Denn das, was im Neuen Testament über ihn steht, haben ja Menschen geschrieben, für die er eine existentielle Bedeutung gewonnen hatte, die sich jetzt mit ihrer ganzen Existenz zu ihm bekannten. Sie wollten über Jesus wahrhaftig mehr sagen als das, was man wissen und nachprüfen kann. Sie glaubten und bekannten, daß in Jesus Gott selbst in unsere Geschichte und in unser menschliches Lebe eingetreten war. Die historische Fragestellung steht nicht im Vordergrund. Doch die sogenannten »Jesusgeschichten« bieten wichtige historische und theologische Momente. Dazu kommt: Wenn Gott Mensch geworden ist, gibt es selbstverständlich historische Fragestellungen und Konsequenzen. Dennoch: Wer kennt Jesus besser, der Historiker oder der Glaubende?

Der Fall, daß einer Christus wirklich begegnet und nicht entweder anbetet oder Steine aufliest, ist im Evangelium nicht vorgesehen.

Hans Urs von Balthasar

1. *Wie »legitimierte« sich Jesus bei seinem ersten öffentlichen Auftreten?*
2. *Wie sah er seinen Auftrag?*
3. *Erarbeiten Sie in Gruppen die angegebenen Belegstellen für das Verhalten Jesu! Ging es ihm um Befreiung oder um Provokation?*
4. *Was will Hans Urs von Balthasar sagen?*
5. *Weshalb ist die »historische Fragestellung« begrenzt? Worum geht es den neutestamentlichen Schriftstellern?*

Die Botschaft Jesu

Der Kern der Botschaft Jesu war das Reich Gottes. Er sagte: Es ist jetzt angebrochen.

Das Reich Gottes

»Reich Gottes« bedeutet zunächst die Herrschaft Gottes im Leben eines Menschen, die sich verwirklicht, wenn jemand Gott als seinen Herrn anerkennt. Ferner ist das Reich auch die Gemeinschaft derer, die sich unter Gottes Wort und Herrschaft stellen. Die Herrschaft Gottes begann mit Jesus, der wie kein Mensch zuvor Gott in seinem Leben Raum gab, ja: in dem Gott selbst in diese Welt kam. So konnte er den Pharisäern sagen: Das Reich Gottes ist mitten unter euch. Es war gegenwärtig in dem, was Jesus sagte und tat.
In anderer Beziehung ist das Reich Gottes noch nicht gekommen. »Dein Reich komme«, lehrte Jesus seine Jünger beten. Der Mensch kann also das Reich Gottes nicht machen; es wird ihm geschenkt, es ist gnadenhaft.
Jesus gebrauchte viele Gleichnisse, um zu erklären, was das Reich Gottes ist. Es stellt die Ordnung der Welt auf den Kopf. Die Demütigen, Armen und Trauernden sind die wirklich Glücklichen; denn das Reich Gottes gehört ihnen. Die Wohlhabenden können sich keinen Platz mit Geld kaufen, ihr Besitz ist ihnen im Weg. Bettler werden eingeladen und nehmen die Einladung an, während die Angesehenen ablehnen und sich ausgeschlossen finden.
Die Gleichnisse Jesu zeigen, wie Gott leise, fast heimlich am Werk ist. Und doch wächst »das Reich« weiter und breitet sich aus, wie das winzige Senfkorn, aus dem ein Baum wird, oder wie die Hefe, die Teig aufgehen läßt.
Der »Sämann« geht aus, um Gottes Botschaft überall auszustreuen. Viel »Saatgut« wird vergeudet, denn Menschen verschließen sich dem Wort, das sie hören. Oder andere Dinge drängen sich dazwischen, und die Menschen vergessen, was sie gehört haben. Aber einige hören zu, und ihr Leben ändert sich. Dann reift die »Frucht«.

Er erzählte ihnen ein weiteres Gleichnis und sagte: Mit dem Himmelreich ist es wie mit einem Senfkorn, das ein Mann auf seinen Acker säte. Es ist das kleinste von allen Samenkörnern; sobald es aber hochgewachsen ist, ist es größer als die anderen Gewächse und wird zu einem Baum, so daß die Vögel des Himmels kommen und in seinen Zweigen nisten.

Mt 13,31–32

Facetten eines Themas . . .

Gott ist Vater
Jesus sprach von Gott als einem »Vater« in einer neuen, persönlicheren Art als irgend jemand zuvor. Gott war in besonderer Weise *sein* Vater, und doch lehrte er die Jünger beten: »Unser Vater im Himmel«. Sie dürfen zu Gott kommen wie Kinder zu ihrem liebenden, vergebenden und weisen Vater.

Freude
Freude durchzieht die ganze Botschaft Jesu. Die Herrschaft Gottes befreit die Menschen und hilft ihnen, ein echtes Leben zu leben. Sogar das Fasten seiner Jünger macht Jesus zum Fest: Sie sollen sich mit Öl salben und nicht mit gequälten Gesichtern herumlaufen wie die meisten Menschen.
Gott selber aber freut sich – so sagte Jesus – über jeden Mann und jede Frau, die zu ihm zurückkehren, über jeden Sünder, der umkehrt.

Kehrt um und glaubt
»Das Reich Gottes ist nahe!« sagte Jesus. »Kehrt um, und glaubt an das Evangelium!« Menschen müssen sich ganz und gar ändern, wenn sie Gott in ihrem Leben herrschen lassen wollen. Und sie müssen glauben. Das bedeutet, alle Sicherheiten aufzugeben und auf Gott zu vertrauen. Es bedeutet auch, daß wir unsere Sünden bereuen. Eigene Anstrengung allein vermag das nicht. Gott sucht den Sünder, wie im Gleichnis vom verlorenen Schaf.

Da erzählte er ihnen ein Gleichnis und sagte: Wenn einer von euch hundert Schafe hat und eins davon verliert, läßt er dann nicht die neunundneunzig in der Steppe zurück und geht dem verlorenen nach, bis er es findet? Und wenn er es gefunden hat, nimmt er es voll Freude auf die Schultern, und wenn er nach Hause kommt, ruft er seine Freunde und Nachbarn zusammen und sagt zu ihnen: Freut euch mit mir; ich habe mein Schaf wiedergefunden, das verloren war. Ich sage euch: Ebenso wird auch im Himmel mehr Freude herrschen über einen einzigen Sünder, der umkehrt, als über neunundneunzig Gerechte, die es nicht nötig haben umzukehren. *Lk 15,3–7*

Seligpreisungen
Jesus segnete die Demütigen, die zugaben, daß sie hilfsbedürftig sind. Alle, die in den »Seligpreisungen« erwähnt sind, sind irgendwie arm und demütig. Diese Menschen nannte Jesus »glücklich« (= selig), denn sie werden Gottes Verheißungen empfangen, und sein Reich gehört ihnen. Weil sie nichts haben, erwarten sie alles von Gott.

Nachfolge Jesu
Es war ein Vorrecht, »Jünger« Jesu zu sein. Jesus legte seinen Jüngern nicht, wie andere Lehrer, schwere Lasten auf. »Mein Joch ist sanft, und meine Last ist leicht«, sagte er ihnen. Dennoch lehrte er, daß die Pforte zum Leben eng und der Weg dahin schmal ist. Seine Jünger mußten wie er selbst bereit sein, sich und ihre Sorgen hintenan zu setzen. Sogar Familienbande durften niemanden daran hindern, Jesus mit ganzem Herzen zu folgen.

Jesus ist Gottes Sohn
Jesus wußte, daß er mehr war als nur ein von Gott geschaffenes Wesen. »Ich und der Vater sind eins«, sagte er. Er wußte sich als den ewigen und wesensgleichen Sohn Gottes. Somit gilt für den Glaubenden: An Gott glauben heißt, an Jesus glauben.

1. *Was bedeutet »Reich Gottes« in der Botschaft Jesu?*
2. *In welchem Sinn ist das Reich Gottes schon gekommen?*
   In welchem Sinn ist es noch nicht gekommen?
   Inwiefern ist das Reich Gottes »gnadenhaft«?
3. *Beschreiben Sie das neue Verhältnis des Menschen zu Gott, wenn Gott Vater ist!*
4. *Weshalb sollen sich die Jünger freuen?*
5. *Was bedeutet »Umkehr«? Was hat Umkehr mit Glauben zu tun?*
6. *Wen preist Jesus selig und weshalb?*
7. *Welche Konsequenzen kann es haben, Jesus »nachzufolgen«?*
8. *Wer ist Jesus?*

Sammlung einer Jüngergemeinde

Die Botschaft Jesu rief in die Entscheidung. Das war kein Angebot für Leute, die gern etwas über Gott wissen möchten. Das war keine Sache für jemanden, der sich gern raushalten möchte. Der Botschaft Jesu konnte man nur zustimmen oder sie ablehnen, und dies mit allen Risiken für das Leben. Er wollte, daß diese Botschaft gelebt werde. Er wollte Jünger. In derselben Weise wie er selbst Menschen polarisierte, indem er sie in die Entscheidung stellte, in derselben Weise wie er erbitterte Gegnerschaft und tödlichen Haß auf sich zog, würde der Jünger – ergriffen von seiner Botschaft – Menschen in die Entscheidung stellen und auch ihrem Widerspruch ausgesetzt sein. Nicht alle haben das sofort voll begriffen.

Von der Nachfolge

Als sie auf ihrem Weg weiterzogen, redete ein Mann Jesus an und sagte: Ich will dir folgen, wohin du auch gehst. Jesus antwortete ihm: Die Füchse haben ihre Höhlen und die Vögel ihre Nester; der Menschensohn aber hat keinen Ort, wo er sein Haupt hinlegen kann. *Lk 9,57f.*

Die Berufung der ersten Jünger

Als Jesus am See von Galiläa entlangging, sah er Simon und Andreas, den Bruder des Simon, die auf dem See ihr Netz auswarfen; sie waren nämlich Fischer. Da sagte er zu ihnen: Kommt her, folgt mir nach! Ich werde euch zu Menschenfischern machen. Sogleich ließen sie ihre Netze liegen und folgten ihm. Als er ein Stück weiterging, sah er Jakobus, den Sohn des Zebedäus, und seinen Bruder Johannes; sie waren im Boot und richteten ihre Netze her. Sofort rief er sie, und sie ließen ihren Vater Zebedäus mit seinen Tagelöhnern im Boot zurück und folgten Jesus nach. *Mk 1,16–20*

1. *Weshalb gab es für Jesus keine Neutralität angesichts seiner Botschaft? Begründen Sie!*
2. *Deuten Sie die Aussage Jesu: »Ich werde euch zu Menschenfischern machen«!*
3. *Welche Seite der Christusnachfolge bringen die Abbildungen der Apostel Petrus und Paulus zum Ausdruck? Was sagt darüber Lk 9,57f.?*

Kreuzigung des Petrus

2.5 Der Tod Jesu

Ein sich zuspitzender Konflikt

Jesus ist schon bald nach seinem ersten Auftreten auf Gegnerschaft gestoßen (vgl. Mk 3,6), und diese Gegnerschaft hat sich immer mehr verstärkt. Diejenige gegnerische Gruppe, die in den Evangelien am häufigsten genannt wird, ist die Vereinigung der Pharisäer. Im ganzen war ihr religiöser Eifer tief und echt. Nur so wird das harte Aufeinanderprallen mit Jesus überhaupt verständlich. Sie begegnen in Jesus einem Menschen, der wie sie tief gläubig ist und der trotzdem die Überlieferung der Väter, ja, wenn notwendig sogar das Gesetz des Mose beiseite schieben kann, um in einer unerhört freien und radikalen Weise nach dem wirklichen Willen Gottes zu fragen. Mehr noch: Jesus legt nicht nur das Gesetz neu und radikal auf den endzeitlichen Willen Gottes hin aus, er tritt auch mit dem Anspruch auf, in seiner Verkündigung und in seinen Zeichenhandlungen die neue Heilszeit des Reiches Gottes bereits zu eröffnen. Das Bestürzende dabei ist die Bindung des Neuen an seine eigene Person und gerade nicht an das Heilshandeln Gottes in der Vergangenheit. Jesus tritt mit dem geradezu erschrekkenden Anspruch auf, daß das, endgültige Heil Gottes durch seine eigene Verkündigung und durch seine eigenen Zeichenhandlungen beginnt. Erst dieser Anspruch, verbunden mit dem Heilszuspruch an die Sünder, macht den Konflikt Jesu mit den Pharisäern voll verständlich. Die Extremisten unter ihnen müssen zutiefst überzeugt gewesen sein, daß Jesus um des Glaubens Israels willen zu beseitigen war.

Ein zweite Gruppe, mit der Jesus dann vor allem in Jerusalem konfrontiert wurde, war die der Sadduzäer. Der Richtung der Sadduzäer gehörte die reiche Oberschicht der Jerusalemer Bevölkerung und vor allem der priesterliche Hochadel an. Die Sadduzäer hatten Erfahrung mit der Macht, und sie hatten Erfahrung mit der Politik. Sie wollten offenbar in der delikaten politischen Situation Judäas jede Störung vermeiden, weil sonst die Gefahr drohte, daß der letzte Rest jüdischer Freiheit verlorenging. Sie waren wohl der Meinung, man dürfe die jesuanische Bewegung nicht weiter um sich greifen lassen, weil sonst sehr schnell etwas entstehen könnte, das die Römer zu Repressalien gegen die jüdische Selbstverwaltung führen müßte.

Daß Jesus am Kreuz endete, wurde auch verursacht durch die Gleichgültigkeit sehr vieler und durch das Abwarten derer, die sich nicht zu schnell entscheiden wollten. Jesu Botschaft forderte eine radikale Entscheidung. Wer sich nicht entschied oder die Entscheidung hinauszögerte, entschied, ob er wollte oder nicht, gegen Jesus. Offensichtlich hat Jesus nicht genügend Glauben gefunden. Seine Gegner konnten die Ereignisse in ihrem Sinne in die Hand nehmen.

Gerhard Lohfink

Der Tod des »Verführers«

Du sollst ihn steinigen, und er soll sterben; denn er hat versucht, dich vom Herrn, deinem Gott, abzubringen, der dich aus Ägypten geführt hat, aus dem Sklavenhaus. *Dtn 13,11*

... ein Gehenkter ist ein von Gott Verfluchter. *Dtn 21,23*

1. *Weshalb kamen die Gegner Jesu (Pharisäer? Sadduzäer?) zu der Überzeugung, ihn beseitigen zu müssen?*
2. *Wie begründet Lohfink seine Auffassung, daß auch die Gleichgültigen und die Abwartenden Schuld daran hatten, daß Jesus am Kreuz endete?*
3. *Setzen Sie sich mit den angegebenen Schriftstellen auseinander!*
   Kann man sie auf Jesus anwenden? (War er von Gott verflucht? War er ein »Verführer«?) Begründen Sie Ihre Auffassung!

2.6 Auferstehung Jesu Christi im Zeugnis des Neuen Testamentes

Sieger Köder: Die Emmausjünger

Geheimnis des Glaubens

Der »Verführer des Volkes« (vgl. Dtn 13,11) ist nicht im Tod geblieben, er lebt. Er und seine Botschaft sind von Gott bestätigt, der ihn auferweckt hat. Er erscheint seinen Jüngern und verwandelt ihre ängstlichen und verzagten Herzen. Am Brotbrechen haben sie ihn erkannt. Dann entzog er sich ihren Augen. Aber er ist noch da, in einer neuen Weise seinen Jüngern verbunden. Die Feuersäule (Symbol Gottes im Alten Bund) hat ihn aufgenommen. Mit verhülltem Haupt empfängt Mose das von Gott kommende Manna, das »Brot vom Himmel«. Zu Elija kommt der Rabe mit dem notwendigen Brot für den Weg. Mose und Elija, »Gesetz« und »Propheten« bekennen sich ebenfalls zu dem, den sein Volk hingerichtet hat. Auf dem Tisch zurück blieb Brot und ein Becher mit Wein. In diesen Zeichen ist er bei uns. Bewußt hat der Künstler den Tabernakel in seine Bildtafel einbezogen. Die Kirche bewahrt die Gegenwart Jesu im Herrenmahl bis zum heutigen Tag. Sie hat Tischgemeinschaft mit dem erhöhten Herrn. Die Mitte des Bildes ist die Mitte der Kirche. Die übrigen Motive des Bildes sind dieser Mitte zugeordnet. Links oben treten die Kreuze zurück. Die beiden Frauen darunter kommen mit Spezereien zum Grab und machen die erste Ostererfahrung. Die Dirne, der Komödiant, der Neger: Geringgeachtete damals wie heute. Sie öffnen sich der befreienden Botschaft. Rechts im Bild die Kirche: Das geöffnete Fenster des Vatikans symbolisiert den Willen der Kirche, die Botschaft Jesu den Menschen heute auszurichten. Dafür aber muß sie offen sein, hören können. Dasselbe will wohl das Motiv rechts unten sagen: Johannes XXIII. unterhält sich mit Teilhard de Chardin, der Papst mit dem Wissenschaftler. In das Geheimnis der Kirche eingebettet ist auch der Apostel Paulus in seinem Bekehrungserlebnis (rechts in der Mitte). Es reißt ihn vom Pferd, als er dem Auferstandenen begegnet.

Die Osterevangelien im synoptischen Vergleich

MARKUS	MATTHÄUS	LUKAS	JOHANNES
um 60 n. Chr.	um 70 n. Chr.	um 80 n. Chr.	um 90 n. Chr.
Mk 15,42–16,8 (16,9 ff. = spätere Zutat):	Mt 27,57–28,20:	Lk 23,50–24,53:	Joh 19,39–21,25:
– Grablegung – Gang der Frauen zum Grab – Botschaft des Engels im leeren Grab	– Grablegung – Bewachung des Grabes – Gang der Frauen zum Grab – Botschaft des Engels am leeren Grab – Erscheinung Jesu vor den Frauen – Betrug der Hohenpriester (Bestechung der Wächter) – Erscheinung Jesu in Galiläa – Missionsbefehl	– Grablegung – Gang der Frauen zum Grab – Botschaft der Engel im leeren Grab – Bericht an die Apostel – Petrus am Grab – Emmauserzählung – Erscheinung Jesu in Jerusalem – Himmelfahrt Jesu bei Betanien	– Grablegung – Maria von Magdala am Grab – Petrus und der Lieblingsjünger am Grab – Jesus erscheint Maria von Magdala – Erscheinung Jesu vor den Jüngern, deren Beauftragung – Thomaserzählung – Wunderbarer Fischfang am See – Übertragung des Hirtenamtes an Petrus

Das Problem der »Unterschiede«

Das früheste Osterzeugnis verdanken wir dem Apostel Paulus um 50 n. Chr. (1 Kor 15,3–8). Es bleibt ganz unanschaulich und betont lediglich: Christus erschien. Mehr in Einzelheiten gehen die Osterberichte in den vier Evangelien. Vergleicht man diese Berichte, so fallen Unterschiede auf.
Allgemein gesprochen: Je später die Texte entstanden sind, desto mehr Erzählstoffe bieten sie und desto »leiblicher« erzählen sie vom Auferstandenen.
Bei Markus ist, anders als bei Matthäus, noch nicht einmal vorausgesetzt, daß der Auferstandene sichtbar ist. Lukas geht schon von einer Leiblichkeit des Auferstandenen aus, Johannes betont diese Leiblichkeit – etwa in der Thomaserzählung – ausdrücklich. Wie lassen sich die Unterschiede erklären, mindern sie nicht die Glaubwürdigkeit der Osterbotschaft?
Man geht heute davon aus, daß die Ostererzählungen keine genauen Berichte von den historischen Ereignissen der Auferstehung sein wollen. Ihnen geht es darum zu bezeugen, daß Jesus wirklich auferstanden ist. Demgegenüber ist die Frage, *wie* die Auferstehung stattgefunden hat, weniger entscheidend. So kommt es zu unterschiedlichen Ausformungen des Erzählens von der Auferstehung, die aber alle immer dieselbe Absicht verfolgen: Christus ist wahrhaft auferstanden. Gott hat ihn nicht im Tod gelassen (Apg 5,30).

Übereinstimmend soll unter anderem dies gesagt werden: Der Auferstandene ist der Gekreuzigte, auch wenn er anders ist. Der Auferstandene bleibt bei den Seinen. Er erwartet von ihnen, daß sie seine Sendung fortführen. So löst sich das Problem der »Unterschiede«: die Osterberichte sind »Verkündigungserzählungen«.

1. Vergleichen Sie die Ostererzählungen zweier Evangelien! Lesen Sie S. 30, welche Absichten die Evangelisten hatten!
2. Wie kann man die Unterschiede erklären?
3. Was ist die gemeinsame Absicht hinter den Ostererzählungen?
4. War das Grab leer? Begründen Sie Ihre Antwort!

2.7 Christus – Zentrum der Kirche

Die Ostererfahrung

Die Kreuzigung Jesu schockierte die Jüngergemeinde, nach seinem Tod war sie zutiefst verunsichert. War alles umsonst? War das Reich Gottes doch nicht gekommen? War alles nur ein schöner Traum? Einige der Jünger schienen sich bereits in ihre Heimat abgesetzt zu haben, andere hielten sich in Jerusalem verborgen.

Jesus, die Mitte, die Orientierung war tot, sie selbst als seine Anhänger waren bedroht. Und die Gemeinschaft begann auseinanderzufallen.

Die Auferstehung des Gekreuzigten setzte einen neuen Anfang.

Die Jüngergemeinde fand wieder zusammen. Denn Wirken und Botschaft Jesu hatten nichts an Gültigkeit verloren, da er lebte. Sie konnten sich wieder an ihn halten und ihm auf vielerlei Weise begegnen und nahe sein: im Wort der Schrift, im liebenden Dienst am Mitmenschen (Diakonie), im Leid (da auch er gelitten hatte), in den sakramentalen Zeichenhandlungen der Taufe und des Herrenmahls, in der Gemeinschaft. So entstand Kirche: durch die Auferstehung. Durch den auferstandenen Herrn in ihrer Mitte lebt sie bis heute.

Geheimnis des Glaubens

Denn in der Nacht, da er verraten wurde, nahm er das Brot und sagte Dank, brach es, reichte es seinen Jüngern und sprach:

NEHMET UND ESSET ALLE DAVON: DAS IST MEIN LEIB, DER FÜR EUCH HINGEGEBEN WIRD.

Ebenso nahm er nach dem Mahl den Kelch, dankte wiederum, reichte ihn seinen Jüngern und sprach:

NEHMET UND TRINKET ALLE DARAUS: DAS IST DER KELCH DES NEUEN UND EWIGEN BUNDES, MEIN BLUT, DAS FÜR EUCH UND FÜR ALLE VERGOSSEN WIRD ZUR VERGEBUNG DER SÜNDEN. TUT DIES ZU MEINEM GEDÄCHTNIS.

Geheimnis des Glaubens:

Deinen Tod, o Herr, verkünden wir, und deine Auferstehung preisen wir, bis du kommst in Herrlichkeit.

Ist aber Christus nicht auferweckt worden, dann ist unsere Verkündigung leer und euer Glaube sinnlos.

1 Kor 15,14

Gemeinde beim Herrenmahl

Lumen Christi – Licht von Christus

Papst Johannes Paul II. in Osnabrück (1980) mit Behinderten

Da bleibt nichts, wie es war

Freude ist berechtigt.

Auch wir werden auferstehen.

Die Welt geht nicht zugrunde.

Gott liebt uns wirklich.

Alles hat einen Sinn.

Schuld wird vergeben.

Wir sind wichtig, wir sind gesandt.

Er ist immer bei uns.

Wir müssen nicht am Menschen verzweifeln.

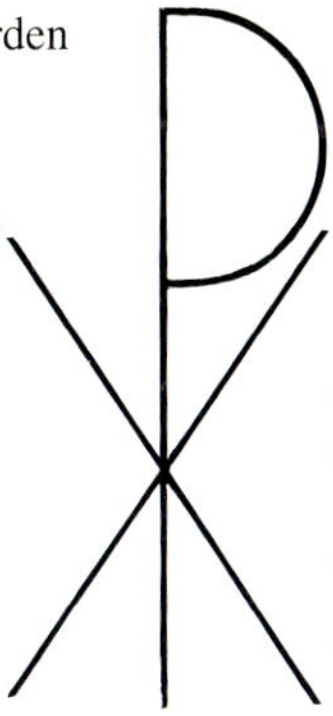

Wir können es uns leisten zu lieben.

> **Ich bin bei euch alle Tage bis zum Ende der Welt.** *Mt 28,20*

1. Weshalb hängt für die Kirche alles an der Auferstehung Jesu?

2. Im Herrenmahl feiert die Kirche in Gemeinschaft mit Jesus Christus seinen Tod und seine Auferstehung. Dabei feiern auch wir unseren Tod und unsere Auferstehung. Deuten Sie in dieser Hinsicht Bild und Texte zum kirchlichen Herrenmahl (Eucharistie)!

3. Wie könnte die Botschaft des Papstes an die Behinderten aussehen?

4. Welche Mahnung möchte die Karikatur der Kirche geben?

5. »Da bleibt nichts, wie es war.« Machen Sie weitere Aussagen aus der Sicht des kirchlichen Auferstehungsglaubens!

»Die Zugbrücke herunterlassen!«

Dietmar Schubert

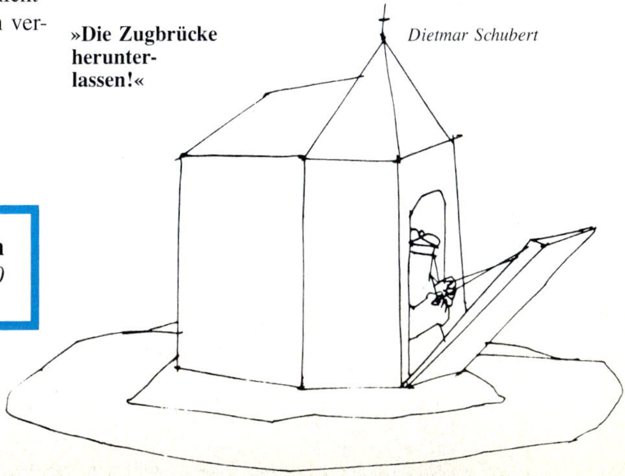

2.8 Christus – Ziel und Zentrum meines Glaubens

Problem eines Grüblers: Wenn das wahr wäre?

»Wenn Gott diesen Jesus tatsächlich auferweckt hätte? Da muß ich mal genau nachdenken: Also der war tot, absolut tot. Und normalerweise darf es das ja gar nicht geben, was da die Kirche behauptet: daß er wieder aufgetaucht ist und mit seinen Leuten gesprochen hat. Also, ich glaube, das können nur Spinner behaupten! Andererseits: Bin ich – ehrlich gesagt! – nicht ein bißchen traurig, daß es nicht stimmen kann? Denn gesetzt den Fall: er wäre wirklich wiedergekommen (selbstverständlich nachdem er vorher mausetot war!), dann wäre das doch einfach umwerfend. Das wäre doch einfach phantastisch. Da hätte doch alles plötzlich einen Sinn. Man würde nicht eines Tages verrecken, einfach so, und alles wäre vorbei. Ja, da würde sich doch mein ganzes Verhältnis zum Leben total verändern. Da wäre nicht mehr einfach alles beschissen und würde immer so bleiben: die Reichen mit ihrem »Recht« auf Geld und die Wahnsinnigen mit ihren Atomspielchen und die armen Schweine im Rollstuhl. Also, da könnte das alles plötzlich ganz anders aussehen: Man könnte wieder eine Hoffnung haben, man würde eine Richtung hineinbringen. Man könnte auch vielleicht anderen Mut machen. Da wäre plötzlich einer, der mich wirklich hören könnte, einer, mit dem ich immer und überall sprechen und dem ich vertrauen könnte. Ich wäre nie mehr allein gelassen. Ich könnte hergeben, ohne etwas zu verlieren. Ich könnte gut zu einem Kumpel sein, ohne etwas zu riskieren. Ich könnte es mir leisten, belächelt zu werden, ohne rot zu werden. Ich könnte meinem Chef auch einmal widersprechen, wenn er etwas falsch macht, ohne gleich in die Hose zu machen. Ich könnte endlich einmal herzhaft lachen und mich freuen und müßte nicht mehr gequält grinsen, weil mir das Lachen längst vergangen ist. Und andere könnten sich auf mich verlassen. Ja, ich glaube schon, daß sie das könnten! Ich würde ja in allen ihren Gesichtern immer wieder auf Entdeckungsreisen gehen. Vielleicht würde ich – *dein* Gesicht in einem von ihnen entdecken. Halt! Habe ich mich jetzt nicht ein bißchen verrannt? Vielleicht? Aber es wäre halt zu schön, wenn das wahr wäre!«

Maria aus Magdala. Gemälde von Sieger Köder. Ihr Glaube sieht den Auferstandenen.

1. Welches Problem hat der Grübler? Was verspricht er sich für sein Leben von dem Glauben, daß Jesus auferstanden ist? Stimmen Sie seinen Vermutungen darüber, was sich bei ihm ändern würde, zu? Weshalb?

2. Maria Magdalena stand unter dem Kreuz Jesu und begegnete dem Auferstandenen (Mt 27,56 und 28,1). Wie wird dies auf dem Bild erkennbar?

Eine Wintergeschichte

Es war einmal ein Mann. Er besaß ein Haus, einen Ochsen, eine Kuh, einen Esel und eine Schafherde. Der Junge, der die Schafe hütete, besaß einen kleinen Hund, einen Rock aus Wolle, einen Hirtenstab und eine Hirtenlampe. Auf der Erde lag Schnee. Es war kalt, und der Junge fror. Auch der Rock aus Wolle schützte ihn nicht. »Kann ich mich in deinem Haus erwärmen?« bat der junge Mann. »Ich kann die Wärme nicht teilen. Das Holz ist teuer«, sagte der Mann und ließ den Jungen in der Kälte stehen. Da sah der Junge einen großen Stern am Himmel. »Was ist das für ein Stern?« dachte er. Er nahm seinen Hirtenstab, seine Hirtenlampe und machte sich auf den Weg. »Ohne den Jungen bleibe ich nicht hier«, sagte der kleine Hund und folgte seinen Spuren. »Ohne den Hund bleiben wir nicht hier«, sagten die Schafe und folgten seinen Spuren. »Ohne die Schafe bleibe ich nicht hier«, sagte der Esel und folgte ihren Spuren. »Ohne den Esel bleibe ich nicht hier«, sagte die Kuh und folgte seinen Spuren. »Ohne die Kuh bleibe ich nicht hier«, sagte der Ochse und folgte ihren Spuren.

»Es ist auf einmal so still«, dachte der Mann, der hinter seinem Ofen saß. Er rief nach dem Jungen, aber er bekam keine Antwort. Er ging in den Stall, aber der Stall war leer. Er schaute in den Hof hinaus, aber die Schafe waren nicht mehr da. »Der Junge ist geflohen und hat alle meine Tiere gestohlen«, schrie der Mann, als er im Schnee die vielen Spuren entdeckte.

Doch kaum hatte der Mann die Verfolgung aufgenommen, fing es an zu schneien. Es schneite dicke Flocken. Sie deckten die Spuren zu. Dann erhob sich ein Sturm, kroch dem Mann unter die Kleider und biß ihn in die Haut. Bald wußte er nicht mehr, wohin er sich wenden sollte. Der Mann versank immer tiefer im Schnee. »Ich kann nicht mehr!« stöhnte er und rief um Hilfe. Da legte sich der Sturm. Es hörte auf zu schneien, und der Mann sah einen großen Stern am Himmel. »Was ist das für ein Stern?« dachte er. Der Stern stand über einem Stall, mitten auf dem Feld. Durch ein kleines Fenster drang das Licht einer Hirtenlampe. Der Mann ging darauf zu. Als er die Tür öffnete, fand er alle, die er gesucht hatte, die Schafe, den Esel, die Kuh, den Ochsen, den kleinen Hund und den Jungen. Sie waren um eine Krippe versammelt. In der Krippe lag ein Kind. Es lächelte ihm entgegen, als ob es ihn erwartet hätte. »Ich bin gerettet«, sagte der Mann und kniete neben dem Jungen vor der Krippe nieder. Am anderen Morgen kehrten der Mann, der Junge, die Schafe, der Esel, die Kuh, der Ochse und auch der kleine Hund wieder nach Hause zurück. Auf der Erde lag Schnee. Es war kalt. »Komm ins Haus«, sagte der Mann zu dem Jungen, »ich habe Holz genug. Wir wollen die Wärme teilen.«

Max Bolliger

1. *Warum bricht der Junge auf? Warum der Mann?*
2. *Weshalb folgen die Tiere dem Jungen? Weshalb bleiben sie nicht bei dem Mann, obwohl sie ihm gehören?*
3. *Warum gerät der Mann in ein Schneegestöber, während der Junge den Stern sieht und damit eine Orientierung hat?*
4. *Zeigen Sie, unter welcher Voraussetzung auch der Mann den Stern sieht!*
5. *Wen finden beide, der Junge und der Mann, als der Stern sie führt?*
6. *»Ich bin gerettet«, sagt der Mann. Was meint er? Weshalb kniet er hin?*
7. *Weshalb kehren sie alle zusammen heim, der Mann, der Junge und die Tiere?*
8. *Weshalb lädt der Mann den Jungen ein, mit ihm die Wärme zu teilen?*
9. *Versuchen Sie, die Geschichte so zu deuten, daß sie etwas darüber sagt, wie man zu Christus findet und wie die Begegnung mit dem auferstandenen Christus das Leben verändert!*

2.9 Christus – Garant meiner Auferstehung

Jesus stirbt in meinem Sterben

Eine krebskranke Frau hat dieses Bild gemalt, kurz vor ihrem Tod. In ihren zerstörten Leib hinein bildet sie den Gekreuzigten ab. Stirbt er mit ihr? Stirbt sie mit ihm? Die Antwort ist unwichtig. Die Gemeinsamkeit des Sterbens ist ja Ausdruck der Hoffnung, auch mit Christus zu leben.

Wo der Mensch in seiner Existenz angegriffen ist, wo er dem Tod begegnet, da kann der Glaube an die Auferstehung Jesu Christi so etwas für ihn werden wie die Garantie seiner eigenen Auferstehung. Im Blick auf den Gekreuzigten geht er in die Nacht des Todes. Im Vertrauen auf den Auferstandenen kann er dem neuen Tag im Osterlicht entgegensehen, den nur scheinbar festen Boden verlassen und den mächtigen Wogen der Verzweiflung trotzen.

Sind wir nun mit Christus gestorben, so glauben wir, daß wir auch mit ihm leben werden. *Röm 6,8*

Ein neues Verhältnis zur Welt

Das Entscheidende am Osterglauben ist, daß endgültig offenbar wird, wer Gott ist: derjenige, dessen Macht Leben und Tod umgreift, der das ruft, was nicht ist, damit es ist (Röm 4,17). In der Auferweckung Jesu hat Gott sein Gottsein offenbar gemacht. Er ist der Gott, welcher die Toten lebendig macht. Bei ihm ist Hoffnung gegen alle Hoffnung möglich.

Die Auferweckung Jesu ist der letzte Grund der glaubenden Zuversicht. Sie ist Grund, Anfang und Vorschein einer von der widergöttlichen Macht des Bösen erlösten Welt.

Wer glaubt, daß in Jesus Christus uns und allen Menschen Hoffnung erschlossen ist, und wer sich darauf einläßt, um sich in konkretem Einsatz zur Hoffnungsgestalt für andere zu machen, der ist ein Christ.

Walter Kasper

Du wirst leben

»Missionarinnen der Liebe« nennen sich die Schwestern der Gemeinschaft von Mutter Teresa von Kalkutta. Ohne auch nur ein Wort zu sagen, richtet diese Schwester dem Sterbenden die wichtigste Botschaft aus, die ein Mensch dem andern geben kann: Du wirst nicht sterben, sondern leben. Du wirst nicht weggeworfen, sondern für die Ewigkeit bewahrt. Denn du bist wichtig, weil Gott dich liebt.

1. *Was wollte die krebskranke Frau mit ihrer Abbildung ausdrücken?*
2. *Zeigen Sie, wie der Dienst der Schwester an dem Sterbenden den Auferstehungsglauben bezeugt!*
3. *Was ist »Tischgemeinschaft« mit dem Herrn? Welche Erfahrung vermittelt diese Tischgemeinschaft? Welche Konsequenz im Verhältnis zu Mitmenschen ergibt sich für den, der teilnimmt?*
4. *Inwiefern kann der Auferstehungsglauben ein neues Verhältnis zur Welt begründen?*

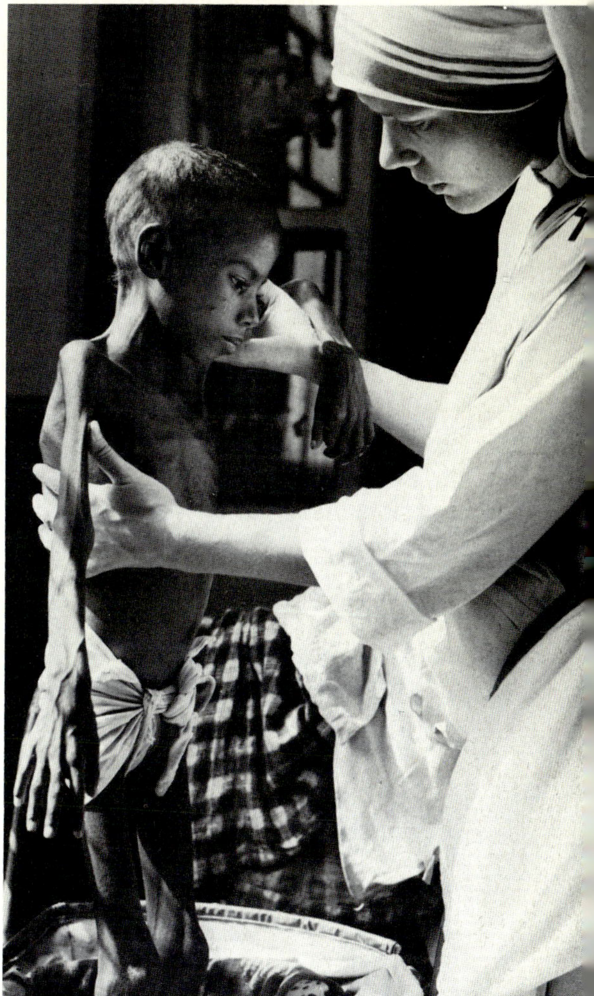

Das Zeichen der Tischgemeinschaft

Ich bin das lebendige Brot, das vom Himmel herabgekommen ist. Wer von diesem Brot ißt, wird in Ewigkeit leben. Das Brot, das ich geben werde, ist mein Fleisch, (ich gebe es hin) für das Leben der Welt. *Joh 6,51*

Brich dem Hungrigen dein Brot.
Die im Elend wandern,
führe in dein Haus hinein;
trag die Last der andern.

Brich dem Hungrigen dein Brot;
du hast's auch empfangen.
Denen, die in Angst und Not,
stille Angst und Bangen.

Der da ist des Lebens Brot,
will sich täglich geben,
tritt hinein in unsre Not,
wird des Lebens Leben.

Dank sei dir, Herr Jesu Christ,
daß wir dich noch haben
und daß du gekommen bist,
Leib und Seel zu laben.

Brich uns Hungrigen dein Brot,
Sündern wie den Frommen,
und hilf, daß an deinen Tisch
wir einst alle kommen.

Martin Jentzsch
(Gotteslob 618)

2.10 Jesus bleibt immer eine Herausforderung

Unbequem – damals . . .

Von da an begann Jesus, seinen Jüngern zu erklären, er müsse nach Jerusalem gehen und von den Ältesten, den Hohenpriestern und den Schriftgelehrten vieles erleiden; er werde getötet werden, aber am dritten Tag werde er auferstehen. Da nahm ihn Petrus beiseite und machte ihm Vorwürfe; er sagte: Das soll Gott verhüten, Herr! Das darf nicht mit dir geschehen! Jesus aber wandte sich um und sagte zu Petrus: Weg mit dir, Satan, geh mir aus den Augen! Du willst mich zu Fall bringen; denn du hast nicht das im Sinn, was Gott will, sondern was die Menschen wollen. *Mt 16,21–23*

. . . und heute

Es gibt da einen Unterschied: Wenn »Petrus« heute den Herrn am Ärmel nähme und sagte: Herr, das sei fern von dir, daß du dich da in die Angelegenheiten der Palästinenser mischst oder etwas gegen die Atombomben unternimmst. Du würdest auf jeden Fall Prügel bekommen . . . Wenn also »Petrus« heute so etwas täte? Dann bekäme er zunächst keine Antwort, denn der Herr spricht nicht mehr so unmittelbar und direkt zu uns. Und da könnte es passieren, daß »Petrus« – in der irrtümlichen Annahme, daß der Herr seine Bedenken teilte – sich vom Gedanken an das öffentliche Image der Kirche leiten ließe, um Prügeln, die andernfalls zu erwarten wären, aus dem Weg zu gehen. Die Herausforderung durch Jesus ist auch innerkirchlich eine bleibende

Ernst Alt: »Herr, wenn du es bist, so befiehl, daß ich auf dem Wasser zu dir komme« (Mt 14,28).

Realität. Auch wenn die Kirche als der »Leib Christi« (vgl. 1 Kor 12,27) nicht wirklich von Christus abfallen kann, so sind doch ihre einzelnen »Glieder«, auch die Amtsträger, ständig in Gefahr, von Christus abzufallen und sich dem »Kreuz« zu entziehen. Das verlangt Wachheit, ständiges Hinhören auf die Botschaft Jesu und Bereitschaft, sich korrigieren zu lassen. Das »Weg mit dir, Satan« müßte dem Papst in den Ohren klingen, wenigstens gelegentlich, müßte auch manchem Bischof schlaflose Nächte bereiten. Natürlich auch dem Fußvolk in der Gemeinde als ständiger Stachel im Fleisch sitzen. Jesu Botschaft kennt keine Halbherzigkeit, sie ist unbequem und duldet kein schwächliches Sich-Arrangieren mit Gegebenheiten auf Kosten von Menschlichkeit und Wahrheit.

Niemand wurde je so gehaßt oder geliebt

Ein Mensch wird geboren, einer unter Milliarden. ... drei Jahrzehnte danach fangen einige an, überzeugt zu sein, daß dieser eine der Mittelpunkt der Weltgeschichte ist. Die ganze Zeit wird nach ihm berechnet: vor und nach Christi Geburt. Für mich eine willkürliche Rechnerei? Oder die einzig gültige: weil ER das Herz der Welt, die Mitte auch meines Lebens ist? Ja oder nein!

Ein Pfahl wird in die Erde gerammt. Am 7. April 30, einige Steinwürfe vor den Mauern Jerusalems. Den sie annageln, sind sie nun endlich los, für immer. Am dritten Tag aber ereignet sich die Explosion des neuen Weltalls, die Geburtsstunde der neuen Schöpfung: Jesus lebt. Diese Überzeugung ist nicht mehr auszurotten, nicht durch Gewalt, nicht durch unterminierende Interpretationskünste. Ungezählte leben für ihn, sterben für ihn. Will ich an ihn glauben? Ja oder nein!

Eine Scheidung geht durch die Menschen, letztlich die einzige. »Ich bin gekommen, Feuer auf die Erde zu werfen!« Neutralität, achselzuckendes Auf-sich-Beruhenlassen gibt es nicht. »Wer nicht für mich ist, ist gegen mich.« Niemand wurde je so gehaßt und geliebt. Er ist der Eckstein: man zerschellt an ihm – oder findet das Fundament. Setze ich mein Leben auf ihn? Ja oder nein!

Für wen halten die Leute den Menschensohn?

- für einen Superstar
- für einen Lehrer des Menschlichen
- für einen Religionsstifter
- für einen Weisen
- für einen Sozialreformer
- für ein faszinierendes Vorbild im Einsatz für den Menschen
- für einen aufgeklärten Reformator
- für einen Außenseiter
- für einen Schwächling, der sich nicht wehrte
- für eine große historische Gestalt
- für einen Menschen wie du und ich
- für einen Vertreter des Prinzips der Gewaltlosigkeit
- für einen außerordentlichen Menschen
- für einen Außenseiter
- für einen überspannten Träumer
- für einen religiösen Neurotiker
- für einen Fanatiker
- für einen guten Menschen, wie es mehr geben sollte
- für einen Propheten in Israel
- für einen intoleranten Dogmatiker, der alle belehren wollte
- für den Mensch gewordenen Gott, unseren Bruder
- für einen Verneiner der Welt, der verliebt war in ein nicht vorhandenes Jenseits

1. *Worin bestand die Herausforderung für Petrus? Wie reagierte er? (vgl. Mt 16,13–17) Worin könnte sie für die Amtsträger der Kirche heute bestehen? Für den einzelnen Christen?*
2. *Worin besteht die Herausforderung in dem Bild von Ernst Alt?*
3. *Weshalb reagiert man auf ihn mit Haß oder mit Liebe, mit ja oder nein?*
4. *Wie kommen Menschen zu so unterschiedlichen Beurteilungen Jesu? (Superstar, ...) Was bedeutet Jesus für Sie?*
5. *Welche Beurteilung ist aus der Sicht des christlichen Glaubens die zutreffende? Begründen Sie Ihre Antwort (vgl. auch S. 51–53!)!*

2.11 Jesus im Zeugnis der Kirche

Das eine Zeugnis im Wandel der Zeit

Die Urkirche bekannte sich in vielen Benennungen (»Titeln«) zu Jesus. Sie wollte sagen, wer Jesus war. Schon in den frühen christlichen Jahrhunderten kam es dann zu Zusammenfassungen des Glaubens in »Glaubensbekenntnissen«, weil der Glaube durchdacht wurde, auch weil die Beziehung zu Jesus nicht mehr so unmittelbar und lebendig zur Verfügung stand wie zur Zeit der Urkirche. Heute ist die Kirche stark daran interessiert zu sehen und zu sagen, wer Jesus »für uns« ist, was er für unser Leben bedeutet.

Aussagen des Neuen Testaments
Jesus = Jahwe ist Retter · **Christus** = Messias = Gesalbter · der Herr · Sohn Davids · Rabbi · Friedensfürst · Emmanuel = mit uns ist Gott · Gott · **Knecht Gottes** · Haupt der Kirche · Mittler des Neuen Bundes · Lösegeld für alle · **Menschensohn** · Fürsprecher beim Vater · **Sohn Gottes** · der Logos = das Wort · Lamm Gottes · Brot des Lebens · Licht der Welt · der gute Hirte · der Weinstock · der Weg, die Wahrheit und das Leben · das Alpha und das Omega (der Anfang und das Ende)

»Apostolisches« Glaubensbekenntnis
(5. Jahrhundert)
ICH GLAUBE . . .
AN JESUS CHRISTUS,
(Gottes) eingeborenen Sohn,
unsern Herrn,
empfangen durch den Heiligen Geist,
geboren von der Jungfrau Maria,
gelitten unter Pontius Pilatus,
gekreuzigt, gestorben und begraben,
hinabgestiegen
in das Reich des Todes,
am dritten Tage
auferstanden von den Toten,
aufgefahren in den Himmel;
er sitzt zur Rechten Gottes,
des allmächtigen Vaters:
von dort wird er kommen,
zu richten die Lebenden und die Toten.
. . .
AMEN.

Christus: griech. Übersetzung des hebr. Messias = der Gesalbte. Dieser verkündet und verwirklicht in der Fülle des Geistes das Kommen der Gottesherrschaft. Schillernder Begriff.
Knecht Gottes: leidende Prophetengestalt im Buch Jesaja, durch dessen Leid und Tod Gott den andern neue Hoffnung und neues Leben schenkt. Von der jungen Kirche auf Jesus bezogen.
Menschensohn: prophetische Hoffnungsgestalt beim Propheten Daniel (7,13), durch die den Bedrängten »aller Völker« von Gott her in der Endzeit geholfen wird. Wahrscheinlich hat sich Jesus als »Menschensohn« selbst bezeichnet.
Sohn Gottes: vielschichtiger Begriff. Gipfelt in der Aussage der Wesensgleichheit des »Sohnes« mit dem »Vater«: Jesus ist Gott!

1. *Was sind Jesustitel? Was bedeuten die Titel »Christus«, »Knecht Gottes«, »Menschensohn«, »Sohn Gottes«?*
2. *Welchen Wandel hat das Jesuszeugnis der Kirche im Lauf der Jahrhunderte durchgemacht? Belegen Sie mit den angegebenen Beispielen!*
3. *Formulieren Sie selbst ein Jesusbekenntnis! (in der Klasse?)*

Papst Johannes Paul II. (1979)
Auch heute, nach 2000 Jahren, erscheint uns Christus als der, der dem Menschen die Freiheit bringt, die auf der Wahrheit begründet ist, als der, der den Menschen befreit von allem, was diese Freiheit in der Seele des Menschen, in seinem Herzen und in seinem Gewissen beschränkt, schmälert und gleichsam von den Ursprüngen selbst trennt. Welch wundervolle Bestätigung haben dafür diejenigen gegeben und geben sie noch immer, die durch Christus und in Christus zur wahren Freiheit gelangt sind.

Enzyklika Redemptor Hominis, 12

2.12 Jesus im Urteil von Nichtchristen unserer Zeit

Wir können jetzt den Höhepunkt der Laufbahn Jesu in einem unerwarteten Licht sehen; indem er Jerusalem mit einer Schar bewaffneter Männer betrat, groß genug oder mächtig genug oder genügend unterstützt vom Volk, um die Bollwerke des Hauptquartiers zu überwältigen, hatte er sich selbst souveräne Macht angemaßt. Was immer seine eigene Auslegung sein mochte, was immer seine besonderen Gründe, was immer letzten Endes sein Ziel sein mochte, dieser Akt bewaffneter und organisierter Gewalt mußte offensichtlich die rasche Vergeltung der römischen Behörden auf ihn herabbeschwören.

Joel Carmichael, Historiker

Der Philosoph *Friedrich Nietzsche* hat die Moral Jesu eine Sklavenmoral genannt. Die angebliche moralische Kraft Jesu sei in Wahrheit Schwäche gewesen, Unfähigkeit, sich zu wehren, dem Bösen zu widerstehen. Über einen Etikettenschwindel werde nun Schwäche als Stärke »verkauft«.

Der Hinduist *Mahatma Gandhi* war von Jesus sehr beeindruckt:
»Jesus nimmt in meinem Herzen den Platz eines der großen Menschheitslehrer ein, die mein Leben beträchtlich beeinflußt haben. Ich sage den Hindus, daß ihr Leben unvollkommen sein wird, wenn sie nicht auch ehrfürchtig die Lehre Jesu studieren. . . .
Obwohl ich nicht beanspruchen kann, ein Christ . . . zu sein, so ist doch das Beispiel von Jesu Leiden in meinem unerschütterlichen Glauben an Gewaltlosigkeit ein Faktor, der alle meine Tätigkeiten, die geistigen und die weltlichen, bestimmt.«

1. *Wie erklärt Carmichael die römischen Maßnahmen gegen Jesus? Was bedeutet es für die Beurteilung des Todes Jesu, wenn Carmichael die Absichten Jesu ausklammert?*
2. *Wie beurteilt Nietzsche die Persönlichkeit Jesu? Weshalb haben die Anhänger Jesu dessen Persönlichkeit (angeblich) umgedeutet?*

Marc Chagall: Der Gekreuzigte und Auferstandene (aus einem Chorfenster in Zürich)

3. *Was sagt Gandhi über Jesus? Vergleichen Sie seine Auffassung mit der Auffassung von Nietzsche!*
4. *Was halten Sie davon, daß der Nichtchrist Chagall Christus nicht nur als den Gekreuzigten, sondern auch als den Auferstandenen darstellt?*
5. *Ordnen Sie die Maßstäbe ›Erfolg‹, ›Menschlichkeit‹, ›Überlegenheit‹, ›Sinnhaftigkeit‹ den Texten und dem Bild zu! Wieweit »treffen«, wieweit »verfehlen« solche Maßstäbe die Wirklichkeit Jesu?*

2.13 Wege zum Glauben an Jesus Christus

Unterwegs

Bei jedem sieht der Weg, auf dem er zum Glauben an Jesus Christus kommt, ein bißchen anders aus. Auch verläuft er nicht immer geradlinig. Es gibt manchmal Sprünge. Einige berichten, sie hätten in *einem* Augenblick zum Glauben gefunden. Andere hatten Rückschläge und sind eigentlich nie ans Ziel gekommen.
Wichtig ist es, oft von entscheidender Bedeutung, daß wir den Weg nicht allein gehen. Wer in einer lebendigen Glaubensgemeinschaft beheimatet ist, hat es viel leichter. Im Grunde geht es darum, es einmal mit Jesus zu versuchen und dann – im Alltag – die Bestätigung zu finden, daß es geht, daß es stimmt. Jugendgruppen können eine gute Hilfe sein, auch der Religionsunterricht kann viel mehr bringen als eine Spitzennote, wenn man sich interessiert beteiligt. Weiterführen können Glaubensgespräche mit solchen, die bereits glauben.
Bei all dem ist nicht zu vergessen: Glauben kann man nicht »machen«, es gibt kein Patentrezept dafür, wie man jemanden überzeugen könnte. Man kann sich nur auf den Weg machen und versuchen, sich nicht von Hindernissen beirren zu lassen, »Wüsten« (Durststrecken) zu bestehen. Wenn ein Ruf am Anfang war, gibt es auch die Ankunft. Das war die Erfahrung der Emmausjünger: *Er* war mit ihnen unterwegs, als sie in ihrem Glauben an ihn irre zu werden drohten. Am Ende des Weges »gingen ihnen die Augen auf, und sie erkannten ihn« (Lk 24,31)

Wegekarte zum Glauben an Jesus Christus – typische Stationen

Anruf ⟶	**Aufbruch** ⟶	**unterwegssein** ⟶	**geprüft werden** ⟶	**Ankunft**
durch das Hören der Botschaft, durch eine Lebenssituation, eine Begegnung: sich mit dem Glauben an Jesus zu befassen	sich losreißen aus dem Bisherigen, sich faszinieren lassen, es in der Praxis mit Jesus versuchen wollen	brüderlich sein, teilen, nicht nachtragend sein, sich informieren, Gottesdienste mitfeiern, engagierte Bibelgespräche	Hindernisse (»Wüste«) antreffen, d. h. Zweifel, Erfolglosigkeit, das Gefühl der Sinnlosigkeit erfahren	sich von Jesus ergreifen lassen, ihm vertrauen, seine Nähe erfahren, eine tragfähige persönliche Beziehung zu ihm haben

1. *Wie kommt man zum Glauben an Jesus Christus? (typische Stationen!) Was ist hilfreich auf dem Weg zum Glauben?*
2. *Stimmen Sie der Aussage zu, daß man Glauben nicht »machen« kann? Begründen Sie Ihre Antwort!*
3. *Was halten Sie von dem Glauben, den man »normalerweise« hat?*
4. *Gestalten Sie eine persönliche Wegekarte! (Tip: Einigen Sie sich in der Klasse auf Symbole für die »typischen Stationen« und verwenden Sie diese.)*

KAPITEL 3

Die Frage nach dem Sinn

Ich dachte angestrengt darüber nach, wie man in dieser Welt leben sollte.
Walther von der Vogelweide, 1170–1230

Früher oder später setzt auch du dich hin und fragst. Du fragst nicht irgend etwas, die Antwort gibt dir nicht irgendein Vorübergehender. Die Antwort findest du nicht einfach in einem Buch. Du fragst in dich hinein. Du fragst über dich hinaus. Du fragst radikaler, ernsthafter, konsequenter, existentieller als sonst. Du fragst nach dem Wichtigsten, nach dem, was du unbedingt wissen mußt: nach dem Sinn deines Lebens.

3.1 Der suchende und fragende Mensch

Verborgene Sinnfrage

Der Mensch ist in vielen Dingen, die er tut, auf der Suche nach Sinn. Oft weiß er dies nicht einmal. Sein Fragen nach Sinn versteckt sich in Situationen. Hinter vordergründigen Fragen verbirgt sich die Suche nach tieferen, umfassenderen Antworten. Da überlegt sich einer, welche Schule er besuchen soll: Wie groß sind die Chancen, daß ich die Schule schaffe? Wie lange wird die Ausbildung dauern? Wie gut sind die Berufschancen? Was verdiene ich, wenn ich fertig bin? Und hat sich die Schule von daher gelohnt? Solche Fragen scheinen oberflächlich zu sein. Wer aber genauer hinschaut, entdeckt, daß in diesen Fragen versteckt, aber sehr wirksam, Tieferes gefragt wird: Was paßt zu mir? Um was geht es mir in meinem Leben? Um Lebensgenuß zu herabgesetzten Preisen? Um einen Beruf, in dem ich mit mir selbst übereinstimme und mich selbst verwirkliche?

Es gibt viele Situationen, in denen man das Fragen nach dem Sinn entdecken kann. Einer verliert seinen Arbeitsplatz und fragt: Warum gerade ich? Was wird mit meiner Familie? Einen anderen ödet seine Freizeitbeschäftigung an. Alles ist langweilig. Bringt nichts. Er fragt sich: Was will ich denn eigentlich? Einem anderen zerbricht eine Freundschaft. Er fragt: Warum mag mich niemand? Was mache ich eigentlich falsch? Wieder ein anderer ist stark verunsichert durch Meldungen aus der Zeitung oder dem Fernsehen. Er fragt: Wann werden wir unsere Welt kaputtgemacht haben? Überlebt die Menschheit die nächsten 20 Jahre?

Alle diese Fragen sind Ausdruck der *einen* Frage:

Wo liegt der Sinn meines Lebens?

»Zeit«-Gefühle

Who are you? Nobody!
I am nothing. Richtig!
Ich will nicht mehr!
Alle warten nur darauf, daß man etwas falsch macht!
No future!
Ich habe keinen Bock mehr!
Zukunft? Nein, danke!
Frieden schaffen ohne Waffen!
Aussteigen!

1. *Stimmen Sie der Auffassung zu, daß das Fragen des Menschen nach Sinn in Situationen verborgen sein kann? Unterhalten Sie sich darüber!*
2. *Erweitern Sie die Liste der »Zeit«-Gefühle! Sind es typische Gefühle der Jugendlichen heute? Was kommt in ihnen zum Ausdruck? Welche treffen Ihr eigenes Empfinden?*

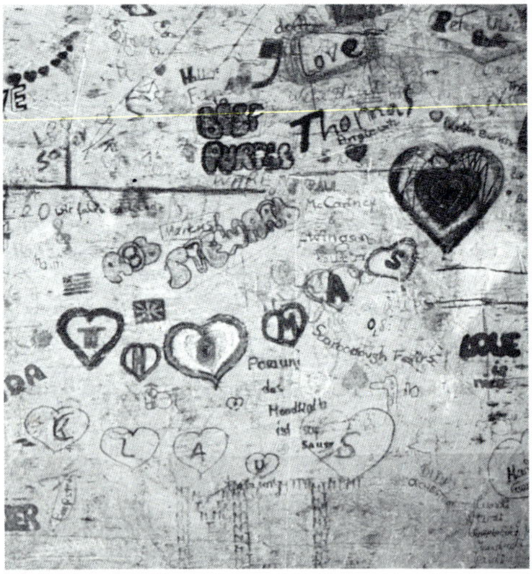

Sinneswandel? – Zwiegespräch mit einer »Ahnengalerie«

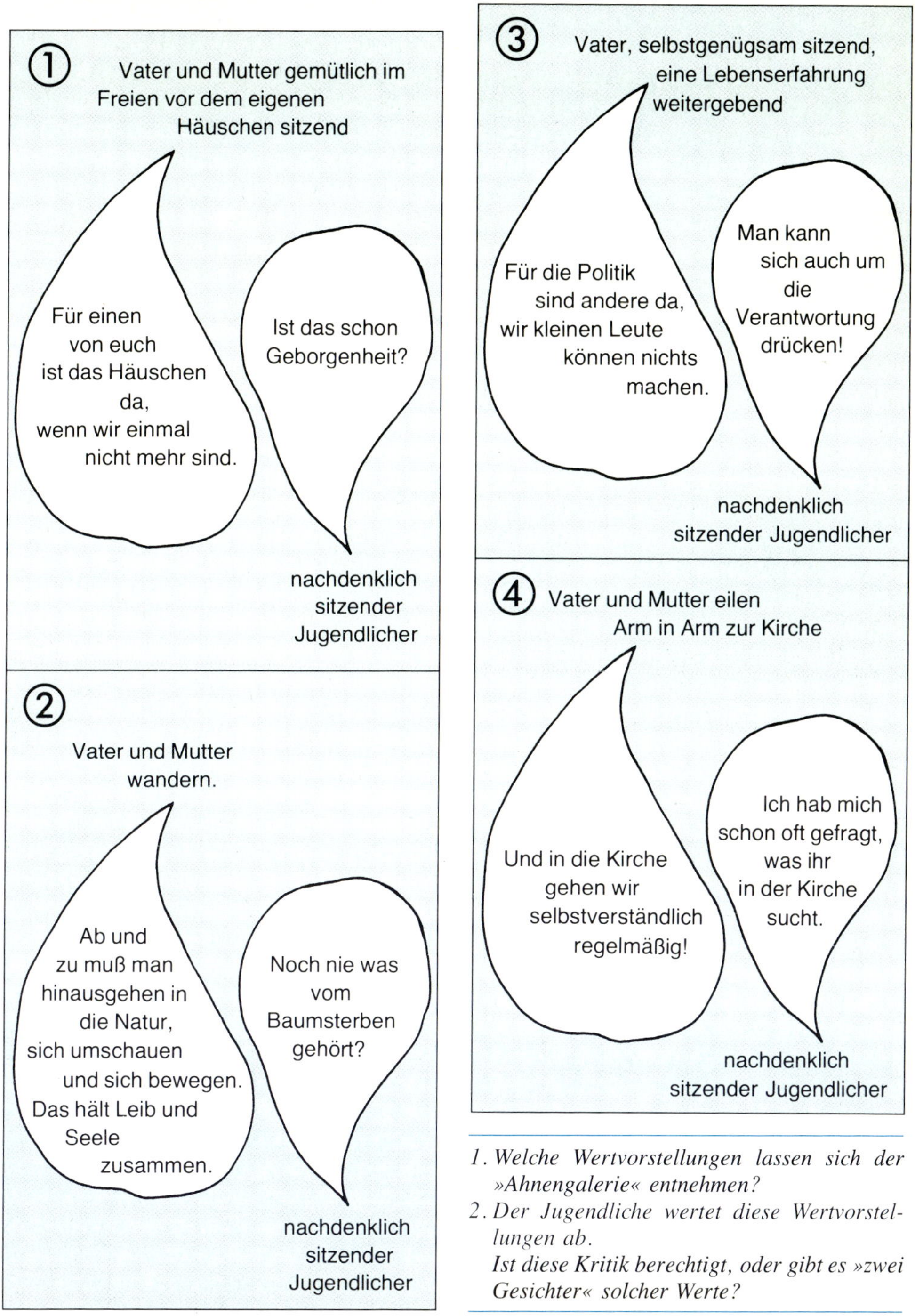

1. *Welche Wertvorstellungen lassen sich der »Ahnengalerie« entnehmen?*
2. *Der Jugendliche wertet diese Wertvorstellungen ab.*
   Ist diese Kritik berechtigt, oder gibt es »zwei Gesichter« solcher Werte?

3.2 Verhalten angesichts der Sinnfrage

»etwas vom Leben haben«

Lebensfreude nicht verteufeln!

Wer »etwas vom Leben haben« will, hat recht. Gott hat uns geschaffen zur Freude. Wir alle suchen nach Freude. Freude »baut auf«. Sich den Wogen der Rhythmen und Töne zu überlassen, gemeinsam in der Disco den Rausch der Lichter und der Bewegung zu erleben, sich faszinieren zu lassen von der Handlung eines fremdartigen, vielleicht ausphantasierten Films, sich die Luft durchs offene Haar jagen zu lassen, während man die schwere Maschine mit 130 durch die Kurve zwingt und sie beherrscht, das alles macht Freude. Und doch liegt eine Gefahr in all dem: die Gefahr der Einseitigkeit. Wer vergißt, daß auch andere Freuden warten und daß es andere gibt, die sich freuen wollen, wer nicht Vorsicht und Rücksicht walten läßt, der wird erfahren müssen, daß sein Leben zu sehr an der Oberfläche angesiedelt war. Lebensgenuß ist noch nicht Lebensfreude.

»resignieren«

arbeit – und dann kann ich tun und lassen was ich will

jedem arbeitswilligen jugendlichen eine lehrstelle
sagt ihr
als wäre es das höchste glück
jeden tag zur arbeit zu trotten

30 bewerbungen abgeschickt
endlich unabhängig werden
endlich ohne zwang das eigene leben

und dann

40 stunden arbeiten
immer der gleiche trott
und das nörgeln des meisters

was bleibt nach dem motorrad und dem videorecorder

eine leerstelle

Bernd Schmid

»Das ist unser Sohn Matthias – er hat am 24. April 1985 zum letzten Mal gelächelt!«

»sich engagieren, dagegenhalten«

Ein Sterbender tröstet die Zurückbleibenden

Die Kastanien blühten. Hunderte standen auf dem Dorffriedhof. War da ein berühmter Mann gestorben? Nein. Ein junger Mensch. Ende der Zwanziger. Mitten aus seinem blühenden Leben gerissen, wie man so sagt.
Doch dieser junge Mensch starb nicht plötzlich, durch einen Unfall etwa. Eine tückische Krankheit, Leukämie, zerstörte seine Kräfte, und er wußte es. Vier Jahre zuvor hatte er begonnen, an einem kirchlichen Kolleg das Abitur nachzumachen. Er war menschlich, geistig, charakterlich eine große Hoffnung. Der Arztbeschluß, daß er die Schule aufgeben müsse und daß er damit niemals den ersehnten Pfarrerberuf werde ausüben können, traf ihn (und seine Lehrer) hart.
Freunde, die ihn besuchten, merkten hinterher mit Staunen, daß nicht sie ihn, sondern er sie getröstet hatte. Durch seine Kraft, seine Person, seine Ausstrahlung. Er arbeitete wie früher als Stadtinspektor und half in der elterlichen Landwirtschaft. Tagein, tagaus, wenn ihn der Kräfteverlust des Körpers nicht einmal wieder für Wochen niederwarf. Er wußte, seine Lebensspanne war knapp bemessen. Doch das veränderte sein Leben nicht.
Die Kirchengemeinde wählte ihn mit mehreren hundert Stimmen Vorsprung zum Kirchenältesten. Wenige Wochen vor seinem Tod besuchte er noch einmal das kirchliche Kolleg, seine Schule, wo alle Hoffnungen zerschellt waren. Seine Klassenkameraden feierten ihr Abitur. Er hatte für jeden einzelnen Geschenke mitgebracht, und einige ahnten, daß er Abschied nahm.
Auf dem Friedhof standen hunderte. Es starb kein berühmter Mann. Die große Presse berichtete auch nichts von ihm. Aber es starb ein großer Mensch, jung noch, doch früh reif geworden, dem Tod wissend gegenüberzutreten.

Ernst Klee

1. *Zeigen Sie das Anliegen im Gedicht von Bernd Schmid!*
2. *Helen Keller lebte beispielhaft. Was kann man aus ihrem Leben lernen?*

Ein beispielhaftes Leben: Helen Keller

Am 27. Juni 1880, wurde Helen Keller in Tuscubia im amerikanischen Bundesstaat Alabama geboren.
Bis zu ihrem 19. Lebensmonat war Helen Keller ein völlig normales Kind. Dann erkrankte sie jedoch an einer Gehirnhautentzündung, die ihr Augenlicht und Gehör raubte. Von da an wurde das Mädchen Helen ein ungebärdiges Kind, das gänzlich von der Außenwelt isoliert war. Die Wandlung wurde eingeleitet, als die Eltern für die Siebenjährige in der Person der jungen Irin Anne Sullivan eine Blindenlehrerin anstellten. Zuerst schienen jedoch alle Versuche erfolglos.
Doch mit dem 3. März 1887 – laut Helen Keller der wichtigste Tag ihres Lebens – begann sich das Dunkel allmählich zu lichten. Als die Lehrerin während eines Spazierganges Wasser aus einem Brunnen über die Hand sprudeln ließ und dem Mädchen gleichzeitig mit dem Fingeralphabet den Begriff »Wasser« in die Hand buchstabierte, begann Helen zu erfassen, daß »jedes Ding einen Namen hat«. Helen lernte immer mehr Wörter. Bald lernte sie auch lesen und schreiben. Als sie erfuhr, daß in Schweden ein taubstummes Mädchen sprechen gelernt hatte, bemühte sich Helen, dieses Ziel zu erreichen. Nach einigen Jahren sprach Helen Keller sieben Sprachen, darunter auch Deutsch.
Wie ein gesundes Mädchen besuchte Helen Keller das Gymnasium und später die Universität, wo sie das Studium moderner Sprachen mit Auszeichnung abschloß. Von nun an war sie unermüdlich am Werk, um sich für die Schwerstbehinderten einzusetzen. Sie starb am 1. Juni 1968 im Alter von fast 88 Jahren.

Gerd Griwanek

3. *»Dem Tod wissend gegenübertreten«: Kennzeichen eines »großen Menschen«? Stimmen Sie der Auffassung von Ernst Klee zu? Begründen Sie!*
4. *Kampf gegen die Arbeitslosigkeit als Kampf um Sinn? Erläutern Sie!*
5. *Bringen Sie weitere Beispiele, die zeigen, wie Menschen »unter vielen Gestalten« um Sinn in ihrem Leben kämpfen!*

»scheitern«

Ein Fall unter vielen

Duisburg (dpa). Bei einer Vernehmung im Duisburger Polizeipräsidium ist ein 50jähriger Kraftfahrer, der am Wochenende seine 28 Jahre alte Ehefrau bei einem Streit erschossen hatte, aus dem Fenster gesprungen. Der Mann kletterte in einem unbeobachteten Augenblick auf die Heizung und stürzte sich aus zehn Metern Höhe kopfüber in den Innenhof des Präsidiums. Er war auf der Stelle tot. Nach Angaben der Duisburger Staatsanwaltschaft war der asthmakranke Kraftfahrer während der Vernehmungen zuvor mehrfach zum Fenster gegangen, um frische Luft zu schnappen. Als einer der Beamten vorübergehend das Zimmer verließ, nutzte der 50jährige die Gelegenheit und sprang in den Tod. Der Mann hatte in der Nacht zum Sonntag bei einem Streit seine 22 Jahre jüngere Ehefrau mit zahlreichen Schüssen aus seiner Pistole getötet.

Selbstmord: Die Selbsttötung wird hier als eine schuldhafte Form des Mordes verstanden und abgelehnt bzw. moralisch verurteilt.
Selbsttötung bzw. (lateinisch:) **Suicid:** Der Akt der Selbsttötung wird hier nicht moralisch bewertet, sondern gleichsam objektiv festgestellt. Weil man heute weiß, wie wenig frei und verantwortlich oftmals der Selbstmörder handelt, ist dieser Begriff der Sachlage eher angemessen und sollte bevorzugt werden.
Freitod: In diesem Begriff wird unterstellt, daß der Mensch im Selbstmord lediglich von seiner Freiheit Gebrauch macht und über sein Leben verfügt. Man sieht in diesem Tod – im Gegensatz zu allen anderen Formen des Todes, die dem Menschen auferlegt sind, denen gegenüber er »unfrei« ist – eine berechtigte und menschliche Tat.

»Selbstmord« in der Bundesrepublik Deutschland

Das Ausmaß:
1978 nahmen sich in der Bundesrepublik 13620 Menschen das Leben, davon waren 8779 männlichen, 4841 weiblichen Geschlechts. Bezogen auf 100000 Einwohner handelt es sich um eine durchschnittliche Anzahl von 22,2 Menschen (= Selbsttötungsrate). Die männliche Selbsttötungsrate liegt bei 30, die weibliche bei 15, ist also nur halb so hoch.
Risikogruppen sind Arbeitslose, Geschiedene, sozial Isolierte, Suchtkranke, psychisch Gestörte.

Motive:
Bei Frauen herrschen Liebeskummer, Ehe- und Familienkonflikte vor, bei Männern wirtschaftliche und soziale (besonders berufliche) Schwierigkeiten.

Kirche und Selbsttötung

Die Kirche hat der Selbsttötung gegenüber immer schon eine grundsätzlich ablehnende Haltung eingenommen.
Im Regelfall wurde die kirchliche Bestattung jenen verweigert, die sich selbst getötet hatten. Wie wurde das begründet? Die Antwort sieht einleuchtend aus: Wer sich selbst das Leben nimmt, handelt in einer schwerwiegenden Sache gegen den Willen des Herrn über Leben und Tod, er trennt sich mit der letzten Tat seines Lebens zugleich von seinem Leben und von Gott. Eine kirchliche Bestattung aber für denjenigen, der sich selbst von Gott lossagt, indem er sich das Leben nimmt, erscheint sinnlos.
Vor diesem Hintergrund ist es auch verständlich, daß man in der Regel nicht von Selbsttötung, sondern von »Selbstmord« sprach. Dem »Selbstmörder« aber blieb nur ein Platz am Rande des Friedhofs oder gar jenseits der Mauern, jenseits des geweihten Bodens, ohne kirchlichen Beistand. Eine Nebenabsicht konnte sein, die »Greueltat« allen abschrekkend vor Augen zu führen.
Nun hat die Kirche aber auch immer schon darum gewußt, wie problematisch es ist, in der Selbsttötung einfach eine bewußte Abwendung von Gott zu sehen.
Schon in der frühen Kirche wurde die Frage nach den Motiven einer Selbsttötung aufgeworfen. Es wurde gefragt, ob es nicht sogar unter Umständen erlaubt sein könnte, sich selbst das Leben zu nehmen, um Schlimme-

res als den Tod abzuwenden. Die Kirche von heute erfaßt mehr als es früher möglich war, wie sehr bei der Selbsttötung Verantwortlichkeit und freier Wille in Frage gestellt sein können. Man weiß auch, daß Selbsttötung häufig das Ergebnis einer Kurzschlußhandlung ist, die vielleicht aus einer tiefen Depression den Ausweg sucht. Solche und andere Erkenntnisse führten dazu, daß eine kirchliche Bestattung bei Selbsttötung heute immer häufiger praktiziert wird. Im Zweifelsfall wurde immer schon ein kirchliches Begräbnis gewährt.

Zeichnung eines 27jährigen Patienten

Der Landstreicher – eine Anekdote

Zu einem klugen, alten Bergbauern kam einmal ein Landstreicher, der sein Leid klagte: Das Leben lohne nicht mehr. Das einzige, was er tun könne, sei, sich bald umzubringen. Der Bergbauer hörte der Klage geduldig zu und sprach: »Du hast recht, wenn du sterben willst!« Dann befahl er dem Unglücklichen, sich auf den Boden zu legen. Als das geschehen war, schlug er mit einer schweren Axt ganz dicht neben dem Kopf des Lebensmüden in den Boden. Mit einem Schrei des Entsetzens sprang dieser auf und lief davon. Man sagt, er sei in hohem Alter eines natürlichen Todes gestorben.
Er hatte im wahrsten Sinne des Wortes mit einem Schlag den Tod begriffen.

Hinweise für den Umgang mit Selbsttötungsgefährdeten

1. Das Wichtigste ist, eine *tragfähige Vertrauensbeziehung* herzustellen zu dem selbsttötungsgefährdeten Menschen.
   Der in die Enge getriebene Mensch braucht einen Verbündeten, der ihm hilft zu verstehen, was in ihm vorgeht.
2. Man muß auf vorgefaßte Meinungen verzichten. Auch mit religiösen Argumenten kann man *Selbsttötungsabsichten nicht ausreden*. Der Gefährdete muß eine Chance haben, seine Verzweiflung zu durchleiden und sich so zu wandeln. Angst und Panik werden abgebaut, indem der Verzweifelte darüber sprechen kann.
3. Der Verzweifelte soll spüren, daß es dem Helfer weniger um die Verhinderung der Selbsttötung geht, als vielmehr um ihn als Menschen. Wir müssen ihn *begleiten*, nicht zurückreißen.
4. Wir können dem Gefährdeten nur dann wirklich helfen, wenn wir selbst *an den Sinn seines Lebens glauben*. Andernfalls ist es besser, ihn in andere Hände zu geben. (nach *Leutwiler*)

---

1. Unterscheiden Sie die Begriffe »Selbstmord«, »Selbsttötung« und »Freitod«!
2. Wie beurteilt die Kirche die Selbsttötung? (Grundsatz: Selbsttötung = »Selbstmord«?)
3. Vergleichen Sie die Aussagen der Karikatur und der Anekdote!

3.3 Botschaft und Verhalten Jesu als Sinn-Antwort

Das Glück, einen auf seiner Seite zu wissen

Das Verhalten Jesu war teilweise neu und erregend. Er stellte Vorstellungen und Erwartungen der Menschen auf den Kopf. Er ärgerte sie, er brachte sie zum Umdenken. Jesus hat das in Worten getan, eindeutiger noch und schockierender aber war sein tatsächliches Verhalten. Die Ehebrecherin war wirklich eine Ehebrecherin, die Frau im Hause des Pharisäers Simon war wirklich eine Dirne (vgl. Lk 7,36–50). Zachäus war wirklich ein Betrüger und Leuteschinder (vgl. Lk 19,1 bis 10). Das waren nicht von den Behörden ausgewählte »brave« Vertreter ihres Standes. Jesus redet nicht über Menschenrechte, Frauenwürde und Moral. Er verteidigt die Ehebrecherin, er nimmt die Zärtlichkeit der Dirne an und ißt und wohnt im Haus des Betrügers. Er stellt sich einfach zu den Außenseitern, er ist brüderlich, er deutet nicht mit Fingern auf sie, er nimmt sie ernst, und das erst gibt ihnen die Möglichkeit, sich zu ändern. Das Glück, einen auf ihrer Seite zu wissen, macht sie stark und gibt ihnen die Möglichkeit, mehr Mensch zu sein.

Ellwanger Firmmappe '77

Um einem Mißverständnis vorzubeugen: Jesus bevorzugt hier nicht etwa bestimmte Berufsgruppen wegen ihrer gesellschaftlichen Geringachtung, sondern er will einfach zeigen, daß er – wie Gott – keinen ausschließt aus seiner Gemeinschaft, daß er – wie Gott– Gemeinschaft mit jedem sucht. Das geht uns nicht so einfach in den Kopf, wenn wir zu den »Braven«, den »Ordentlichen« gehören. Da muß jesus schon deutlich reden, uns mit der Nase drauf stoßen, uns »ärgern«, uns »zwingen« zum Umdenken.

Jesus und die Ehebrecherin

Am frühen Morgen begab er sich wieder in den Tempel. Alles Volk kam zu ihm. Er setzte sich und lehrte es. Da brachten die Schriftgelehrten und die Pharisäer eine Frau, die beim Ehebruch ertappt worden war. Sie stellten sie in die Mitte und sagten zu ihm: Meister, diese Frau wurde beim Ehebruch auf frischer Tat ertappt. Mose hat uns im Gesetz vorgeschrieben, solche Frauen zu steinigen. Nun, was sagst du? ... Jesus ... bückte sich und schrieb mit dem Finger auf die Erde. Als sie hartnäckig weiterfragten, richtete er sich auf und sagte zu ihnen: Wer von euch ohne Sünde ist, werfe als erster einen Stein auf sie. Und er bückte sich wieder und schrieb auf die Erde. Als sie seine Antwort gehört hatten, ging einer nach dem andern fort, zuerst die Ältesten. ... Da sagte Jesus zu ihr: Auch ich verurteile dich nicht. Geh und sündige von jetzt an nicht mehr! *Joh 8,2–11*

Selig, die arm sind vor Gott!
Selig die Trauernden!
Selig, die keine Gewalt anwenden!
Selig, die hungern und dürsten nach der Gerechtigkeit!
Selig die Barmherzigen!
Selig, die ein reines Herz haben!
Selig, die Frieden stiften!
Selig, die um der Gerechtigkeit willen verfolgt werden!

aus Mt 5,3–10

Sieger Köder: Jesus und die Ehebrecherin

1. Jesu Botschaft und Verhalten enthält Sinn-Antworten.
Zeigen Sie dies an einigen der angegebenen neutestamentlichen Beispiele!
2. »Wer sich angenommen weiß, nimmt auch leichter oder eher andere an.« Halten Sie dies für eine logische Konsequenz? Warum?
3. In der Darstellung von Sieger Köder schreibt Jesus das Wort »Schalom« (Frieden) in den Sand. Was will Köder damit ausdrücken?

3.4 Gelebte christliche Sinn-Antworten

Gesine – Leben mit einem todkranken Kind

Hätte mir damals jemand gesagt, daß 7½ Jahre Kampf mit dieser Krankheit vor mir liegen, und hätte er mir nur einen Bruchteil dessen ausgemalt, was an Behandlung, Spritzen, Operationen, Angst und Unsicherheit auf Gesine und damit auch auf uns zukommen würde – ich hätte gesagt: Das ist unmöglich, das kann ich nicht überleben!
Und jetzt, nachdem ich Gesine in ihrer Krankheit bis zum Tod als Mutter begleitet habe, bin ich für die 7½ Jahre sehr dankbar. Sie waren die reichste Zeit meines bisherigen Lebens. Auch die Traurigkeit nach Gesines Tod und der Schmerz über den Verlust unseres Kindes sind darin aufgehoben. . . .
Voller Glück habe ich erlebt, wie das Gefühl, nie allein gelassen zu werden, für Gesine immer tragfähiger wurde. Sie konnte sich darauf fest verlassen. So konnte sie sich dem Augenblick ganz öffnen . . . In der wachsenden Geborgenheit konnte Gesine ihre Krankheit annehmen, und, so wie ich es wahrgenommen habe, wohl auch ihren Tod. Sie stellte nie direkte Fragen nach dem Ausgang ihrer Krankheit. 1½ Jahre vor ihrem Tod sagten wir ihr, welche Krankheit sie habe. Das Drumherumreden, mit dem ich begonnen hatte, war unerträglich geworden.
Die ganze Familie war zusammen, ich hatte Gesine auf dem Schoß und sagte etwa: »Du bist schon viermal operiert worden, weil in deinem Körper immer wieder etwas wächst, was da nicht hingehört. Die Krankheit, die du hast, heißt Krebs. Ich bin froh, daß wir mit der Diät, den Spritzen, Operationen und Bestrahlungen so viel gegen die Krankheit tun können. Frau S. ist an dieser Krankheit gestorben. Frau M. hatte vor vielen Jahren Krebs, und jetzt ist sie gesund. Jeder von uns kann schnell sterben, zum Beispiel durch einen Unfall oder auch an einer Grippe. Das wissen wir nie vorher.«
Gesine nahm dies ruhig auf und fragte nicht nach. . . .
Gesine hatte eine besonders innige und tiefe Verbindung zu den Gestalten in den Büchern von Astrid Lindgren. . . . In dem Buch »Die Brüder Löwenherz« weiß ein kleiner Junge, der den ganzen Tag allein zu Hause ist, weil seine Mutter Geld verdienen muß, daß er sterben wird. Er hat große Angst davor. Da erzählt ihm sein älterer Bruder von Nangijala, dem Land, in das er nach dem Tod kommen wird. Er stirbt und findet dort Liebe und Geborgenheit in einem Maß, wie es alle irdische Möglichkeit übersteigt. . . .

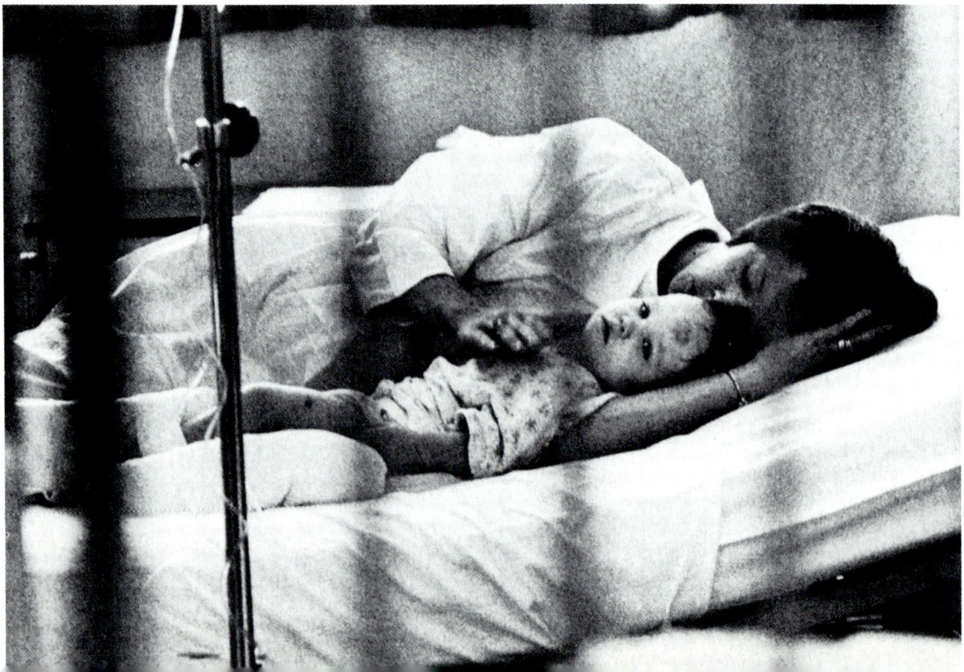

Nangijala war der Ausdruck für unseren festen Glauben, daß durch den Tod hindurch und nach dem Tod die Geborgenheit kein Ende hat, sondern daß sie noch verläßlicher und vollkommener ist als das, was wir uns gegenseitig geben konnten.
Gesine starb im August 1977 zu Hause, fast 9jährig. (Wir hatten ein Sauerstoffgerät u. ä. zur Verfügung.) Wir sind froh, daß sie nicht ersticken mußte, sondern ruhig einschlafen durfte, nachdem die Atemnot in den letzten Wochen rasch zugenommen hatte. Zwei der Schwestern erlebten das Sterben mit (die dritte war in der Schule), und wir haben den Eindruck, daß dies für sie eine wesentliche, eher hilfreiche als erschreckende Erfahrung war.

»Wie halten Sie denn Ihren schweren Dienst aus?«

Irgendwo kam ich in ein Pflegeheim mit geistig Behinderten. Dabei besuchte ich auch einen Saal mit den Hilflosesten, die nur lallend im Bett liegen und gefüttert werden müssen. Eine noch junge und hübsche Ordensschwester war eben beim Abräumen des Eßgeschirrs. Der Gegensatz zwischen den Geistesschwachen und der anmutigen Pflegerin bewegte mich. Ich fragte die Schwester: »Wie halten Sie denn Ihren schweren Dienst aus? Wie begründen Sie Ihre Aufgabe vor sich selbst?« Als hätte sie diese Frage schon oft beantwortet, entgegnete sie ohne Zögern: »Ich mußte auch erst in meinen Dienst hineinwachsen. Aber jetzt bin ich ganz sicher, daß ich hier meine Lebensaufgabe gefunden habe. Wir pflegen in diesem Haus die unendlich kostbare menschliche Person in ihrer äußersten Verhülltheit, wie unser Pfarrer sagt. Damit tun wir nicht nur den geistig Behinderten einen Dienst; wir dienen damit auch den Menschen draußen in der Welt. Gleichsam stellvertretend achten wir in den Behinderten die Würde eines jeden Menschen und bekämpfen wir den Rückfall in die Barbarei. Was würde aus den Menschen, wenn sie nicht Gelegenheit erhielten zu Milde, zu Güte, zu mütterlicher, zu väterlicher Hingabe? Von Besuchern hören wir viele plumpe Bemerkungen, aber die Nachdenklichen verstehen unseren Dienst.« *Bischof Georg Moser*

Nicht für 1000 Dollar

Ein amerikanischer Journalist soll zu Mutter Teresa von Kalkutta gesagt haben: »Nicht für 1000 Dollar am Tag könnte ich so leben wie Sie.« Mutter Teresas Antwort: »Ich auch nicht.«

Auch wir haben das Leben nicht im Griff

Auch das Christentum hat nicht auf alle Fragen eine Antwort. Wir Christen haben kein Patentrezept zur Lösung aller Probleme. Wie andere, die *nicht* glauben, stehen wir im Leben und müssen es meistern. Was wir dem Nichtglaubenden voraushaben, ist unsere Lebenshaltung: Wir glauben, in einem rätselvollen, verborgenen Gott den Sinn unseres Lebens zu finden. Wir anerkennen, daß unser Leben nicht »aufgeht«. Doch wir halten an einem Gott fest, der uns kennt, dem wir etwas bedeuten, der unsere »Rettung« ist, zu dem wir »du« sagen können. Dabei werden wir zugeben müssen, daß wir nicht wissen, *wie* Gott uns rettet, *wie* er uns liebt. Zu einer solchen Haltung sind wir ermutigt, weil sie uns einer vorgelebt hat: Jesus Christus, von dem wir glauben, daß er der menschgewordene Sohn Gottes ist.
(nach: Prof. *J. Möller*, Besinnungstage für Religionslehrer an Beruflichen Schulen der Diözese Rottenburg-Stuttgart, 1983)

1. *Gesines Mutter sagt rückblickend auf die Jahre von Gesines Krankheit: »Sie waren die reichste Zeit meines bisherigen Lebens.« Erläutern Sie, was sie meint!*
2. *Wie begründet die Schwester in dem Pflegeheim ihren schweren Dienst? Setzen Sie sich damit auseinander!*
3. *Was kommt in der Anekdote über Mutter Teresa zum Ausdruck?*
4. *Vergleichen Sie die Lebenssituation von Glaubenden und Nichtglaubenden! Stellen Sie Entsprechungen und Unterschiede fest!*

3.5 Zertrümmert der Tod den Sinn?

Der Tod als Herausforderung

Wir haben ein Leben lang mit der Tatsache zu tun, daß wir sterben müssen. Nehmen wir einen Todesfall: Wie reagieren Menschen darauf? Der erste wird an dem Problem lange herumrätseln, warum gerade *dieser* Mensch *so* sterben mußte. Er wird schließlich resignieren und sagen: Das versteh' ich nicht. Der zweite wird sagen, die Welt habe jeden Sinn für ihn verloren (nur für ihn?). Der dritte wird versuchen, möglichst nicht daran zu denken. Er wird die Wirklichkeit des Todes aus seinem Bewußtsein ausklammern, den Tod verdrängen. Sind das ausgefallene Möglichkeiten? Oder nicht die normalen? Denn um mit dem Tod etwas anzufangen, bedarf es einer kühnen Tat des Menschen: Er muß sich über sich und sein Leben, das dem Tod verfallen scheint, hinausschwingen und dem Tod einen Sinn geben. Er muß den Tod so deuten, daß er sein Leben nicht entwertet und zunichte macht. Es scheint nur drei Möglichkeiten zu geben, auf die unbarmherzige Wirklichkeit des Todes zu reagieren: Resignation eines freudlosen Lebens, das sich immer schon widerlegt sieht, wäre die erste Möglichkeit. Die zweite Möglichkeit wäre jene, den Tod aus seinem Leben abzudrängen und sich »auszuleben«: Carpe diem! (Ergreife den Tag!) sagten die alten Römer. Auch Paulus hatte mit dieser Einstellung zu tun: »Wenn Tote nicht auferweckt werden, dann laßt uns essen und trinken; denn morgen sind wir tot.« (1 Kor 15,32b). Die dritte Möglichkeit ist eben die, den Tod in sein Leben einzubeziehen, indem man ihm einen Sinn gibt oder abringt, der das Leben nicht entwertet. Beweisbar ist sie nicht. Aber vielleicht die einzige Möglichkeit, die unser Leben wirklich lebenswert sein läßt. Sie zu ergreifen, ist eigentlich schon eine Antwort des Glaubens. Und ist ein Aufbruch des Menschen, der über sich hinauslangt, weil er sich nicht geschlagen geben kann der Allmacht des ihn verschlingenden Todes.

Ist mit dem Tod alles aus? Antworten der Philosophie

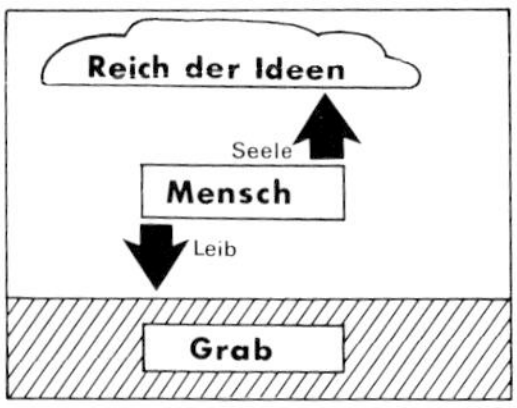

Platonismus
Im Platonismus wird der Tod als der Augenblick verstanden, in dem sich die Seele vom Körper löst, um im »Reich der Ideen«, dem sie ursprünglich angehört, erst eigentlich zu leben in reiner, ungetrübter Erkenntnis des Gültigen und Ewigen. Sterben ist ein Teilhaben am Unvergänglichen.
Diese Vorstellung hat in der mittelalterlichen Kirche Eingang gefunden und existiert noch heute als Glaube an die unsterbliche Seele, die beim Tod – vom Körper getrennt – in den Himmel kommt.

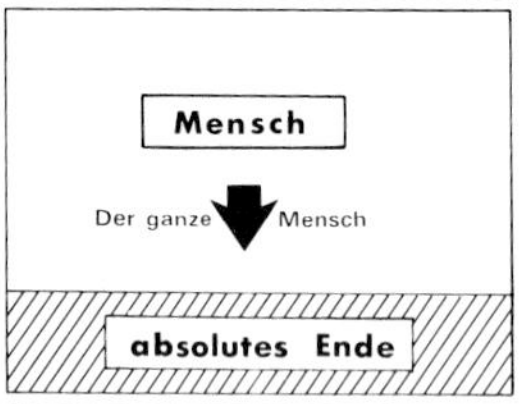

Materialismus
Der Tod ist der eigentliche »Ernstfall des Lebens«, er zeigt, was das Leben wert ist. Der Tod ist der Unsinn schlechthin. Wo soll z. B. ein Sinn darin sein, daß zwei Menschen, die sich lieben, im Tod brutal auseinandergerissen werden. Das Leben wird durch den Tod eigentlich sinnlos: »Es bleibt unbegreiflich, die Wand an der wir scheitern«. Der Tod ist das absolute Ende, eine unerträgliche Tatsache.

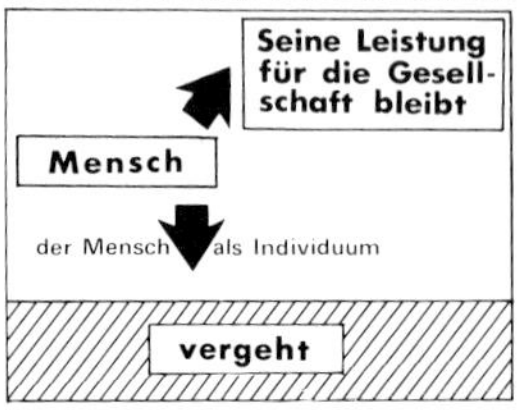

Marxismus
Nicht der einzelne ist unsterblich, sondern die Gesellschaft der Menschen. Zur fortgesetzten Regeneration und Fortentwicklung trägt der einzelne mit seinem Tod bei. Seine gesellschaftliche und menschliche Leistung bleibt der Gemeinschaft erhalten.

Religiöse Antworten

Buddhismus – Vielfalt der Vorstellungen

Der Buddhismus ist eine Reformreligion des Hinduismus. So gleichen sich viele Aussagen über Tod und Auferstehung des Menschen. Zudem hat sich der Buddhismus in so vielen Varianten über Asien verbreitet, daß es schwer ist zu sagen: So oder so denkt ein Buddhist über den Tod und das Leben nach dem Tod.

Einem Zweig des Buddhismus, dem Lamaismus, verdanken wir jedoch eines der großartigsten und geheimnisvollsten Bücher über dieses Thema: »Das Tibetanische Totenbuch«. Hier wird die Meinung vertreten, daß der Mensch nicht auf einmal tot ist, sondern daß seine Abkehr vom Reich der Lebenden schrittweise vor sich geht. Eine Ansicht übrigens, die neuerdings wieder von manchen Medizinern geteilt wird.

Der klassische Buddhismus hingegen vertritt die Ansicht, »alle Erscheinungsformen dieser Welt sind ohne Substanz und ohne Dauer«. Demnach kann es auch keine Auferstehung des Leibes geben und keine Seele, die nach dem Tod irgendwo Heimat findet. Der Buddhist spricht weder von Wiedergeburt noch von Erlösung; er spricht vom Erreichen der vollkommenen Ruhe, dem Erreichen des »Nirwana«. Wobei »Nirwana« keineswegs »Nichts« bedeutet, eher »göttliche Leere«ı eine »göttliche Welt ohne Gott, ein Gottesgeschenk ohne Schenker«. Nach der Lehre Buddhas kann der Mensch »Nirwana« schon zu Lebzeiten erreichen; Buddha selbst erfuhr die »vollkommene Erleuchtung«, als er eines Tages unter einem Baum meditierte . . .

Marietta Peitz

Hinweise zur Beurteilung

1. Der Buddhismus nimmt die Erfahrung der Vergänglichkeit alles Irdischen, auch des irdischen menschlichen Lebens, ernst.
2. Der Buddhismus anerkennt andererseits, daß das menschliche Streben nach einem Glück im »Unvergänglichen« nicht vergebens sein muß.
3. Der Buddhist sieht keine Möglichkeit, sich das »Unvergängliche« vorzustellen, es zu beschreiben.

Islam: Gerettet werden

Das Wort »Islam« bedeutet die völlige Hingabe an den Willen Gottes, im Leben wie im Tod. Und Gottes Wille ist niedergelegt im heiligen Buch der Muslime, im Koran: »Und laß uns ins Paradies eingehen durch die Fürsprache des Koran. Und befreie uns von allem Übel der Welt und der Qual des Jenseits um der Ehre des Koran willen . . . O Herr, mach uns den Koran in dieser Welt zum Gefährten und im Grab und bei der Auferstehung zum Freunde, zum Vertrauten, und auf der Brücke zum Licht, und im Paradies zum Genossen . . .«. . . . In der zweiten Sure heißt es: »Ich glaube an Allah und seine Engel, seine Bücher und seine Gesandten, an den Jüngsten Tag, die Auferstehung nach dem Tode . . . an das Gericht, die Waage, das Paradies und das Höllenfeuer – das alles ist Wahrheit.«

Hier hört man das Erbe der jüdischen, aber auch der christlichen Religion heraus. Im Alten Testament gibt es den »Todesengel«; im Islam erscheint er wieder als Azrail. Am Tag, da auf der Tafel des göttlichen Ratschlusses der Tod eines Menschen verzeichnet wird, entreißt Azrail dem Sterbenden die Seele. Im Grab wird der Tote von den beiden Frageengeln, Munkar und Nakir, auf seinen Glauben abgehört.

Gott selbst aber wägt die guten Taten des Menschen . . . Wer in seinem Leben auch nur den Glauben vom Gewicht eines einzigen Senfkorns gehabt hat, wird vor »Iblis«, dem Teufel, gerettet werden . . .

Marietta Peitz

Hinweise zur Beurteilung

1. Der Islam anerkennt eine persönliche Verantwortlichkeit des Menschen für eine zwar vergängliche, aber von Gott durchwirkte Welt.
2. Der Islam hält an zur Hingabe an den Willen Gottes und verweist auf ein zu erwartendes Gericht Gottes für jeden einzelnen.

Judentum: Eingeschlossen im Bund

Bis etwa ins 3. Jahrhundert vor Christus kannte das Judentum keine individuelle Unsterblichkeit oder Auferstehung, auch keine Bestrafung oder Belohnung im Jenseits. Erst dann kam allmählich – in Auseinandersetzung mit anderen Religionen – die Vorstellung auf, die Toten würden am Ende der Weltzeit auferstehen.
In den späten Schriften des Alten Testaments finden sich mehrere Hinweise auf eine Apokalypse, ein Jüngstes Gericht. Ein »neues Gottesreich« wird erwartet: seit Jahrtausenden hofft das jüdische Volk auf das Kommen des »Messias« (wörtlich: der Gesalbte), der das unzerstörbare, das Neue Jerusalem errichten wird. Als Jesus, der Jude, in Israel geboren wurde, hat das jüdische Volk ihn nicht als Messias anerkannt. Nach wie vor beruft sich das jüdische Volk auf den Bund, den Gott mit den Vätern des Volkes und unter Mose geschlossen hat. Wenn aber Gott mit dem Volk einen Bund schließt, so ist der einzelne in diesen Bund mit eingeschlossen und darf über den Tod hinaus auf die Einlösung der Verheißung hoffen, die Gott mit dem Bund verknüpft hat.
So schauen die jüdischen Gläubigen nicht so sehr auf ihre Toten zurück (außer im Krieg), sondern sie warten und hoffen auf die Einlösung der messianischen Verheißung: »Am Ende der Tage wird der Tempelberg zum Weltenberg werden ...«

nach Marietta Peitz

Hinweise zur Beurteilung

1. Das Judentum bekennt, daß Gott das Heil des Menschen will und sich selbst in seinem Heilswillen »bindet«.
2. Das Judentum begreift, daß Gottes Heilswille auch jeden einzelnen meint und die Umgestaltung einer vergänglichen (menschlichen) Welt in eine unvergängliche einschließt.

Die christliche Sicht: Maßvoll nur in konkreten Bildern

Der Christ erwartet nach dem Tod für sich und für alle Menschen ein wirklich menschliches und erfülltes Leben, auch wenn er sich – mit Recht – scheut, diese Erwartung zu konkreten Vorstellungen auszugestalten. Er vertraut darauf, daß Gott zu Ende bringen wird, was wir begonnen haben. Im Tod trennt sich die unsterbliche Seele vom sterblichen Leib und kommt vor Gott. In dieser endgültigen Begegnung mit Gott (im Tod) klärt sich wie in einem Gericht, wie es um einen konkreten Menschen steht. Ist der Mensch in dem, was sein Leben sinnvoll macht (das heißt eigentlich: in seiner Beziehung zu Gott) noch nicht völlig geordnet, noch nicht ganz widerspruchsfrei, so kommt es zu einer Läuterung (»Fegefeuer«). Sie tut dem Menschen weh, weil sie in immer dichtere Beziehung zu Gott führt. Die »armen Seelen« finden eine Hilfe in Fürbitten der Gläubigen. Von Hölle spricht man, wo der Mensch in seiner Beziehung zu Gott völlig und endgültig gescheitert ist. Im Himmel ist der, dessen Leben völlig und endgültig gelungen ist. Am Ende der Zeiten wird Gott die vergängliche Welt neu gestalten (neue Schöpfung) und auch die Toten auferwecken (d. h. dem Menschen einen neuen und unvergänglichen Leib geben). Im Reich Gottes lebt der Mensch ein ewiges Leben in voller Gemeinschaft mit Gott, mit Jesus Christus, mit Brüdern und Schwestern und mit der ganzen übrigen Schöpfung Gottes.
Die Neugestaltung der Welt aber geschieht jetzt schon schrittweise, wenn auch unsichtbar. Taufe und Tod und Auferstehung Christi ist bereits ein Teil dieser Neuschöpfung im Reich Gottes, auch wenn die Vollendung durch Gott noch aussteht.

Hand in Hand?

Atheismus kann alles andere als Resignation, Hoffnungslosigkeit und zielloses Umhertreiben sein. Er kann sich mit dem bedingungslosen Einsatz für eine gute Zukunft verbinden.

Auch im Christentum sprach man immer von Erneuerung. Aber hausten nicht Sehnsucht und Hoffnung des Christentums jahrhundertelang in einem Schneckenhaus, statt der Welt auf den Leib zu rücken? – So lautete lange Zeit die Kritik des Atheismus am Christentum. Man warf ihm vor, es habe aus Sorge um das Leben nach dem Tode die Aufgaben dieses Lebens vernachlässigt, es habe die Menschen nicht zum aktiven Widerstand gegen die Unmenschlichkeit ermutigt, sondern auf ein Jenseits vertröstet. Manche Christen haben diese Kritik ernstgenommen. Es gibt Christen, die ihre Aufgaben in dieser Welt, im Einsatz für eine menschlichere Gesellschaft, erblicken, und es gibt Atheisten, die ihre Vorurteile gegen die Christen abbauen und in ihnen Verbündete in einer gemeinsamen Sache sehen.

In seinem Roman »Die Pest« schildert *Albert Camus* ein Gespräch zwischen dem Atheisten Rieux, der als Arzt gegen die Pest kämpft, und dem Jesuitenpater Paneloux, der sich als freiwilliger Helfer gemeldet hat: »Was ich hasse, sind der Tod und das Böse, das wissen Sie ja. Und ob Sie es wollen oder nicht, wir stehen zusammen, um beides zu erleiden und zu bekämpfen.« Rieux hielt Paneloux' Hand fest. »Sehen Sie«, sagte er und vermied es, ihn anzuschauen, »jetzt kann Gott selber uns nicht scheiden«.

1. *Gibt es ein Leben nach dem Tod? Unterscheiden Sie die hier beschriebenen philosophischen und religiösen Antworten! Welche Konsequenzen ergeben sich aus der jeweiligen Vorstellung für das menschliche Leben?*
2. *In welchem Sinn können Atheisten und Christen Verbündete sein?*
3. *Versuchen Sie, für sich selbst zu klären und andern mitzuteilen, was nach Ihrer Meinung nach dem Tod sein wird!*

3.6 Kurskorrekturen

Diagnose – Der einseitig geforderte Mensch

Eine kleine Gewissenserforschung für Menschen von heute

Im folgenden sind jeweils zwei Aussagen zusammengestellt, die als gleichgewichtig anzusehen sind. Sie sollen in einem ausgewogenen Verhältnis zueinander stehen. Beurteilen Sie, ob diese Paare im Leben des heutigen Menschen in einem ausgewogenen Verhältnis stehen oder ob Ungleichgewichte entstanden sind und in welcher Richtung!

»Naturverbundenheit«

»Es gab einmal eine Zeit, als mir so etwas viel bedeutete.«

1 (a) sich beschenken lassen, zur Ruhe kommen
(b) eine Leistung erbringen
2 (a) zweckfrei spielen können
(b) sich zweckmäßig verhalten, wissen, was man will
3 (a) sich in den Dienst der Gemeinschaft stellen
(b) sich durchsetzen und behaupten
4 (a) sich einordnen können
(b) sich persönlich entfalten können
5 (a) reden, sich dem andern verständlich machen können
(b) zuhören, den andern verstehen können
6 (a) loslassen, auf etwas verzichten können
(b) etwas erstreben und genießen können
7 (a) eine Sache verstandesmäßig durchdringen wollen
(b) Vertrauen in das Leben haben

Einseitigkeit

Und wenn ich prophetisch reden könnte und alle Geheimnisse wüßte und alle Erkenntnis hätte; wenn ich alle Glaubenskraft besäße und Berge damit versetzen könnte, hätte aber die Liebe nicht, wäre ich nichts. *1 Kor 13,2*

Was nützt es einem Menschen, wenn er die ganze Welt gewinnt, dabei aber sich selbst verliert und Schaden nimmt? *Lk 9,25*

1. *Führen Sie die »kleine Gewissenserforschung« auch für sich persönlich durch! Wo sind Ihre Einseitigkeiten?*
2. *Deuten Sie die Karikatur!*
3. *Auf welche Einseitigkeiten weisen die beiden Schriftstellen hin?*
   Leiten Sie daraus Konsequenzen für das Leben des heutigen Menschen ab!
4. *Glauben Sie auch Einseitigkeiten innerhalb der Kirche feststellen zu können? Welche?*

Therapie – Wiederentdeckung von verlorenen oder verschütteten Werten

Wovon sie lebte

Der Dichter Rainer Maria Rilke hielt sich eine Zeitlang in Paris auf. Gemeinsam mit einer jungen Französin kam er um die Mittagszeit an einem Platz vorbei, an dem eine Bettlerin saß, die um Geld anhielt. Ohne zu irgendeinem Geber je aufzusehen, ohne ein anderes Zeichen des Bittens oder Dankens zu äußern als nur immer die Hand auszustrecken, saß die Frau immer am gleichen Ort.

Rilke gab nie etwas; seine Begleiterin gab häufig ein Geldstück. Eines Tages fragte die Französin verwundert nach dem Grund, warum er nichts gebe, und Rilke gab ihr zur Antwort: »Wir müßten ihrem Herzen schenken, nicht ihrer Hand.« Wenige Tage später brachte Rilke eine eben aufgeblühte weiße Rose mit, legte sie in die offene, abgezehrte Hand der Bettlerin und wollte weitergehen.

Da geschah das Unerwartete:

Die Bettlerin blickte auf, sah den Geber, erhob sich mühsam von der Erde, tastete nach der Hand des fremden Mannes, küßte sie und ging mit der Rose davon.

Eine Woche lang war die Alte verschwunden; der Platz, an dem sie vorher gebettelt hatte, blieb leer. Vergeblich suchte die Begleiterin Rilkes eine Antwort darauf, wer wohl jetzt der Alten ein Almosen gebe. Nach acht Tagen saß plötzlich die Bettlerin wieder wie früher am gewohnten Platz. Sie war stumm wie damals, wiederum nur ihre Bedürftigkeit zeigend durch die ausgestreckte Hand. »Aber wovon hat sie denn all die Tage, da sie nichts erhielt, nur gelebt?« fragte die Französin. Rilke antwortete: »Von der Rose . . .«

VERSCHWIEGENHEIT
FAMILIENSINN
HILFSBEREITSCHAFT
GLAUBE
GROSSZÜGIGKEIT
ZIVILCOURAGE
FRIEDENSWILLE
ZUNEIGUNG
NATURVERBUNDENHEIT

WAHRHAFTIGKEIT
VERANTWORTUNG
TREUE
HEIMATLIEBE
FREUNDSCHAFT

---

1. *Was meinte Rilke, wenn er sagte, die Bettlerin habe »von der Rose« gelebt?*
2. *Auf welchen Wert möchte die Karikatur aufmerksam machen? Stimmen Sie dem Karikaturisten darin zu? Unterhalten Sie sich darüber!*
3. *Die Liste »verlorener« Werte ist nicht vollständig. Beurteilen Sie die Dringlichkeit der aufgeführten Werte! Ergänzen Sie die Liste um weitere Werte, die für unsere Zeit wichtig wären, aber verlorengegangen sind oder verschüttet wurden!*

Eine Kostbarkeit

Medizin – »Heilkräuter« Phantasie und Kreativität

Das »Rad« wieder in Bewegung bringen

In unserer Zeit sind Menschen nötig, die das »Rad« wieder in Bewegung bringen. Was ist gemeint? Jugendliche blicken pessimistisch in die Zukunft. Sie wissen nicht, ob sie eine Arbeitsstelle bekommen. Sie wissen um den fortschreitenden Raubbau an der Natur. In einer waffenstarrenden Welt wird der Frieden immer unwahrscheinlicher. Ihr Lebensgefühl ist eher negativ und wenig begeisternd für andere. Sie haben es mit einer Welt zu tun, die ins Stocken geraten ist. Keiner weiß so recht, wie es weitergehen soll. Wenige Erwachsene sind da, die ihnen Mut machen können.

Und doch darf das »Rad« nicht stehenbleiben. Rezepte müssen erst noch gefunden werden. Und dazu bedarf es der ganzen schöpferischen Phantasie möglichst vieler Menschen, die alle beseelt sind vom selben Ziel: die Welt menschlich zu machen, eine Welt zu schaffen, in der Freude, beglückende menschliche Begegnung und dauerhafter Friede eine Selbstverständlichkeit sind, in der menschliches Leben sich lohnt und schön ist.

träumen

Phantasie: Einbildungskraft, reiches Vorstellungsvermögen.
Kreativität: schöpferische Kraft zu neuen Einfällen, neuen Lösungen, neuen Wegen, die nicht logisch aus etwas bereits Vorhandenem abgeleitet werden können, sondern eine ursprüngliche »Schöpfung« sind.

Lob der Spatzen

Grau mit viel Braun und wenig weißen Federn,
das Männchen auf der Brust mit schwarzem Fleck,
sie leben unter Palmen, Fichten, Zedern
und auch in jedem Straßendreck.

In Ingolstadt und in der City Boston,
am Hoek von Holland und am Goldnen Horn
ist überall der Spatz auf seinem Posten
und fürchtet nicht des Schöpfers Zorn.

Inmitten schwarzer Dschungeln von Fabriken
und todgeladner Drähte kreuz und quer
sieht man die Spatzen flattern, nisten, picken,
als ob die Welt ein Schutzpark wär.

Es stört sie nicht der Lärm der Transmissionen
und keineswegs das Tempo unsrer Zeit,
sie leben (schnell und langsam) seit Äonen,
wo sie der Himmel hingeschneit.

Als Jesus über Gräser, Zweige, Blumen
einritt, und alle Hosianna schrien,
da pickt' ein Spatz gemächlich gelbe Krumen
aus dem noch warmen Mist der weißen Eselin.

Herr, gib uns Kraft und Mut wie deinen Spatzen,
mach unser Leben ihrem Rinnstein gleich.
Dann mag, wer will, von edlen Tauben schwatzen,
denn unser ist dein gutes Erdenreich.

Carl Zuckmayer

1. *Ist das Lebensgefühl, das im »Lob der Spatzen« zum Ausdruck kommt, in unserer Realität vorstellbar? Wo möchte der Mensch heute in seinem Beruf »flattern« und »picken« und »nisten«?*
2. *Beurteilen Sie die Chancen, das »Rad« wieder in Bewegung zu bringen! (Anzeichen? Schwierigkeiten? mögliches Engagement?)*
3. *»träumen«? Suchen Sie eine Begründung für solches Verhalten!*
4. *Entnehmen Sie der folgenden Collage, was die Jugendlichen der einzelnen Abbildungen suchen. Auf welche Einseitigkeiten ihres Lebens könnten sie damit reagieren?*

Bewußte Gestaltung am »Arbeitsplatz Schule«

Schüler verbringen die meiste Zeit ihres Schulalltags sitzend und auf den Lernstoff konzentriert. Es ist für den Lernerfolg wichtig, daß sie sich an ihrem Arbeitsplatz wohlfühlen können. Wesentlich könnte die Gestaltung der Pause dazu beitragen. Es liegt nahe, sie bei Spiel und »sportlicher« Betätigung für einen Bewegungsausgleich zu nutzen. Dies gilt insbesondere für die »großen Pausen« an Schönwettertagen. Aus solchen Überlegungen heraus hat eine Studentengruppe der Pädagogischen Hochschule Ludwigsburg die Aktion »bunte Pause« gestartet. Zusammen mit Eltern und Lehrern haben die Studenten Gestaltungsmöglichkeiten für schülerfreundliche Schulhöfe entwickelt und verwirklicht.

Was Jugendliche sinnvoll tun können

3.7 Kreativität als Weg zu andern Menschen

Liebe macht erfinderisch

Spitzweg: Der Liebesbrief

Eine neue Lebensweise

Kardinal Jean-Marie Lustiger, Erzbischof von Paris

Man muß eine neue Lebensweise finden, die fruchtbar und schöpferisch ist, und die uns zwingt, gegen den Strom zu schwimmen. Es geht nicht darum, eine christliche Gegengesellschaft im Abseits zu gründen. Das war die Versuchung der Hippies und der Randgruppen der 60er und 70er Jahre, die sich an den Rand einer Welt begaben, die sie ablehnten. Angesichts der Unbarmherzigkeit unserer Gesellschaft sind alle religiösen Erneuerungsbewegungen zu dieser Art von Flucht versucht. Von den Christen wird jedoch nicht gefordert zu fliehen, sondern mehr zu tun, um es anders zu tun. Man braucht mehr Kraft, seinen Feind zu lieben als ihn zu bekämpfen. Ein Zuwachs an Liebe von seiten der Christen tut not. Sie müssen eine Liebe leben, die ihnen dort zu überleben erlaubt, wo die Liebe geleugnet wird, die ihnen die Möglichkeit gibt, Zeichen der Liebe für jene zu sein, die nicht wissen, was lieben ist. Das konkrete christliche Leben hat einen hohen Preis. Es verlangt Zeit, viel mehr als eine Stunde in der Woche. Die Christen müssen ihre Wahl nach anderen Gesichtspunkten treffen. Sie dürfen ihr Leben nicht mehr nach dem gesellschaftlichen Konformismus von heute einrichten, sondern nach der Logik Gottes. Sie müssen den Mut aufbringen, sich zueinander wie Brüder, nicht wie Fremde zu verhalten. Sie müssen den Mut aufbringen, mit den Armen zu teilen, für die Unbequemen und Lästigen dazusein. Sie müssen ihr Gebet so gestalten, daß alle daran beteiligt sein können. Kurz, wir brauchen einen Zuwachs an Kraft und Liebe, um eine Heiligkeit zu leben, die wir gegen den Strom finden müssen. Für uns und für die Jugend.

1. *»Liebe macht erfinderisch.« Erläutern Sie diesen Zusammenhang mit Hilfe des »Liebesbriefs« von Spitzweg!*
2. *Worin sieht Lustiger den Unterschied zwischen der »neuen Lebensweise«, die er für notwendig hält, und der Lebensweise von Hippies und Randgruppen der 60er und 70er Jahre?*
3. *Heben Sie die Besonderheiten der neuen Lebensweise heraus!*
4. *Zeigen Sie, daß es der Kreativität bedarf, eine solche neue Lebensweise zu finden!*

KAPITEL 4

Urzelle der Gesellschaft

Man kann nicht nur auf Probe lieben,
nicht nur auf Probe und Zeit einen Menschen annehmen.

Papst Johannes Paul II.

4.1 Ehe in der Diskussion

Vorstellungen

Ehe ist wie . . .

. . . ein Baum, der immer wieder neue Blätter hervorbringt

. . . Farben, die zusammentreffen

. . . eine Schale, die das Ei zusammenhält

. . . zwei Flüsse, die zusammenfließen und ihren Weg gestärkt zum Meer antreten

. . . ein dünner Faden, der bald zerreißt

. . . eine Zwiebel; wenn man hineinbeißt, fängt man an zu weinen

. . . ein Schiff, das allen Stürmen trotzt

. . . ein Krieg ohne Anfang und Ende

. . . eine sichere, warme Höhle

. . . eine Fahrt ins Ungewisse

. . . ein neues Kleid, das mir im ersten Augenblick gefällt, das ich aber nach einiger Zeit nicht mehr sehen kann

. . . das Reifen einer Frucht

. . . eine gemeinsame Bergwanderung: mühsam aber schön

. . . das Tor zu einem großen Garten

. . . Schenken und Empfangen

. . . das Wetter

Wie viel bedeutet mir Liebe, zärtliche Hingabe, einander ganz gehören, sich gegenseitig vertrauen – und wie wenig, ja gar nichts, primitiver Sex, flüchtige Abenteuer. Ich bin Krankenschwester, 25 Jahre, ledig und außergewöhnlich hübsch. Die täglichen, plumpen Komplimente widern mich an, und so bin ich innerlich einsam. Nimm mich in deine Arme; für immer!

»Hirsch, schwarzbärtig, dunkle Rasse, 30/176, als Naturwissenschaftler tätig, des ziellosen Jagens müde, sucht ein braun bis schwarzes Rehlein, 22–28 Lenze jung, hübsch, liebevoll, offen, etwas sportlich, das mit ihm zusammenlebt, liebt, reist, redet, streitet, heiratet, albert, spielt . . .«

Romeo sucht Julia! Selbständiger Versicherungskaufmann, schlk., sportl. u. zärtl., noch eheunerfahren, neugierig u. lebenslustig, 40/185 (jünger wirkend), Raum Kempten, der sich gerne in seine Arbeit und ins Bett verkriecht, sucht eine dazugehörige Julia ab 25. Zum Reden u. Reisen, zum Kuscheln, Ski, Surfen u. Kochen . . . kurz . . . um mehr »gemeinsam zu leben«.
Mit Emanzen konnte ich mich noch nie so recht anfreunden. Bildzuschr. unt.

1. Welche der Metaphern zum Begriff Ehe kommt Ihrer Einstellung zur Ehe am nächsten? Welche lehnen Sie ab? Welche Erfahrungen stecken hinter den einzelnen Vergleichen?

2. Welche Partner werden in den Heiratsannoncen gesucht? Wie stellen sich die Suchenden selbst dar? Was wird vom anderen in den einzelnen Fällen erwartet?

3. Welche Aussage über das zukünftige Zusammenleben macht die Einladungskarte zu einer Hochzeit?

Bilder des Glücks

Der in Rußland geborene, aber in Frankreich lebende Künstler Chagall hat viele Bilder von Liebenden und Eheleuten gemalt. Meist stellen sie ihn selbst dar und seine Frau Bella, mit der er seit 1915 bis zu ihrem Tode (1944) überaus glücklich verheiratet war. Diese Bilder sind ausführliche Schilderungen und Erzählungen, wie die Liebe für den Künstler und seine Frau der Schlüssel zum Glück war. Die Liebe überzeugt ihn, daß es eine Freude ist, auf dieser Welt zu sein. Da finden wir Häuser aus der russischen Heimat, Häuser mit offenen Türen zum Zeichen, daß Gäste hier immer willkommen sind, – Kirchen, die zum heimatlichen Dorf gehören, so selbstverständlich wie die Religion zum Leben und zur Ehe, – Musikinstrumente als Ausdruck der Freude in der Liebe und Ehe, – und Blumen, Blumen, Blumen; denn Liebe ist schön, und jeder Tag in einer guten Ehe kann ein Festtag sein. Häufig malt Chagall einen Engel dazu, der die Liebenden zusammenhält oder ihnen wie hier im Davonfliegen Glück, Fruchtbarkeit und himmlischen Segen wünscht. Unübersehbar immer die ehrfürchtige Haltung der Liebenden voreinander, die Rücksicht, die Achtung vor der Würde des anderen, auch in der Nacktheit, die Chagall oft darstellt.

Ludwig Steger

Betrachten Sie das Bild von Marc Chagall auf S. 101!

4.2 Eine umstrittene Einrichtung

Argumente

Albert: Wenn man sich die heutigen Ehen anschaut, dann bekommt man direkt Angst vor dem Heiraten. Die führen doch oft nur einen täglichen Krieg miteinander.

Rudi: Jetzt übertreibst du aber ein bißchen. Ganz so schlimm ist es auch wieder nicht. Bei den meisten klappt es doch ganz gut.

Albert: Den meisten? Mach doch die Augen auf: Überall Ehescheidungen. Schon das geringste Problemchen nehmen sie dafür zum Anlaß. Manchmal frage ich mich: Haben die denn nicht vor der Ehe gemerkt, daß sie nicht zusammenpassen?

Karin: Die konnten es doch gar nicht merken. Die durften doch vorher nie richtig zusammen sein. Das verbietet ja der Anstand und die Kirche. Und was werden schließlich die Nachbarn sagen?

Rudi: Ja glaubst du denn wirklich, daß es etwas ändern würde, wenn die vorher schon zusammenleben? Die Statistik beweist, daß . . .

Albert: Hör mir auf mit der Statistik! Da kommt nur heraus, was bestimmte Personen hören wollen. Auf alle Fälle werde ich mit Inge eine Probeehe führen, bevor wir standesamtlich und kirchlich heiraten.

Rudi: Jetzt kommt dann gleich: Ich kaufe doch keine Katze im Sack. Warum soll ich solange auf Sex verzichten? Das Leben ist sowieso so kurz. – Für so primitiv hätte ich dich nicht gehalten. Es geht dir doch nur um Sex und . . .

Albert: Hör bloß auf! So ein Schmarrn! Mir geht es wirklich um das Menschliche: Ob wir zusammenpassen? Ob wir aufeinander Rücksicht nehmen können? Ob wir finanziell zurechtkommen? Ob wir uns nicht doch auf die Nerven gehen? Natürlich spielt auch die Sexualität eine Rolle.

Rudi: Und was ist, wenn ihr nicht zusammenpaßt?

Albert: Auf alle Fälle gibt es dann keine Scheidung!

Rudi: Dazu brauche ich keine Probeehe. Kennenlernen kann man sich auch ohne eheähnliches Zusammenleben.

Karin: Euer Gequassel geht mir allmählich auf die Nerven. Warum wollt ihr denn überhaupt heiraten? – Ob nun mit oder ohne Probeehe?

Albert: Dämliche Frage!

Karin: Ich brauch den ganzen Firlefanz nicht! Dafür, daß ich Franz liebe, brauche ich keinen Vertrag, keinen Ehering, keinen Standesbeamten und erst recht keinen Pfarrer.

Rudi: Und was brauchst du dann?

Karin: Es genügt doch, wenn wir uns gern haben, wenn wir zueinander Ja sagen.

Rudi: Und wenn ihr euch nicht mehr gern habt?

Karin: Dann gehen wir auseinander. Eine Beziehung, die nicht intakt ist, bringt doch nichts mehr. Da hilft das Stückchen Papier von Kirche und Standesamt auch nichts mehr.

Albert: Wie stellst du dir das Auseinandergehen vor? Gerade du als Frau mußt doch wissen, daß du in diesem Fall keinen Anspruch auf Unterhalt hast.

Karin: Immer geht es dir um das Materielle. Es wird schon irgendwie klappen. – Übrigens wäre es bei deiner Probeehe auch nicht anders.

Rudi: Was du über Standesamt und Kirche gesagt hast, akzeptiere ich nicht. Ich glaube, daß das Stückchen Papier schon hilft, nicht gleich bei jeder Kleinigkeit die Flinte ins Korn zu werfen.

Albert: Da gebe ich Rudi recht.

Karin: Alles alter Zopf, der nicht mehr in unsere Zeit paßt.

Albert: Zopf hin oder her. Auf alle Fälle geht man nicht so schnell auseinander. Und die Kinder brauchen auch eine Sicherheit.

Rudi: Für mich ist gerade die kirchliche Trauung wichtig.

Karin: Ja, ja: Orgelmusik, weißes Kleid, schöne Predigt, Tränchen . . .

Rudi: Man kann alles lächerlich machen. Aber für mich ist es einfach wichtig zu wissen, daß Gott mit dabei ist. Irgendwie gibt mir das mehr Mut und Sicherheit. Für mich ist Ehe ein Dreibund: Gott – Frau – Mann.

Zu bedenken wäre ...

Man muß es offen sagen, daß es eine Probe-Ehe gar nicht geben kann. Die Bedingungen und Voraussetzungen sind nämlich voneinander ganz unterschiedlich.
Die Ehe setzt Treue voraus, in der Probe-Ehe wird sie bewußt oder unbewußt ausgeklammert. Die Ehe bringt auch Schutz und Sicherheit von der anerkennenden und annehmenden Gesellschaft, die Probe-Ehe dagegen ist schutzlos und rechtlos.
Die Ehe kann mit gutem Gewissen gelebt und erfahren werden, bei der Probe-Ehe kommt doch oft ein schlechtes Gewissen hinzu. Die Probe-Ehe ist ein Experiment, die Ehe aber ist eine Lebensleistung. Ehe ist ein langer Weg, die Probe-Ehe nur ein zaghafter und sogar mißtrauischer Anfang, ob man auch durchhalten kann. Ehe setzt Wagnis voraus und Kühnheit der Liebe. Die Probe-Ehe darf ruhig auf Sparflamme gesetzt werden. Ehe hat auch etwas mit Gott zu tun, weil die Liebe zweier Menschen immer auch Gott berührt. Die Treue der Liebe zieht auch die Treue Gottes nach. Die Probe-Ehe bleibt bewußt im Unverbindlichen, und gerade das widerspricht der Wesensart jeder Liebe. Die Probe-Ehe setzt auch zu sehr die mächtig drängende Sexualität in den Mittelpunkt und vergißt, daß der Mensch als ganzes Wesen in der Geschlechtlichkeit angesprochen werden will und daß er mit dem geliebten Du zur Einheit des ganzen Menschen kommen will. Die Verantwortung einer erfüllenden Ehe verlangt auch Verzicht und Opfer, Rücksichtnahme und Enthaltsamkeit, erst dann findet die wachsende Liebe den Weg in die erlösende Freiheit.

P. Wallhof

Ehe als Institution

Die unbedingte Annahme in der gegenseitigen Liebe will dem anderen das geben, was ihm gebührt und worauf er als Person im tiefsten ein »Recht« hat: das eheliche Versprechen, welches die Annahme frei von Zufälligkeiten und Launen macht. Die unbedingte Annahme erlangt durch das freie, in aller Öffentlichkeit gesprochene und im Raum der Kirche wie der Gesellschaft vernehmbare Jawort so Objektivität. Daraus wird sichtbar, daß die institutionelle und rechtliche Dimension der Ehe nicht im Widerspruch zur personalen Haltung von Liebe und Treue steht, sondern erst der gegenseitige Bezug beider Bereiche der Ehe den vollen Lebensraum zu öffnen vermag.

Gemeinsame Synode

1. *Welche Standpunkte zur Ehe nehmen Karin, Albert und Rudi in diesem Gespräch ein? Ergänzen oder kritisieren Sie die vorgebrachten Argumente.*
2. *Vergleichen Sie die Argumente des Gesprächs mit den Aussagen zur Ehe, die auf dieser Seite stehen. Wägen Sie sie gegeneinander ab.*
3. *Der Ring ist ein Symbol für die Ehe. Versuchen Sie, dieses Symbol zu deuten.*

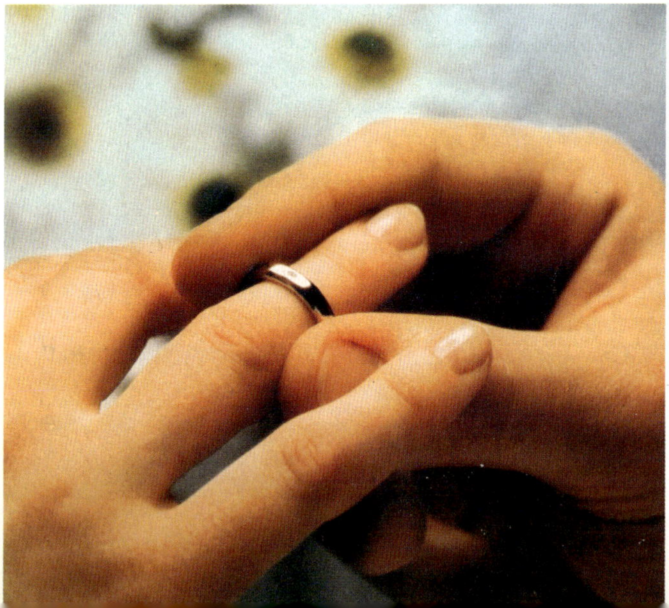

4.3 Voraussetzungen für die Ehe

Das Hohe Lied der Liebe

In seinem Buch »Der Kleine Prinz« schildert *Saint-Exupéry* die Freundschaft des kleinen Prinzen mit einer Rose. Eines Tages fühlt sich der kleine Prinz von seiner Rose hintergangen. Da klagt er seinem Freund, dem Fuchs, sein Leid. Der Fuchs tröstet den kleinen Prinzen und erklärt ihm, warum ihn seine Rose nicht betrogen hat. Zum Abschied gibt er dem kleinen Prinzen folgende Worte mit auf den Weg:

»Adieu«, sagte der Fuchs. »Hier mein Geheimnis. Es ist ganz einfach: man sieht nur mit dem Herzen gut. Das Wesentliche ist für die Augen unsichtbar.«

»Das Wesentliche ist für die Augen unsichtbar«, wiederholte der kleine Prinz, um es sich zu merken.

»Die Zeit, die du für deine Rose verloren hast, sie macht deine Rose so wichtig.«

»Die Zeit, die ich für meine Rose verloren habe . . .«, sagte der kleine Prinz, um es sich zu merken.

»Die Menschen haben diese Wahrheit vergessen«, sagte der Fuchs. »Aber du darfst sie nicht vergessen. Du bist zeitlebens für das verantwortlich, was du dir vertraut gemacht hast. Du bist für deine Rose verantwortlich . . .«

»Ich bin für meine Rose verantwortlich . . .«, wiederholte der kleine Prinz, um es sich zu merken.

Die Liebe ist langmütig, die Liebe ist gütig. Sie ereifert sich nicht, sie prahlt nicht, sie bläht sich nicht auf.
Sie handelt nicht ungehörig, sucht nicht ihren Vorteil, läßt sich nicht zum Zorn reizen, trägt das Böse nicht nach.
Sie freut sich nicht über das Unrecht, sondern freut sich an der Wahrheit.
Sie erträgt alles, glaubt alles, hofft alles, hält allem stand. Die Liebe hört niemals auf.

1 Kor 13,4–8a

Man kann glücklich sein
in einem kleinen Zuhause
mit Liebe
und tief unglücklich
in der prachtvollsten Villa,
in der aber
die Liebe fehlt.

Phil Bosmans

Der, den ich liebe
Hat mir gesagt
Daß er mich braucht.
Darum
Gebe ich auf mich acht
Sehe auf meinen Weg und
Fürchte von jedem Regentropfen
Daß er mich erschlagen könnte.

Bertolt Brecht

1. *In diesen Texten werden Grundhaltungen angesprochen, die nach Ansicht der jeweiligen Verfasser Voraussetzungen für eine Liebe zwischen zwei Menschen sind. Benennen Sie diese Grundhaltungen mit eigenen Worten.*
2. *Welche Konsequenzen für das Zusammenleben ergeben sich, wenn man diese Haltungen konsequent lebt?*
3. *Sind die angeführten Aussagen über die Liebe nicht zu ideal? Sind die geforderten Haltungen im Alltag durchzuhalten?*

Das Lied des Alltags

Traum und Wirklichkeit
Ein junger Mann hatte einen Traum. Hinter der Ladentheke sieht er einen Engel. Hastig fragt er ihn: »Was verkaufen Sie, mein Herr«? Der Engel gab ihm freundlich zur Antwort: »Alles, was Sie wollen.« Der junge Mann sagte: »Dann hätte ich gerne: Eine Frau, die mich immer versteht und auf die ich mich verlassen kann; eine glückliche Ehe, die bis zu unserem Lebensende glücklich bleibt; gute Freunde, die uns auf unserem Lebensweg begleiten; Kinder, die sich gut entwikkeln und an denen wir unsere Freude haben; und . . .« Da fiel ihm der Engel ins Wort und sagte: »Entschuldigen Sie, junger Mann, sie haben mich falsch verstanden. Wir verkaufen hier keine Früchte, wir verkaufen nur den Samen.«

Alltäglichkeiten

Aus dem Haushaltsbuch der Familie D., 2 Personen:

Miete	390.– DM
Heizung, Wasser, Müllabfuhr, Kaminkehrer	220.– DM
Strom	60.– DM
Nahrungsmittel	500.– DM
Körperpflege, Friseur	60.– DM
Kleidung, Wäsche, Schuhe	120.– DM
Reparaturen	50.– DM
Tageszeitung	20.– DM
Radio, Fernsehen	13.– DM
Telefon	50.– DM
Auto (ohne Benzin)	200.– DM
Benzin	105.– DM
Zigaretten, Alkohol, Süßigkeiten	130.– DM
Kino, Schützenfest	54.– DM
Versicherungen	153.– DM
Krankenkasse	140.– DM
Sparen	117.– DM
Summe	2382.– DM

Was so auf einen zukommt

Kochen
Putzen
Waschen
Gesprächsbereitschaft
Geduld
Verantwortung
Versöhnung
Konflikte lösen
Kinder erziehen
Arbeitsteilung
Geld verdienen
Zeit haben füreinander
Freunde einladen
Spannungen ertragen
Krankenpflege
Vertrauen
Gartenarbeit
Einkaufen
Verzichten
Sich selbst und den anderen annehmen
Besuch bei Schwiegereltern
Reparieren
Sauberkeit
Aufräumen
Geschirr spülen
Schuhe putzen
Nähen
Stopfen
Tapezieren
Nett sein
Launen ertragen
Zärtlich sein
Sparen
Sich weiterbilden
Schweigen

1. *Welche Kernaussage steckt hinter der Geschichte mit dem Engel?*
2. *Halten Sie die Zahlenangaben bei der aufgeführten Monatsabrechnung einer zweiköpfigen Familie für zu hoch? Wo kann man sparen? Wo braucht man Ihrer Meinung nach mehr Geld?*
3. *»Was so auf einen zukommt« – Wie verhalten sich diese Aufgaben zu den hohen Idealen der Liebe? Welche Aufgaben kommen hinzu?*

4.4 Aussagen der Bibel über die Ehe

Aus dem Alten Testament

[27]Gott schuf also den Menschen als sein Abbild; als Abbild Gottes schuf er ihn. Als Mann und Frau schuf er sie. [28]Gott segnete sie, und Gott sprach zu ihnen: Seid fruchtbar, und vermehrt euch, bevölkert die Erde, unterwerft sie euch, und herrscht über die Fische des Meeres, über die Vögel des Himmels und über alle Tiere, die sich auf dem Land regen. *Gen 1,27f*

[18]Dann sprach Gott, der Herr: Es ist nicht gut, daß der Mensch allein bleibt. Ich will ihm eine Hilfe machen, die ihm entspricht.
[19]Gott, der Herr, formte aus dem Ackerboden alle Tiere des Feldes und alle Vögel des Himmels und führte sie dem Menschen zu, um zu sehen, wie er sie benennen würde. Und wie der Mensch jedes lebendige Wesen benannte, so sollte es heißen. [20]Der Mensch gab Namen allem Vieh, den Vögeln des Himmels und allen Tieren des Feldes. Aber eine Hilfe, die dem Menschen entsprach, fand er nicht.
[21]Da ließ Gott, der Herr, einen tiefen Schlaf auf den Menschen fallen, so daß er einschlief, nahm eine seiner Rippen und verschloß ihre Stelle mit Fleisch. [22]Gott, der Herr, baute aus der Rippe, die er vom Menschen genommen hatte, eine Frau und führte sie dem Menschen zu. [23]Und der Mensch sprach:
Das endlich ist Bein vom meinem Bein / und Fleisch von meinem Fleisch. / Frau soll sie heißen; / denn vom Mann ist sie genommen.
[24]Darum verläßt der Mann Vater und Mutter und bindet sich an seine Frau, und sie werden ein Fleisch. *Gen 2,18–24*

Aus dem Neuen Testament

[25]Ihr Männer, liebt eure Frauen, wie Christus die Kirche geliebt und sich für sie hingegeben hat, [26]um sie im Wasser und durch das Wort rein und heilig zu machen. [27]So will er die Kirche herrlich vor sich erscheinen lassen, ohne Flecken, Falten oder andere Fehler; heilig soll sie sein und makellos. [28]Darum sind die Männer verpflichtet, ihre Frauen so zu lieben wie ihren eigenen Leib. Wer seine Frau liebt, liebt sich selbst. [29]Keiner hat je seinen eigenen Leib gehaßt, sondern er nährt und pflegt ihn, wie auch Christus die Kirche. [30]Denn wir sind Glieder seines Leibes. [31]Darum wird der Mann Vater und Mutter verlassen und sich an seine Frau binden, und die zwei werden ein Fleisch sein. [32]Dies ist ein tiefes Geheimnis; ich beziehe es auf Christus und die Kirche. [33]Was euch angeht, so liebe jeder von euch seine Frau wie sich selbst, die Frau aber ehre den Mann. *Eph 5,25–33*

1. *Welche Aussagen machen die drei Bibeltexte über das Verhältnis von Mann und Frau? Versuchen Sie, das Bild von der Rippe zu erklären!*
2. *Welchen Auftrag erhalten Mann und Frau?*
3. *Mit welchem Bund wird im Neuen Testament die Ehe verglichen und welche Konsequenzen ergeben sich daraus für die christliche Ehe?*
4. *Interpretieren Sie das Bild »Erschaffung der Eva«!*

4.5 Das Eheverständnis der katholischen Kirche

Grundbedingungen

Für die Kirche ist die Ehe von Gott begründet, und zwar als Einehe, als Verbindung eines Mannes mit einer Frau. Diese Verbindung ist unauflöslich und gilt bis zum Tod eines der beiden Ehepartner. Sinn der Ehe ist, daß die Ehegatten sich gegenseitig durch ihre Liebe bereichern und glücklich machen. Wesenhaft ist dieser Liebe, daß sie Kindern das Leben schenkt.

Die Ehe als Sakrament

Sakramente sind Zeichen, in denen die Zuwendung Gottes zu den Menschen sichtbar und greifbar wird. Für die kath. Kirche ist die Ehe ein solches Sakrament. Das bedeutet: Wenn die beiden Ehegatten sich gegenseitig das unbedingte Ja schenken, wenn sie immer wieder in Liebe aufeinander zugehen, dann ist Gott anwesend. In all dem, was sie einander schenken an Liebe, Zärtlichkeit, gemeinsamem Planen, in jedem Kuß, in jeder Umarmung, bis hin zur vollen leiblichen Gemeinschaft wird für sie Gottes Zuwendung erlebbar. Dadurch daß die Eheleute in Liebe und Treue zueinander stehen, auch in schweren Zeiten, werden sie auch für andere zum Zeichen der Liebe und Treue Gottes zu den Menschen. Gott hat sich an das Volk Israel für immer gebunden – Christus und die Kirche gehören unauflöslich zusammen. Dafür ist die christliche Ehe Abbild, ja sie setzt diesen Bund gegenwärtig. Weil es bei diesem Sakrament auf die gegenseitige Liebe der Ehegatten ankommt, spenden sie sich das Sakrament, nicht der Priester; notwendig zur Sakramentalität der Ehe gehört die Mitwirkung der Kirche, sie bezeugt und segnet den vor Gott geschlossenen Bund.

1. *Erklären Sie mit eigenen Worten den Ausdruck »Die Ehe ist ein Sakrament«.*
2. *Versuchen Sie zu begründen, warum die Kirche die drei Bedingungen für die Gültigkeit einer Ehe nicht aufgeben kann.*
3. *Können ältere Menschen nach Ansicht der Kirche eine gültige Ehe eingehen? Vgl. Aussage über die Ehefähigkeit und Ehewille!*

Gemeinsamer Rhythmus. Holzschnitt von Sr. Sigmunda May (Ausschnitt)

Wann ist eine Eheschließung gültig?

Zu einer gültigen Eheschließung gehören nach kirchlichem Recht drei Voraussetzungen:
1. Die *Ehefähigkeit:* Heiraten kann nur, wer ein bestimmtes Alter erreicht hat, geistig und körperlich zur Ehe fähig ist und wer frei von trennenden Ehehindernissen ist. (Siehe die folgenden zwei Seiten.)
2. Der richtige *Ehewille:* Die Zustimmung zur Ehe muß frei von jeglichem Zwang geschehen. Die Einheit, Unauflöslichkeit und der grundsätzliche Wille, Kindern das Leben zu schenken, müssen bejaht werden.
3. Die Einhaltung der *Eheschließungsform:* Ein Katholik kann eine gültige Ehe nur vor dem zuständigen Pfarrer und zwei Zeugen eingehen. (Ausnahme: vgl. ökumenische Trauung, S. 100.)

4.6 Die kirchliche Trauung

Vorbereitungen

Ein christliches Brautpaar möchte natürlicherweise auch kirchlich heiraten. Steht der Termin für die Hochzeit fest, dann meldet das Paar beim zuständigen Pfarrer (Pfarrei, in der die Braut oder der Bräutigam wohnen) mindestens vier Wochen vor dem gewünschten Termin die Trauung an. Braut und Bräutigam brauchen ein Taufzeugnis, das nicht älter als sechs Monate sein darf. Dieses Zeugnis erhält man in der Pfarrei, in der man getauft wurde. Dann vereinbart der Pfarrer mit dem Brautpaar einen Termin, an dem das Brautgespräch stattfindet. Bei diesem Gespräch wird über die Bedeutung der christlichen Ehe gesprochen, das Brautexamensprotokoll wird ausgefüllt und die Einzelheiten der kirchlichen Trauung werden besprochen.

Auszug aus dem Brautexamensprotokoll

(Die Fragen müssen von Braut und Bräutigam beantwortet werden.)

14. Sind Sie mit dem anderen Teil blutsverwandt? (*can.* 1076) Linie? Grad? *Dispens*gesuch mit Stammbaum einreichen!
15. (Wenn ein Teil nach kirchlich gültiger Ehe verwitwet ist) Sind Sie mit dem anderen Teil verschwägert? (can. 1077 und 97) Linie? Grad? Dispensgesuch mit dem Stammbaum einreichen!
16. (Wenn ein Teil in kirchlich ungültiger Ehe oder in *Konkubinat* gelebt hat)
Öffentliche Ehrbarkeit: Ist Ihr jetziger Partner verwandt mit der Person, mit der Sie früher zusammengelebt haben? Wie? (can. 1078)

17 Besteht eines der folgenden Ehehindernisse zwischen Ihnen? Welches?
Mixta religio (can. 1060) *Cultus disparitas* (can. 1070)
Höhere Weihe (can. 1072) Gelübde (can. 1073 und 1058)
Geistliche Verwandtschaft aus der Taufe (can. 1079 und 768)

18. Ist ein Teil (can. 1065)
aus der katholischen Kirche ausgetreten?
Einer anderen Konfession beigetreten?
19. (Wenn die jetzige Zivilehe schon vor dem Tode des früheren Gatten geschlossen wurde)
Impedimentum criminis (can. 1075)
Wann ist der erste Ehepartner gestorben?
Wann wurde Ihre jetzige Ehe zivil geschlossen?
Seit wann leben Sie zusammen?
20. *Impotenz* (can. 1068) – Steht Ihrer Heirat eine vererbbare Krankheit, ein geistiges oder erhebliches körperliches Gebrechen entgegen?
Weiß Ihr Partner darüber Bescheid?

Folgende Fragen sind am besten nach dem Brautunterricht zu stellen!

21. Sind Sie darüber belehrt, daß die Ehe von beiden Seiten frei und ungezwungen geschlossen werden muß? (can. 1087)
Werden Sie von jemandem durch Drängen und Zwang beeinflußt?
Wie stellen sich Ihre Eltern zu Ihrer Eheschließung?
22. Sie wissen, daß Sie sich durch die Eheschließung das Recht auf geschlechtliche Vereinigung und Zeugung von Kindern übertragen. (can. 1081 und 1086)
Anerkennen Sie diese Rechte und auch die Pflichten uneingeschränkt?
Verpflichten Sie sich, mit keiner anderen Person als nur mit Ihrem Ehepartner solche intimen Beziehungen zu pflegen?
Wollen Sie diese Ehe unauflöslich für das ganze Leben schließen?
24. (an alle katholischen Partner)
Wollen Sie in Ihrer Ehe als katholischer Christ leben und Ihren Glauben bezeugen?
25. (an alle katholischen Partner bei konfessionsverschiedenen/religionsverschiedenen Ehen/bei Trauerlaubnis nach can. 1065 und 1066; sind auszulassen, wenn keine Kinder mehr zu erwarten sind)
a) Sind Sie sich bewußt, daß Sie als

katholischer Christ die Pflicht haben, Ihre Kinder in der katholischen Kirche taufen zu lassen und im katholischen Glauben zu erziehen?

b) Versprechen Sie, sich nach Kräften darum zu bemühen, dieses sittliche Gebot zu erfüllen, soweit das in Ihrer Ehe möglich ist?

26. Ist der nichtkatholische Partner über Versprechen und Verpflichtung des katholischen Partners unterrichtet?

...

Dispens = Erlaß: Befreiung von einem kirchlichen Gesetz; hier von einem kirchlichen Ehehindernis.
can. = Canon: Regel, Richtschnur. Die einzelnen Gesetze im kirchlichen Rechtsbuch nennt man »canones«, z. B. can. 1076 = Gesetz Nr. 1076.
Konkubinat: dauernde außereheliche Geschlechtsgemeinschaft und Wohngemeinschaft; vgl. »wilde Ehe«.
mixta religio = Konfessionsverschiedenheit: Wenn einer der Partner katholisch ist und der andere einer nichtkatholischen christlichen Konfession angehört, z. B. evangelisch.
cultus disparitas = Kultverschiedenheit: Wenn einer der beiden Partner katholisch und der andere nicht getauft ist, z. B. wenn einer der Partner dem Islam angehört.
impedimentum criminis = Hindernis durch Verbrechen: Wenn zwei Personen auf verbrecherische Weise zur Ehe miteinander gelangen wollen, z. B. durch Ermordung des früheren Gatten.
Impotenz = geschlechtliches Unvermögen. Unter den katholischen Eherechtlern ist man sich nicht einig, ob unter Impotenz Beischlafunfähigkeit oder Zeugungsunfähigkeit zu verstehen sei.

Sollte sich beim Ausfüllen des Brautexamensprotokolls ergeben, daß ein Ehehindernis vorliegt, dann muß um Befreiung von diesem Hindernis nachgesucht werden.
Von folgenden Ehehindernissen wird *nicht* befreit: eine schon bestehende Ehe, Eheunmündigkeit, Blutsverwandtschaft in gerader Linie (Kinder – Eltern – Großeltern) und im ersten Grad der Seitenlinie (Bruder –Schwester).

1. *Welche Vorbereitungen sind für eine kirchliche Trauung nötig? Was können die Brautleute darüber hinaus noch tun, um die Trauung persönlich zu gestalten?*
2. *Wie stehen Sie zu den Fragen des Protokolls? Mit welchem Recht verlangt die Kirche die Beantwortung dieser Fragen?*
3. *Was versteht die Kirche unter einem Ehehindernis? Ist es Ihrer Meinung nach sinnvoll, solche Ehehindernisse aufzurichten? Gibt es auch auf staatlicher Seite Ehehindernisse?*

Der Ritus der kirchlichen Trauung

Normalerweise findet die Trauung während einer Eucharistiefeier statt. Es ist schön und sinnvoll, wenn die Brautleute bei ihrer Trauung zur Kommunion gehen. Sie dürfen in diesem Fall die Kommunion unter beiden Gestalten, Brot und Wein, empfangen. Sind die Brautleute konfessionsverschieden, empfiehlt es sich, daß die Trauung aus Rücksicht auf den nichtkatholischen Partner in Verbindung mit einem Wortgottesdienst stattfindet. Zur Trauungsfeier selbst können die Brautleute ihren persönlichen Beitrag leisten: Sie können die Lesung und das Evangelium aussuchen und persönliche Fürbitten vorbereiten. Einen echten persönlichen und gemeinschaftsbezogenen Akzent bekommt die Feier, wenn Verwandte des Brautpaares bereit sind, die Lesung und die Fürbitten vorzutragen. Auch die musikalische Gestaltung der Feier sollte den Brautleuten ein Anliegen sein.

Die Spendung des Ehesakramentes

1. Die Fragen nach der Bereitschaft zu einer christlichen Ehe

Nach der Schriftlesung und der Ansprache fragt der Priester
Bräutigam und Braut einzeln, zunächst den Bräutigam, anschließend die Braut:
N., ich frage Sie: Sind Sie hierhergekommen, um nach reiflicher Überlegung aus freiem Entschluß mit Ihrer Braut/Ihrem Bräutigam N. den Bund der Ehe zu schließen?
Bräutigam/Braut: Ja.
Wollen Sie Ihre Frau/Ihren Mann lieben und

achten und ihr/ihm die Treue halten alle Tage Ihres Lebens, bis der Tod Sie scheidet?
Bräutigam/Braut: Ja.
Sind Sie beide bereit, die Kinder, die Gott Ihnen schenken will, anzunehmen und sie im Geiste Christi und seiner Kirche zu erziehen?
Bräutigam/Braut: Ja.
Danach richtet der Priester
an beide gemeinsam die Frage:
Sind Sie bereit, als christliche Eheleute Ihre Aufgaben in Ehe und Familie, in Kirche und Welt zu erfüllen?
Beide antworten: Ja.

2. Die Segnung der Ringe durch den Priester

3. Der Vermählungsspruch
Das Vermählungswort kann entweder vom Priester vorgesprochen und von den Brautleuten wiederholt oder von diesen auswendig gesprochen oder auch abgelesen werden.
Der Bräutigam nimmt den Ring der Braut, danach nimmt die Braut den Ring des Bräutigams und spricht:
N., ich nehme dich an als meine Frau/als meinen Mann
und verspreche dir die Treue
in guten und in bösen Tagen,
in Gesundheit und in Krankheit.
Ich will dich lieben, achten und ehren, solange ich lebe.
Darauf steckt er ihr und anschließend sie ihm den Ring an und fährt fort:
Trag diesen Ring als Zeichen der Liebe und Treue.
Im Namen des Vaters und des Sohnes und des Heiligen Geistes.

4. Bestätigung der Vermählung
Der Priester zu den Brautleuten:
Nun reichen Sie einander die rechte Hand.
Der Priester umwindet die beiden ineinandergelegten Hände mit der Stola, legt darüber seine eigene rechte Hand und spricht:
Der Herr, unser Gott, festige den Ehebund, den Sie vor ihm und in seiner Kirche geschlossen haben.
Sie alle aber, die Sie zugegen sind, nehme ich zu Zeugen dieses heiligen Bundes. »Was Gott verbunden hat, das darf der Mensch nicht trennen.«

5. Segnung und Fürbitten
Es folgt die Segnung der Neuvermählten mit anschließenden Fürbitten der Gemeinde.

Ökumenische Trauung: Darunter versteht man kein Zwischending zwischen einer evangelischen und einer katholischen Trauung, sondern es handelt sich um eine katholische Trauung, an der sich der evangelische Seelsorger beteiligt, oder um eine evangelische Trauung, an der der katholische Pfarrer beteiligt ist.
Möglich ist diese Trauung nur bei konfessionsverschiedenen Paaren. Seit 1970 haben solche Paare die Möglichkeit, entweder katholisch oder evangelisch oder nur standesamtlich zu heiraten. Der katholische Partner braucht jedoch für eine nichtkatholische Trauung die Erlaubnis (Dispens) seines Bischofs. Wurde die Dispens eingeholt, dann gilt die nichtkatholische Trauung wie eine katholische Trauung. Für eine solche Dispens müssen allerdings wichtige Gründe vorhanden sein.

1. *Finden Sie es gut, wenn das Brautpaar die Texte für den Hochzeitsgottesdienst gemeinsam auswählt?*
2. *Formulieren Sie einige Fürbitten für eine Trauungsfeier.*
3. *Suchen Sie im Neuen Testament Texte, die zu einer Hochzeitsfeier passen.*
4. *Nennen Sie die Möglichkeiten einer Trauung bei einem konfessionsverschiedenen Paar.*
5. *»Eine kirchliche Trauung ist für einen katholischen Christen selbstverständlich«. Stimmen Sie diesem Satz uneingeschränkt zu oder haben Sie Vorbehalte?*
6. *Geben Sie eine Begründung für die kirchliche Trauung. Stellen Sie sich vor, Sie wollten jemanden überzeugen, der der kirchlichen Trauung skeptisch gegenübersteht.*
7. *Welche Probleme können nach Ihrer Meinung in einer konfessionsverschiedenen Ehe (Mischehe) entstehen?*

Marc Chagall, Liebespaar vor rotem Hintergrund (1983)

4.7 Von der Ehe zur Familie

Wenn zwei Menschen geheiratet haben, dann sind sie zunächst einmal auf sich verwiesen. Sie möchten einander das Leben verschönern und bereichern. Sie sehen zunächst den Sinn ihrer Ehe in einem »Einssein« zu zweit. Ihre Liebe zueinander trägt sie und bindet sie fest aneinander. Dabei spielt die Sexualität eine wichtige Rolle, denn sie ist der körperliche Ausdruck dieser inneren Liebe. Die Ehe ist auch der eigentliche Ort für die volle sexuelle Gemeinschaft von Mann und Frau, denn sie ist die engste Lebens- und Liebesgemeinschaft.

»Mann und Frau können sich durch unbefangene, sittlich verantwortete Sexualität in der Ehe viel Positives schenken: Sexualität trägt bei zur personellen Entwicklung der Partner; sie vermittelt die Erfahrung lustvoller Hingabe; sie vertieft die Freude am Ehepartner; sie stärkt den Willen, füreinander da und in Freude verbunden zu sein; sie trägt so wesentlich zum Gelingen der Ehe bei. Die Ausdrucksformen der Sexualität in der Ehe können sehr mannigfaltig sein, aber sie sollten immer in gegenseitiger Achtung, Rücksichtnahme und Liebe geschehen.« (Nach Synode) Dieses liebende Einssein weist aber wesentlich über sich hinaus auf die Weckung neuen Lebens, auf ein Kind. Im Ja zum Kind drücken die Eheleute Lebensmut, Lebensfreude und Lebenshoffnung aus. Kinder sind ein Geschenk und eine anvertraute Aufgabe. Durch ihre gegenseitige Liebe schaffen die Eltern die notwendigen Voraussetzungen für die Annahme eines Kindes.

Die Geburt eines Kindes bringt für die Eheleute aber auch eine neue Situation: sie werden Vater und Mutter. Dadurch verändert sich auch ihre eheliche Beziehung. Vieles, was vorher selbstverständlich war, muß nun eingeschränkt werden: spontane Besuche, der Wochenendausflug, eventuell auch die Berufstätigkeit eines der Ehepartner...

Die gemeinsame Sorge um ihr Kind und die Liebe zu diesem Kind kann aber sicher auch die Liebe der Eltern zueinander stärken.

1. *Welchen Stellenwert gibt dieser Text der Sexualität in der Ehe?*
2. *In welchem Verhältnis sollten Liebe und Sexualität stehen?*
3. *Verdeutlichen Sie den Satz: Kinder sind ein Geschenk und eine anvertraute Aufgabe.*
4. *Was drückt sich für Sie in diesem Bild aus? Versuchen Sie, es in Worte zu fassen.*

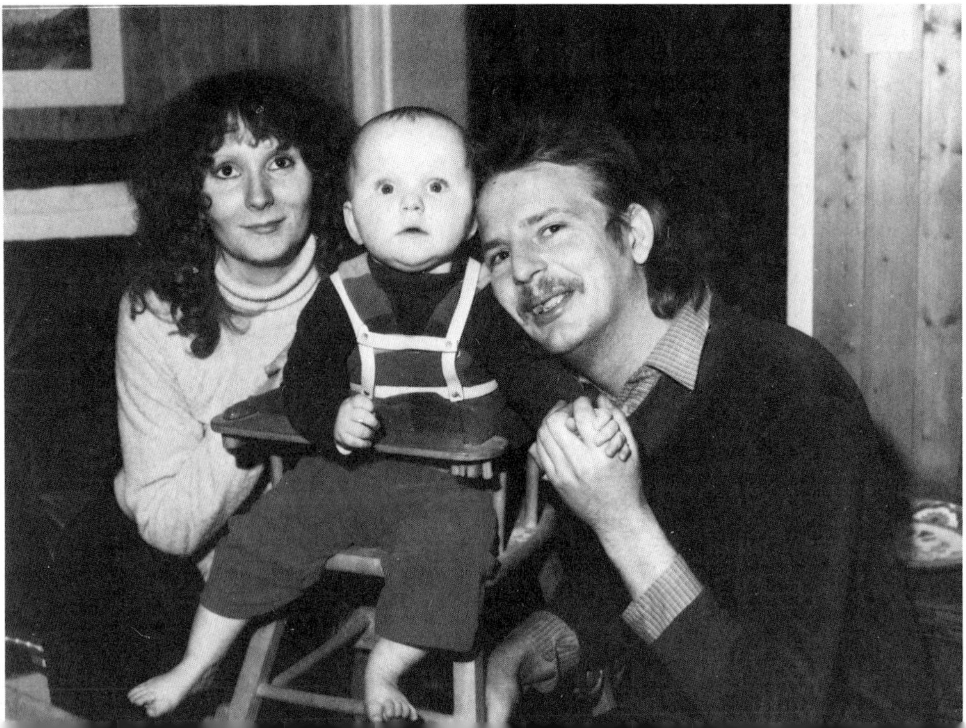

Familie und Familienplanung

Besondere Aufmerksamkeit erfordert die Familienplanung. Sie hat existentielle Bedeutung für den ehelichen Alltag und die Lebensfähigkeit der Familie. Familienplanung in einem christlichen Verständnis hat nicht nur den Aspekt der Beschränkung der Kinderzahl. Familienplanung, die aus einer tiefen Liebe zum Partner erfolgt und vom Wissen geprägt ist, daß das Kind Frucht und Vollendung der Liebe sein will, ist die in Verantwortung gestellte Frage nach dem Ja zu einem weiteren Kind.
Die Entscheidung über die Zahl der Kinder und den Zeitabstand der Geburten darf nicht von egoistischen Motiven bestimmt sein. Verantwortung für die Ehe, die Familie, die Situation der Kinder, die der Geschwister bedürfen, müssen ebenso bedacht werden wie Alter, körperliches und seelisches Befinden der Frau, berufliche und gesundheitliche Lage der Eheleute, Wohnungssituation, wirtschaftliche Verhältnisse und Verantwortung gegenüber der Gesellschaft. Besonderer Berücksichtigung bedarf eine eventuell vorliegende Erbkrankheit in den Familien der Ehepartner.
Beim Abwägen dieser Fakten müssen die Eltern die jeweils verantwortbaren Konsequenzen aus einer sicher nicht leichten Gewissensentscheidung über die Zahl ihrer Kinder ziehen. Das Urteil über die Methode der Empfängnisregelung, das in die Entscheidung der Ehegatten gehört, darf nicht willkürlich gefällt werden, sondern muß in die gewissenhafte Prüfung die objektiven Normen miteinbeziehen, die das Lehramt der Kirche vorlegt, die angewandte Methode darf dabei keinen der beiden Partner seelisch verletzen oder in seiner Liebesfähigkeit beeinträchtigen.
Zur Familienplanung kann auch gehören, die Möglichkeiten zur Aufnahme von Adoptiv- bzw. Pflegekindern verantwortungsbewußt zu prüfen. Eine kinderlose Ehe kann ebenso wie eine Familie mit geringer Zahl leiblicher Kinder durch angenommene Kinder eine wesentliche Erfüllung erfahren. Eheleute, die Adoptiv- bzw. Pflegekinder in christlicher Verantwortung erziehen, wehren den Sozialisationsschäden elternlos aufwachsender Kinder und leisten so einen anerkennenswerten Beitrag für die menschliche Gesellschaft.«

Gemeinsame Synode

Die Pille – eine Fehlentwicklung?

Einer der beiden amerikanischen Wissenschaftler, die zu Beginn der fünfziger Jahre den üblicherweise »Anti-Baby-Pille« genannten Ovulationshemmer entwickelt haben, ist heute gar nicht mehr glücklich über seine Erfindung. »Wir haben die jungen Leute verdorben und ihnen unabsichtlich allzuviel Freiheit verschafft«, sagt Ming-Chung Chang heute. Vor gut dreißig Jahren hatte er mit Gregora Pincus an der Worchester-Stiftung für experimentelle Biologie in Shrewsbury (Massachusetts) erreicht, was damals als wissenschaftlicher Sieg über die Bevölkerungsexplosion gewertet wurde. Inzwischen ist Chang überzeugt, zugleich ungewollt einen Beitrag zur sexuellen Freizügigkeit geliefert zu haben. »Wir haben eine Möglichkeit zur Geburtenkontrolle gesucht und gefunden, aber nicht die Absicht gehabt, der Jugend sorglose Zeiten zu verschaffen.«

1. *Welches sind die Hauptaussagen der einzelnen Abschnitte im Synodentext zur Familienplanung?*
2. *Wie beurteilen Sie die einzelnen Aussagen?*
3. *Nehmen Sie Stellung zu dem Text »Fehlentwicklung«!*
4. *Ist nicht den warnenden Rufen der Kirche zur Empfängnisverhütung Recht zu geben?*

4.8 Familie – Glaubensschicksal des Kindes

Vermittlung von Urvertrauen

Die Erfahrungen, die ein Kind in der Familie macht, sind fast immer entscheidend für das spätere Glaubensschicksal des Kindes.
Als erstes sollte das Kleinkind von seinen Eltern erfahren, daß es keine Angst zu haben braucht, was immer auch geschieht. Es muß sich auf die Liebe, die Versorgung und die Geduld der Eltern verlassen können. So wächst unbewußt ein »Urvertrauen« im Kind, das Voraussetzung ist, daß das Kind später Vertrauen zu den Menschen, zum Leben und zu Gott haben kann. Schon jetzt entscheidet es sich, ob dieses Kind sich später unter einem liebenden Gott etwas vorstellen kann und ob es mit diesem Gott vertrauensvoll reden (beten) kann. Das Fehlen einer solchen Erfahrung kann es mit sich bringen, daß das Kind als Erwachsener nicht fähig ist, anderen Vertrauen und Liebe zu schenken. In der natürlichen Hinwendung der Eltern zu ihrem Kind geschieht also zugleich etwas Entscheidendes für den späteren Glauben des Kindes.

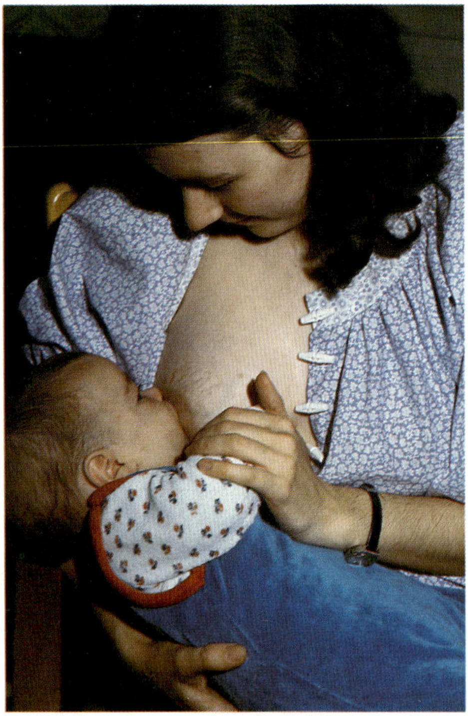

Familie als Glaubensschule

Gerade in der religiösen Erziehung gilt: Das gute Beispiel wirkt mehr als Zwang, Strenge und Strafe. Durch ihr persönliches Beispiel können die Eltern ihrem Kind wichtige christliche Grundhaltungen vermitteln: Vertrauen zu Gott, Dank gegenüber Gott, Bereitschaft zur Versöhnung und Verantwortung gegenüber Gott und den anderen Menschen. Man muß es deutlich sagen: Die ersten »Beichtväter« im Leben eines Kindes sind Mutter und Vater. Wenn das Kind hier nicht immer wieder Vergebung erfährt, wird es sich schwer tun, an einen vergebenden Gott zu glauben. Gerade durch das Verhalten der Eltern und der Geschwister lernt das Kind auch, Rücksicht auf andere zu nehmen, den eigenen Freiraum zugunsten anderer einzuschränken und für andere Verantwortung zu übernehmen.
Sicher ist es nicht gut, wenn Eltern von ihren Kindern religiös etwas verlangen, was sie selbst nicht halten. Wenn die Eltern nicht beten, wird das Kind sich schwer tun, beten zu lernen. Wenn die Eltern den Gottesdienstbesuch nicht genau nehmen, wird auch das Kind nicht einsehen, warum es zum Gottesdienst gehen soll. Wenn die Eltern Wahrhaftigkeit, Ehrlichkeit und Nächstenliebe nicht vorleben, wird auch das Kind Schwierigkeiten damit haben.
Man muß allerdings auch sagen: Auch das beste Beispiel ist keine Garantie für die religiöse Überzeugung des Kindes. Den Sprung zum Glauben an Gott muß letztlich jeder Mensch selber machen. Nur derjenige tut sich sicher leichter, der die Grunderfahrungen des Glaubens machen konnte.

Praktische Tips zur religiösen Erziehung

- Will man auf Kinderfragen mit »Gott« antworten, ist eine gute Kontrollfrage: Würde man unter Erwachsenen an dieser Stelle auch von Gott reden? Wenn nicht, sollte man es auch bei Kindern lassen.
- Man sollte sich durch Kinderfragen und -phantasien nicht dazu verleiten lassen, mehr über Gott zu sagen, als wir über ihn von Jesus wissen.
- Zu Anfang (Vorschul- und Grundschulzeit) kann man Kindern biblische Geschichten nur in Auswahl anbieten. Maßstab für eine solche Auswahl: Eine Geschichte soll dem Kind wirklich Gott oder Jesus nahebringen, statt nur eine schöne, spannende Geschichte zu sein. Sie muß auf das Verständnis und Erleben von Kindern bezogen sein.
- Die Bekanntschaft der Kinder mit Jesus sollte nicht mit einer verniedlichenden Weihnachtsgeschichte anfangen und darf sich keineswegs auf sie beschränken.
- Wenn die Figuren unserer Weihnachtsbräuche (Nikolaus, Christkind) nur folkloristisch verstanden werden, müssen sie gegenüber Kindern deutlich von den Gestalten der biblischen Weihnachtserzählungen abgegrenzt werden.
- Gewissenserziehung muß Kinder immer mehr zu eigenständigen, mündigen, moralischen Entscheidungen befähigen.
- Die wichtigste Forderung an ein Kindergebet: Es soll wahr sein, wahr auch vor dem Denken und Gewissen des Erwachsenen. Kindergebete, die nur auf Zeit »wahr« sind, sind ungeeignet.

---

1. *Versuchen Sie, nochmals zu begründen, warum die Vermittlung von Urvertrauen für das Leben eines Kindes so wichtig ist. Nennen Sie Beispiele, wie Eltern dieses Urvertrauen vermitteln können!*
2. *Ein Vater, der selbst nie zur Kirche geht, rühmt sich: »Mein 10jähriger muß jeden Sonntag in die Kirche. Da gibt es keine Widerrede.« Nehmen Sie dazu Stellung! Bedenken Sie dabei den Text »Familie als Glaubensschule«!*
3. *Diskutieren Sie die Tips zur religiösen Erziehung! Ergänzen Sie die Tips! Beurteilen Sie anhand dieser Tips die Kinderzeichnung und das Kindergebet!*

**Ich bin klein,
mein Herz ist rein;
soll niemand drin
wohnen als Jesus
allein.**

4.9 Ehe in der Krise

Krisen meistern

Je enger man mit einem Menschen zusammenlebt, je deutlicher man ihn zu sehen lernt, je weniger man ihm ausweichen kann, desto schmerzlicher spürt man die Fehler und das Versagen. Das gilt in der Ehe von den eigenen Fehlern und dem eigenen Versagen wie von dem des Ehegatten. Eine Ehe kann daran wachsen und reifen, daß zwei Menschen ihre Fehler deutlicher sehen, in ihrem Bemühen an Grenzen stoßen und doch ihrem einmal gegebenen Wort treu bleiben. Manche Enttäuschungen sind auch notwendig und fruchtbar, damit man ein falsches Bild, das man sich vom Partner gemacht hat, überwindet und ihn so sieht und annimmt, wie er wirklich ist. Ein Werkzeug oder ein Buch, mit dem man nicht zurechtkommt, kann man wegwerfen; von einem Automodell kann man auf ein anderes »umsteigen«, wenn man sich von einem anderen Modell mehr verspricht. An meinen Ehepartner bin ich gebunden. Die rechte Antwort auf Schwierigkeiten in der Ehe ist daher nicht der Zweifel an der Ehe, sondern *das eigene Bemühen um die Ehe*.

Schwierigkeiten in der Ehe können viele Gründe haben. Man sollte nach ihnen fragen und über sie miteinander sprechen. Wo das eheliche Gespräch der Ehegatten nicht weiterhilft, wo über strittige Punkte keine klare *Aussprache* zu finden ist, hilft vielleicht die gemeinsame Aussprache beim Arzt, beim Eheberater oder beim Seelsorger weiter. Oft hängt das Schicksal einer Ehe mit daran, wie sich die Nachbarn und Freunde oder Verwandten der Eheleute zu den Schwierigkeiten stellen.

Scheidung – ein Ausweg?

Klaus B. und Elke S. haben vor 10 Jahren geheiratet. Sie waren glücklich miteinander und freuten sich über ihren Sohn. Nach der Geburt des zweiten Sohnes, d.h. nach 8 Jahren Ehe, beginnt es zu kriseln. Elke geht ganz auf in der Sorge für ihre Söhne; für Klaus hat sie dadurch immer weniger Zeit. Sie bemerkt nicht, daß Klaus darunter leidet, und Klaus scheut sich, mit Elke darüber zu sprechen. Allmählich fühlt sich Klaus zu Hause nicht mehr so wohl und geht abends öfters aus. Elke denkt sich nichts dabei, im Gegenteil, es ist ihr sogar insgeheim recht, denn so kann sie sich abends ein bißchen entspannen. Da macht Klaus die Bekanntschaft einer attraktiven, jungen Dame. Nach anfänglich nur flüchtigen Begegnungen verbringt Klaus immer öfter seine Freizeit mit ihr: Er kommt spät nach Hause; sonntags geht er oft alleine fort; manchmal ist er ein ganzes Wochenende nicht zu Hause. Ausreden für seine Frau findet er genügend. Elke spürt, daß etwas nicht mehr stimmt, und innerlich schwelt es in ihr. Unbewußt wird sie auch aggressiver in ihrem Verhalten gegenüber Klaus, aber keiner sagt etwas. So geht es ein halbes Jahr. Das Verhältnis von Elke und Klaus wird immer gespannter. Eines Abends platzt dann die Bombe. Klaus kommt wieder einmal spät nach Hause. Auf die Frage von Elke »Woher kommst du so spät?« gibt Klaus nur abfällig zur Antwort: »Das geht dich nichts an!« Elke geht schweigend zu Bett. Am nächsten Morgen eröffnet sie Klaus, daß sie seinem Verhältnis nicht im Wege stehen möchte und an Scheidung denke.

---

1. Nennen Sie anhand des Textes »Krisen meistern« Beispiele, wodurch es zu Ehekrisen kommen kann!

2. Welche Lösungsmöglichkeiten für Ehekrisen nennt der Text?

3. Wie beurteilen Sie den Fall von Klaus und Elke?

4. Wo hätte der Fall eine andere Richtung nehmen müssen?

Was sagen Staat und Kirche zum Problem Ehescheidung?

Der Staat und die Kirche denken hier nicht gleich. Zwar ist es dem Staat ebenfalls ein Anliegen, bestehende Ehen zu schützen, trotzdem scheidet er durch Richterspruch Ehen und erlaubt den Geschiedenen das Eingehen einer neuen Ehe. Das Scheidungsrecht der Bundesrepublik verwendet dabei das Prinzip der Zerrüttung.

Die katholische Kirche scheidet keine Ehe. Sie kann es nicht tun, weil sie sich an das Wort Jesu gebunden weiß: »Was aber Gott verbunden hat, das darf der Mensch nicht trennen« (Mt 19,6). Da die Ehe ein Abbild der unauflöslichen Liebe Christi zu seiner Kirche ist, ist auch der eheliche Bund unauflöslich. Der Christ weiß sich in dieser Frage mehr Gott verantwortlich als den staatlichen Gesetzen. Die Kirche erlaubt allerdings die Aufhebung der Lebensgemeinschaft (Trennung von Bett und Tisch), wenn die Fortführung nicht zugemutet werden kann. Keine Ehescheidung ist es, wenn ein kirchliches Ehegericht eine Ehe für nichtig erklärt (Nichtigkeitserklärung). In diesem Fall wird nur festgestellt, daß eine Ehe nicht gültig zustandekam.

Die Endgültigkeit der ehelichen Treue, die heute vielen nicht mehr verständlich erscheinen will, ist ebenfalls ein Ausdruck der unbedingten Würde des Menschen.
Man kann nicht nur auf Probe leben, man kann nicht nur auf Probe sterben. Man kann nicht nur auf Probe lieben, nur auf Probe und Zeit einen Menschen annehmen.

Johannes Paul II., Köln 15. 11. 80

Wiederverheiratung Geschiedener?

Aus der Lehre der Kirche von der Unauflöslichkeit der Ehe folgt, daß Zivilgeschiedene, die eine neue Ehe eingehen, von den Sakramenten der Buße und der Eucharistie ausgeschlossen sind. Dieser Ausschluß trifft manche Christen sehr hart. Die Gefahr der Entfremdung gegenüber der Kirche ist sehr groß. Auch Seelsorger leiden mit den Betroffenen. Aus echter Sorge heraus schrieb der Bischof von Limburg in seinem Fastenhirtenbrief 1981 eine Einladung an Wiederverheiratete: »Besonders wende ich mich ferner an die katholischen Christen, deren gültige und unauflösliche christliche Ehe nach staatlichem Recht geschieden wurde und die nach diesem zivilen Recht wieder geheiratet haben. Ich verstehe, daß oft ihre menschliche – und wohl mehr noch kirchliche – Situation nicht leicht ist. Trotzdem bitte ich sie herzlich darum, ihre Verbindung zur Kirche und zu der Gemeinde an ihrem Wohnort oder zu einer Gemeinde ihrer Wahl nicht aufzugeben. Und ich bitte sie, je nach ihren Möglichkeiten auch eine Aufgabe in der Gemeinde zu übernehmen.«

1. *Aus welchen Gründen kann die katholische Kirche keine Ehescheidung zulassen?*
2. *Eine Nichtigkeitserklärung ist keine Scheidung. Begründen Sie diesen Satz!*
3. *Welchen wichtigen Aspekt bringt der Papst zum Problem Ehescheidung?*
4. *Unterscheidet sich Ihre Auffassung von der des kirchlichen Lehramtes in bezug auf die Wiederverheiratung Geschiedener?*
5. *Welche Gefahr besteht durch die Haltung der Kirche?*
6. *Welches Angebot macht der Bischof von Limburg?*

4.10 Ehelosigkeit

Schicksal oder freier Entschluß

Viele Menschen sind aufgrund ihres Schicksals zum Alleinsein genötigt: Behinderte finden oft viel schwerer einen Partner als gesunde Menschen. Andere sind allein, weil der Partner starb. Viele bleiben nach einer mißlungenen Ehe allein. Wieder andere finden nicht den passenden Partner. Dieses Alleinsein bedeutet oft eine schwere Lebensaufgabe.
Viele bleiben auch allein, weil sie nicht heiraten wollen: Manche halten sich für untauglich, eine Ehe einzugehen, weil sie ihre Freiheit nicht aufgeben können. Andere haben Angst, den Aufgaben einer Ehe nicht gewachsen zu sein. Manche Frauen wollen zwar ein Kind, aber keinen Ehemann. Andere wieder halten die Ehe für veraltet. Dieses Alleinbleiben birgt Gefahren in sich, die einen später sehr unglücklich machen können.

Ehelos um der Berufung willen

In der Geschichte des Christentums gab und gibt es immer Menschen, die »um des Himmelreiches willen« (Mt 19,12) auf Ehe und Familie verzichten.
In den Orden schließen sich Menschen zu einer Gemeinschaft zusammen, um nach den drei evangelischen Räten ihr Leben zu gestalten: Armut, Keuschheit und Gehorsam. Das Hauptmotiv dieser Orden ist, sich ganz Gott hinzugeben. Bei vielen kommt heute eine soziale Aufgabe hinzu. Für die Kirche und die Menschen sind diese Orden von großer Bedeutung.
In der katholischen Kirche verspricht jeder Priester, ehelos und keusch zu leben (Zölibat). Der Priester soll durch dieses Versprechen anderen zum Zeichen für eine neue Welt, das Reich Gottes, werden. Der Priester wird dadurch aber auch zum Zeichen eines freiwilligen Verzichtes in einer Welt, in der oft das totale Ausleben im Vordergrund steht. Durch seine Ehelosigkeit kann der Priester für den Dienst an den Mitmenschen mehr zur Verfügung stehen als wenn er verheiratet wäre.
Neben den Priestern bleiben noch viele Menschen um des Dienstes am Mitmenschen willen freiwillig ehelos: Kinderdorfmütter, Krankenschwestern, Entwicklungshelfer...

Ernst nehmen

Es gehört zu den bedenklichsten Vorurteilen unserer Zeit, Menschen abzuwerten, die – aus welchen Gründen auch immer – allein leben müssen oder wollen. Besonders die, welche sich aus Berufung einer weltlichen oder religiösen Aufgabe verpflichtet wissen, werden oft der Abartigkeit verdächtigt. Ein Christ wird die verschiedenen Lebensformen seines Nächsten tolerieren. Man kann ein vollkommener Mensch sein auch ohne geschlechtliche Erfüllung. Denn die tiefsten Quellen menschlicher Lebenskraft liegen nicht in der Sexualität; sie dort suchen heißt, etwas Irdisches vergötzen. Sie liegen in Gott; darum hat beides seine Würde und Freude: die Einsamkeit und das Gemeinsame.

1. *Wie beurteilen Sie die verschiedenen Formen der Ehelosigkeit?*
2. *Was halten Sie vom Zeichen des Zölibats?*
3. *Diskutieren Sie den Absatz »Ernst nehmen« aus dem Evang. Erwachsenenkatechismus!*

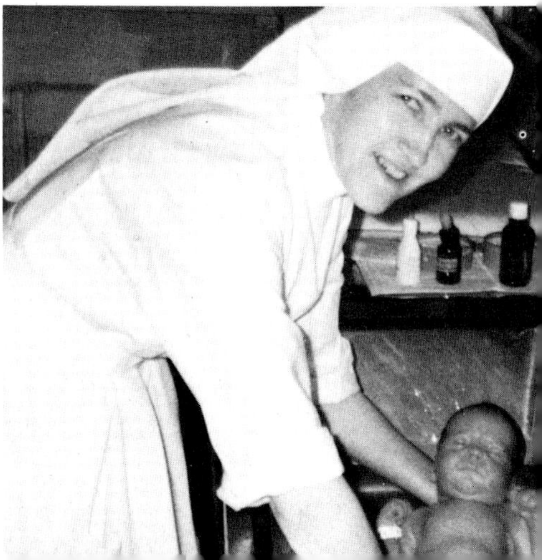

KAPITEL 5

Gottes Welt in Menschenhand

... Und Gott zweifelte, daß es gut sei.

5.1 Die Ursünde des Menschen

Gott, der Herr, nahm also den Menschen und setzte ihn in den Garten von Eden, damit er ihn bebaue und hüte. Dann gebot Gott, der Herr, dem Menschen: Von allen Bäumen des Gartens darfst du essen, doch vom Baum der Erkenntnis von Gut und Böse darfst du nicht essen; denn sobald du davon ißt, wirst du sterben ...
Die Schlange war schlauer als alle Tiere des Feldes, die Gott, der Herr, gemacht hatte. Sie sagte zu der Frau: Hat Gott wirklich gesagt: Ihr dürft von keinem Baum des Gartens essen? Die Frau entgegnete der Schlange: Von den Früchten der Bäume im Garten dürfen wir essen; nur von den Früchten des Baumes, der in der Mitte des Gartens steht, hat Gott gesagt: Davon dürft ihr nicht essen, und daran dürft ihr nicht rühren, sonst werdet ihr sterben.
Darauf sagte die Schlange zur Frau: Nein, ihr werdet nicht sterben. Gott weiß vielmehr: Sobald ihr davon eßt, gehen euch die Augen auf; ihr werdet wie Gott und erkennt Gut und Böse. Da sah die Frau, daß es köstlich wäre, von dem Baum zu esen, daß der Baum eine Augenweide war und dazu verlockte, klug zu werden. Sie nahm von seinen Früchten und aß; sie gab auch ihrem Mann, der bei ihr war, und auch er aß. *(Gen 2,15–17; 3,1–6)*

Diese Stelle aus dem Alten Testament hat mich immer fasziniert, wenn ich sie las. Als Kind empfand ich natürlich etwas anderes dabei als heute. Als Kind war die Geschichte für mich so eine Art Strafgericht für heimliches Naschen, nur die Strafe fand ich zu hart. Wegen eines Apfels (der Text spricht nur von einer »Frucht«) das ganze Paradies verlieren!
Heute sehe ich in dieser Geschichte den Kern des menschlichen Schicksals ausgesagt. Der Mensch lebt im Paradies. Eigentlich hat er alles, was er zu einem paradiesischen Leben braucht. Doch das ist ihm nicht genug. Er möchte sein wie Gott, er möchte vom Baum der Erkenntnis naschen, um an die Seite Gottes treten zu können. Der Mensch will Gott werden, aber es gelingt ihm nicht einmal, ein Göttlein zu werden. Er will nicht mehr demütig sein, er will nicht anerkennen, daß einer über ihm steht, der größer ist. Er will »sein Schicksal selbst in die Hand nehmen«. Doch das geht auf grandiose Weise schief. Statt wie Gott zu sein, ist er plötzlich nackt, hilflos, verängstigt, er versteckt sich vor dem, an dessen Seite er treten wollte.
Die Geschichte vom »Sündenfall im Paradies« sagt: So ist der Mensch! Seit es ihn gibt, erliegt er der Versuchung durch die Schlange. Immer wieder versucht er, wie Gott zu sein, geht mit der Erde und seinen Mitmenschen um, als seien sie sein Eigentum. Die Schlange, die Überheblichkeit heißt, liegt ihm immer wieder in den Ohren. Und der Mensch kann dem Flüstern nicht widerstehen. »Du wirst sein wie Gott! Nicht mehr nur ein Mensch. Nein, ein Gott wirst du sein.« Und so beißt er in jeden ihm angebotenen »Apfel«, denn er wittert hinter jedem eine Frucht vom Baume der Erkenntnis. Er erkennt in seiner Verbohrtheit nicht, daß er das Paradies nicht mehr zurückholen kann, aus dem er vertrieben wurde.
»Ich will sein wie Gott!« Dieser Satz durchzieht die Geschichte der Menschheit. Er ist der Ausgangspunkt von Katastrophen und Kriegen. Das ist die Ursünde des Menschen: Der Verlust der Demut, anzuerkennen, daß er ein Geschöpf ist und daß die Welt ein Geschenk ist und nicht sein Eigentum.

---

1. *Interpretieren Sie das Titelbild und den Text des Titelbildes von Kapitel 5!*
2. *Was wird in der Interpretation der Geschichte vom Sündenfall als Ursünde bezeichnet? Können Sie der Interpretation zustimmen? Ist die Sündenfallgeschichte der Bericht eines geschichtlichen Unheilsereignisses? Wofür steht der »Turmbau zu Babel«? Welches menschliche Verhalten drückt sich darin aus? Gibt es Parallelen dazu in unserer Zeit?*
3. *Worin gleichen sich der »Zauberlehrling« Goethes und die Erbauer des Turms von Babel?*

Pieter Breughel d. Ä., Der Turmbau zu Babel, 1563

Der Zauberlehrling

Hat der alte Hexenmeister
sich doch einmal wegbegeben!
Und nun sollen seine Geister
auch nach meinem Willen leben.
Sein Wort' und Werke
merkt' ich und den Brauch.
und mit Geistesstärke
tu' ich Wunder auch.
Walle, walle
manche Strecke,
daß zum Zwecke
Wasser fließe
und mit reichem, vollem Schwalle
zu dem Bade sich ergieße.

Und nun komm, du alter Besen,
nimm die schlechten Lumpenhüllen!
Bist schon lange Knecht gewesen;
nun erfülle meinen Willen!
Auf zwei Beinen stehe,
oben sei ein Kopf!
Eile nun und gehe
mit dem Wassertopf.
Walle, walle
manche Strecke,
daß zum Zwecke
Wasser fließe
und mit reichem, vollem Schwalle
zu dem Bade sich ergieße.

Seht, er läuft zum Ufer nieder,
wahrlich, ist schon an dem Flusse,
und mit Blitzesschnelle wieder
ist er hier mit raschem Gusse.
Schon zum zweiten Male!
Wie das Becken schwillt!
Wie sich jede Schale
voll mit Wasser füllt!
Stehe, stehe!
Denn wir haben
deiner Gaben
vollgemessen!
Ach, ich merk' es! Wehe! Wehe!
Hab ich doch das Wort vergessen.

Ach, das Wort, worauf am Ende
er das wird, was er gewesen . . .

Johann Wolfgang Goethe

5.2 Technische Erfolge – »wahnsinnig stark«

Millimetergenau werden Karosserien von Schweißautomaten zusammengeheftet – In Komfortsitzen erreicht man in kurzer Zeit weit entfernte Ziele – Der Weltraum wird erforscht, Botschaften werden ins All gesandt – Herztransplantationen retten Todgeweihte – Krankheiten, die früher Tausende hinrafften, wurden von der Forschung besiegt – Ernteerträge, gesteigert durch die chemische Forschung – Unterseeboote kreuzen unter dem Eis Grönlands – Die Arbeit der Hausfrau erleichtern die raffiniertesten Küchenmaschinen – Mit dem Telefon erreicht man Gesprächspartner in der ganzen Welt ... Die Fortschritte sind gewaltig.

Der Mensch besitzt einen angeborenen Forscherdrang, so daß es natürlich scheint, wenn er seinen Verstand dazu benutzt, Neues zu schaffen, sich Gesetzmäßigkeiten dienstbar zu machen. Technik und humanes Leben sind keine Gegensätze, sie ergänzen sich. Daß wir täglich uns der Technik bedienen, ist vielen gar nicht mehr bewußt. Wir steigen ins Auto, in den Zug, schalten, wenn es dunkel wird, das elektrische Licht an, schreiben auf einer elektrischen Schreibmaschine, gehen zum Röntgen, hören Cassetten, lassen uns schmerzlos die Zähne reparieren ... Sich ein Leben ohne Hilfe der Technik vorzustellen, fällt schwer.

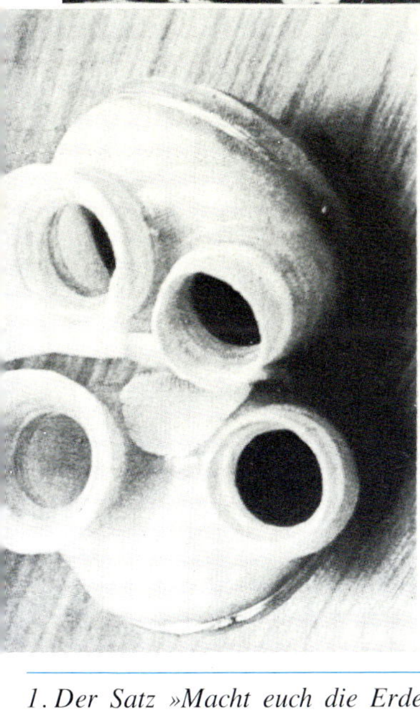

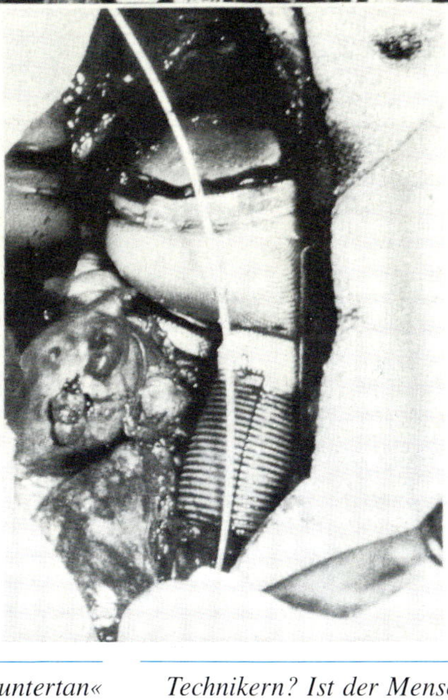

1. *Der Satz »Macht euch die Erde untertan« wird immer wieder zitiert, um Wissenschaft und Technik zu begründen. Halten Sie dies für berechtigt?*
2. *Welche positiven Auswirkungen hatten technische Fortschritte in der Geschichte der Menschheit? Kann man nicht mit Recht stolz sein auf die Arbeit von Wissenschaftlern und Technikern? Ist der Menschengeist nicht ein wunderbares Geschenk Gottes an den Menschen?*
3. *Versuchen Sie zu beschreiben, wie es bei Ihnen zu Hause »zugehen« würde, wenn Sie eine Woche ohne jegliche Technik leben müßten. Welche Annehmlichkeiten entfallen, welche Probleme würden sich ergeben?*

5.3 ... die ich rief, die Geister

Insel des Todes

Im Nordwesten Schottlands auf der Höhe der äußeren Hebriden liegt die Insel Gruinard, nur wenige hundert Meter vom Festland entfernt. Doch das friedliche Bild täuscht: Das zwei Quadratkilometer große Eiland ist eine *Insel des Todes*. Wer es betritt, riskiert sein Leben, denn der Felsen ist von Anthrax-Bakterien verseucht, die den tödlichen Milzbrand hervorrufen.
Die Geschichte Gruinards begann im Herbst *1941* mit *einem Experiment*. Unter höchster Geheimhaltung betraten Wissenschaftler die Insel mit einem Kanister, in dem sich Anthrax-Bakterien befanden. Die Männer kleideten sich in Schutzanzüge, legten Gasmasken an und stellten den Behälter mit der tödlichen Substanz auf einen Hügel. Rundherum waren 60 Schafe angepflockt, die extra auf die Insel gebracht worden waren. Mit Hilfe eines Sprengkörpers wurde die Substanz dann »verteilt«, und unsichtbare Bakterienwolken breiteten sich über die Insel aus. Die ersten Schafe starben nach wenigen Tagen, und nach einer Woche war das braune Gras mit Kadavern übersät.
Innerhalb der nächsten Jahre wurden noch mehrfach ähnliche Tests auf Gruinard vorgenommen. Die britischen Militärs, aufgeschreckt durch Meldungen, daß Deutschland und Japan bakteriologische Waffen entwikkelten, erprobten mit den tödlichen Experimenten die Wirkung der Anthrax-Bakterien, die schon die alten Ägypter heimgesucht hatten.
Einige hundert Gramm, so zeigten die Experimente, würden genügen, um ein 800 Mann starkes Bataillon auszulöschen. Doch die Wissenschaftler hatten nicht mit der Widerstandsfähigkeit der Bakterien gerechnet. Versuche, die Sporen durch Abbrennen des Grases zu vernichten, blieben erfolglos.
Noch während der Kriegsjahre brach Milzbrand auf dem benachbarten Festland aus. Ein bei den Versuchen getötetes Schaf war durch die Strömung an den Strand geschwemmt worden. Rasches Handeln konnte in diesem Fall eine Ausbreitung verhindern, doch die Farmer in der Region verloren Schafe, Rinder und Pferde.

Pressenotiz

Der Sonderauftrag

Sowjetische Wissenschaftler wollten wissen, ob bei der Schwerelosigkeit im All ein Kind gezeugt werden kann. Zu diesem Zweck schickten sie die Kosmonautin Swetlana *Sawizkaja* in den Weltraum.
Fünf Tage war die 34jährige mit ihren Kollegen im Raumschiff – vergeblich. Sie wurde nicht schwanger.
Vor einiger Zeit wurde das Experiment bekannt. Auf einem Kongreß sprach jetzt der Leiter der Arbeitsgruppe »Die Frau in der Luft- und Raumfahrt«, der Münchner Arzt Guido *Mutke*, davon. Er hatte von dem Versuch in einem Gespräch mit seinem sowjetischen Kollegen *Statzgadze* (Moskauer Institut für Weltraummedizin) erfahren, der die Kosmonautin nach ihrem Aufenthalt im Weltraum untersucht hatte.

Pressenotiz

Forschungsberichte

Wer jemals auf einer Weide von Kühen umringt wurde, der weiß, wie mulmig einem zumute werden kann, obwohl Rinder offensichtlich eher neugierig als gefährlich sind. Wie mulmig würde einem jedoch werden, wenn die Biester doppelt so groß wären?

Was Spaziergänger schrecken mag, könnte für Viehzüchter und Steak-Esser ganz reizvoll sein – und demnächst vielleicht auch machbar, per genetischer Manipulation.

Der erste Schritt in die Welt der schönen neuen Riesen gelang einer siebenköpfigen amerikanischen Forschergruppe. Sie berichtete in der britischen Wissenschaftszeitung *Nature* über ihre Arbeit: In einem Labor der Universität von Pennsylvania leben seit Mai sechs Mäuse, die nahezu doppelt so groß sind wie ihre normalen Artgenossen.

Vielleicht gelingt es den Forschern, aus ihrem halben Dutzend mächtiger Mäuse eine Kolonie riesenhafter Nager zu züchten. Und vielleicht kann die verwendete Technik auch bei anderen Tierarten, inklusive Rindern, eingesetzt werden: die Übertragung von Genen zur Produktion von Wachstumshormon. Auf jeden Fall wird die Methode, wie es in dem Bericht heißt, »die Erforschung der biologischen Wirksamkeit von Wachstumshormon beeinflussen, ein Weg zur Beschleunigung des Wachstums von Tieren sein, als ein Modell für Gigantismus (krankhafter Riesenwuchs) dienen, eine Möglichkeit zur Korrektur von Erbkrankheiten sein und Verfahren zur landwirtschaftlichen Erzeugung wertvoller genetischer Produkte eröffnen«.

Pressenotiz

Nur eine Panne?

SAS Göteborg – Jeden Morgen finden Fischer und Jäger an der Südküste Schwedens ölverschmierte, sterbende oder schon tote Seevögel. Die Tiere müssen in Containern abtransportiert werden – ihre Zahl wird auf Hunderttausende geschätzt.

Nach Ansicht Gunnar Roestroems, Schwedens Vogelschutzbeauftragten, ist das das größte Vogelsterben, das es in Schweden je gab. Betroffen vom Tod durch Öl sind Alken, Lummen und Möwen.

Kurz nach Mitternacht des 1. Januar wurden die ersten toten Tiere entdeckt. Die Ursache der Ölkatastrophe ist nicht bekannt.

Bereits 1978 gab es an Schwedens Küsten Ölteppiche, in denen Zehntausende von Tieren starben, und schon damals bestand der Verdacht, daß die Ölsucher eine Quelle aufgemacht hatten, die sie nicht mehr schließen konnten. Bewiesen konnte dieser Verdacht jedoch nie werden.

Olf Persson, Zoologe aus Schweden: »Schlimm ist, daß das Öl mit der Zeit auch auf Grund sinkt und dort die Vegetation zerstört.«

Pressenotiz

Hybris: Der Mensch der Antike gebrauchte das Wort »Hybris«, wenn er von der Auflehnung des Menschen gegen göttliche Gesetze sprach. Die Grenzen der Forschung zu überschreiten, d. h. die Ergebnisse der Forschung so einzusetzen, daß sie sich gegen den Menschen richten, ist die Hybris des modernen Menschen. Wurzeln dieser Hybris sind unterschiedlich, die Resultate teuflisch.

1. *Untersuchen Sie die Ursachen, die zu den katastrophalen Ergebnissen, die auf diesen beiden Seiten dokumentiert werden, führten. Welches sind die Wurzeln der menschlichen »Hybris«?*
2. *Worin besteht die Verantwortung von Wissenschaftlern und Technikern?*
3. *Kennen Sie andere Bereiche, in denen die Grenzen überschritten wurden?*
4. *»Es ist heute modisch, gegen alles zu wettern, was die Technik den Menschen bringt. Daß manches schief geht, ist natürlich. Aber wo gehobelt wird, fallen Späne.« Diskutieren Sie diese Meinung.*
5. *Warum gehen diese Probleme auch den Christen an?*

5.4 Die letzte Versuchung?

Ein gleichgültiger Mittwoch

Trockener Sommertag, der Himmel dunstig, perlmuttern schimmernd, also das Ruhrgebiet, jene von Städten bewachsene Kohlelandschaft, in der nicht Kathedralen wachsen, sondern Fördertürme. Die Terrasse des Kaffees war von Menschen besetzt, die an den Tischen saßen und mit der harten, westfälischen Sprache ihre Liebesdialoge führten, von Geschäften oder von ihrem Leben berichteten, jeder sich selbst erklärend, wie es der Brauch ist unter den Menschen. Draußen rollten die Autos, hielten, fuhren an, Straßenbahnen bogen lärmend um die Ecke. Es war eine große, lebendige Stadt, in der wir am Kaffeetisch saßen.

Ein kleiner alter Mann schob sich durch die Gänge, spitznasiges Beamtengesicht. Er legte unauffällig auf jeden Tisch ein Blatt Papier, auch auf den Tisch, an dem ich allein saß. Es war ein Flugblatt gegen die atomare Aufrüstung. Ich las es. Eindrucksvolle Feststellungen waren darin abgedruckt. Als ich wieder aufsah, hatte sich die Umwelt in meinen Augen verändert.

Die hochblonde Dame auf der lichterstrahlenden Kaffeeterrasse zeigte gerade mit einem Finger auf ein Stück Kuchen. Die Verkäuferin mit einem weißen Häubchen im Haar hob lächelnd den Kuchen mit der Zange. Da kam der Blitz: –

Die Häuserfronten sanken weich und pflanzenhaft in die Erde. Auf der belebten Kaffeeterrasse verdampften die noch lachenden Gäste an den fliegenden Tischen. Die Hand der hochblonden Dame verglühte. Vom Hotel drüben blieb nichts als ein siedender Sumpf. Die Autokolonnen schoben sich noch einige Meter als ein Kordon von sich aufbäumenden Glühwürmchen dahin, ehe sie elegant zusammenschnurrten und vertropften. Die Dächer erhoben sich seufzend, segelten durch die Luft und zerfielen in unzählige herabregnende Ziegel. Die Abwässerkanäle kochten über, die Kirchen neigten sich devot und knieten nieder. Der Funkturm faltete sich rasselnd zusammen, das Rathaus hüpfte in die Erde, und in wenigen Minuten hatte sich die hundert Meter hohe Metropole in ein katalaunisches Brachfeld verwandelt. Dann kam der kleine Orkan, ein Feuersturm mit einer Gewalt, die Ruinen, Parks und einige Kindergärten in Asche verwandelte. Man hörte noch ein Zwitschern wie von erschreckten Sperlingen, eh die Stimmchen verhauchten und die kleinen Leiber verkochten. Die U-Bahnschächte, die eingedrückt waren, füllten sich mit der Luft der Schreie und dem Gas des Sterbens. In den Kartoffelkellern wanden sich tausend gedunsene Hausfrauen, ehe sie verröchelten. Die Wassermassen der Großstadt sprengten die Rohrsysteme, überfluteten die Fundamente und verzischten. Es gab keine Augen mehr, die den aufsteigenden Rauchpilz sehen konnten, sie waren geplatzt, oder wie winzig blaue oder goldbraune Ballons aus den Gesichtern gestiegen, verdorrt, wie Rosinen weggeflogen. Die Millionenstadt hätte einen Güterzug mit geschmorten Augen füllen können. Zersprengte Gliedmaßen wirbelten hoch wie Schwärme ärgerlicher Vögel, die goldplattierte Ringe trugen. Wolken von Sperlingen wurden in der Luft ereilt und fielen träge wie ein Sonntagsregen. Geradezu freundlich wirkten die bläulichen Gasexplosionen, die hier und da aus dem Pflaster schossen. In eine geschützt stehende Telefonzelle hatten sich Passanten geflüchtet. Sie standen so dicht gedrängt wie Fische in der Dose und waren totgesotten worden, geschmorter Rosenkohl über den Hälsen, dort, wo sie ihr Leben lang Gesichter getragen hatten.

Eine Kolonne von Panzern schmolz fahrend wie heiß gewordene Schokolade, zog eine Weile noch Spuren und veraschte mit den entsetzt piependen Kriegsheroen darin. Die Generale schmorten, ebenso die Politiker, die ständig Stärke verlangt hatten. Hier war sie, die Stärke. Die letzten Atemzüge der Stadt zusammen hätten einen Sturmwind, einen Weltseufzer ergeben, so tausendfach platzten die Lungen.

Der Jüngste Tag war nie so vollendet von düsteren Dichterhirnen geträumt worden wie

dieser gleichgültige Mittwoch, denn hier explodierten nach allem Haß der Menschen, ihn technisch fortsetzend, endlich die listig gedrillten Atome. Hier kam er endlich, der Krieg, der nur Besiegte kannte, Schuldige und Unschuldige, jene, die in ihrer Torheit den Krieg vorbereitet, und jene, die mit ihrem Verstand der Bombe den Weg gebahnt hatten. Unter dem Himmel stand ein Rauchpilz. Er war größer als die Stadt darunter. Er vergrößerte sich ständig. Er war nicht allein. Ein blühender Garten von Rauchpilzen erhob sich über ganz Europa, grau, rotgetigert, leichenweiß und schwankend.
Wirklich schöne Rauchpilze standen darin, gepflegt, üppig genährt und hochstielig, eine prachtvolle Ernte. Es waren aber auch ausgezeichnete Gärtner gewesen, die die reiche Ernte vorbereitet hatten.

Günther Weisenborn

Warnungen

Vatikanstadt/Hamburg (dpa). Mit drastischer Eindringlichkeit warnte Papst Johannes Paul II. am Neujahrstag in einer Predigt im Petersdom vor einem Atomkrieg. In vielen Einzelheiten schilderte er das, wie er sagte, »gigantische Ausmaß« von Tod, Krankheit und Leiden, das ein nuklearer Konflikt unausweichlich mit sich bringen müßte.
Der Papst feierte ein Pontifikalamt anläßlich des Weltfriedenstags, zu dem sein Amtsvorgänger Paul VI. den 1. Januar jedes Jahres bestimmt hatte. Für dieses Jahr hatte Johannes Paul II. als Motto gewählt: »Der Frieden ist ein Geschenk Gottes, das den Menschen anvertraut ist.« Anläßlich des Weltfriedenstags fand am Silvesterabend in Rom ein Friedensmarsch der katholischen Verbände vom Kolosseum zur Laterans-Basilika statt. Die Bischofskonferenz hatte dazu aufgerufen.
In seiner Predigt vom Neujahrstag sagte Johannes Paul wörtlich: »Wirksame ärztliche Hilfe wäre (bei einem Atomkrieg) unmöglich, ganz abgesehen von der massenhaften Vernichtung menschlichen Lebens und noch nie dagewesenen Leids der Überlebenden. Die Nachrichtenwege und die Versorgung mit Lebensmitteln und Wasser würden völlig unterbrochen. Man könnte in den ersten Tagen nicht mehr die Gebäude verlassen, um Hilfe zu leisten, ohne sich der Gefahr tödlicher Strahlung auszusetzen. Der gesellschaftliche Zerfall nach einem solchen Angriff wäre unvorstellbar.«
Der Papst fuhr fort: »Die Strahlungen würden sich auf das keimende Leben auswirken und Hirnverletzungen und bleibende Hirnschäden verursachen. Eine andere Folge wären zahlreiche Krebsarten bei den Überlebenden. Genetische Schäden würden an die nächsten Generationen weitergegeben, vorausgesetzt, daß es sie überhaupt noch gäbe.« All dies münde in eine einzige Schlußfolgerung: »Die Verhütung ist unsere einzige Rettung.« Darum gehe das Gebet am ersten Tag des neuen Jahres.
Der Appell des Papstes richte sich zunächst an die politisch Verantwortlichen, erklärte Bischof Moser und fügte hinzu: »Wir sind jedoch alle politisch mitverantwortlich und infolgedessen müssen wir alle unsere Stimme erheben. Wir dürfen uns nicht dem Ohnmachtsgefühl des kleinen Mannes überlassen und sagen, daran kann ich doch nichts ändern. Wir müssen um des Menschen willen, um des Ebenbildes Gottes willen, um der sozialen Ordnung willen alles daransetzen, internationale Abrüstung zu erreichen und damit den Frieden vorzubereiten.«

Pressenotiz

1. *Mit welchen dichterischen Bildern beschreibt Günther Weisenborn den »Jüngsten Tag« der Welt? Welches Stilmittel verwendet er, um die Katastrophe eindringlich zu machen?*
2. *Was bedeutet der Begriff »Overkill«? Mit welchen Argumenten bewaffnen sich die Großmächte mit Atomwaffen? Gibt es für dieses Tun gute Gründe?*
3. *Erarbeiten Sie aus dem Zeitungsbericht die Hauptaussagen von Papst Johannes Paul II.*
4. *»Waffen werden hergestellt, um eingesetzt zu werden.« »Atomwaffen wurden entwickelt, um nie eingesetzt zu werden. Sie sind Mittel der Politik des Friedens.« Diskutieren Sie diese beiden konträren Standpunkte. Versuchen Sie, sachliche Argumente auszutauschen.*
5. *Können sachliche Argumente die Welt retten oder nur noch ein Sturm von Emotionen?*

5.5 Der geschundene Teil der Menschheit

Eine glückliche Kindheit ...

Kinder auf Haiti, die den größten Teil des Tages mit Wasserholen verbringen, verdienen pro 25-Pfund-Last nur einen Cent. Die meisten amerikanischen Kinder bekommen nur 50 Cents pro Tag, obwohl der gesetzliche Mindestlohn bei vier Dollar liegt. Die 40000 indischen Kinder, die Feuerwerkskörper verpacken, haben einen Tageslohn von 40 Cents, während ihre Arbeitgeber einen Gewinn von 150 Millionen Dollar pro Jahr haben. Nur wenige dieser Kinder wissen etwas über ihre Rechte und noch weniger beschweren sich über die mageren Löhne und die oft miserablen Arbeitsbedingungen. Im Gegenteil, die meisten sind dankbar, überhaupt arbeiten zu können. »Es gibt immer ganze Banden von Kindern, die auf deinen Job warten«, sagt ein italienischer Jugendlicher, der in einem Betrieb für Autoersatzteile arbeitet.

Die 14jährige Rampai aus Thailand sehnte sich nach dem Leben in der Großstadt Bangkok. Als ihre Mutter sie zum Preis von 100 Dollar für ein Jahr Arbeit an eine Garnfabrik verkaufte, trennte sich das Mädchen gerne vom ländlichen Leben im Nordosten. Aber sie bekam keine Chance, interessante Dinge zu sehen. Mit dreizehn anderen jungen Mädchen war sie den ganzen Tag über in einen heißen, dunklen Raum eingesperrt. Wenn Rampai krank war, mußte sie trotzdem ihre 10-Stunden-Schicht arbeiten – an sechs Tagen pro Woche. Wenn sie nicht schnell genug war, wurde sie getreten oder mit einem Stock geschlagen. Schließlich lief sie weg.

Die Bedingungen, unter denen Kinder arbeiten, sind oft nichts anderes als eine moderne Form der Sklaverei: In Asien und auf den Pazifikinseln schuften Kinder gewöhnlich endlose Stunden, schlafen auf den Fußböden der Fabriken und fristen ihr Leben mit mageren Rationen. Junge indische Fabrikarbeiter, die den Anweisungen nicht folgen, werden nicht selten mit glühenden Eisenstangen gebrandmarkt, und jugendliche Prostituierte in Thailand bringt man zur Räson, indem man ihnen Säure ins Gesicht gießt. Für Tausende von Kindern in Südamerika, in der Karibik und in Afrika, die als Hausmädchen und Boys weggegeben werden, gibt es kein Entrinnen, wenn man sie ausbeutet, schlägt und vergewaltigt.

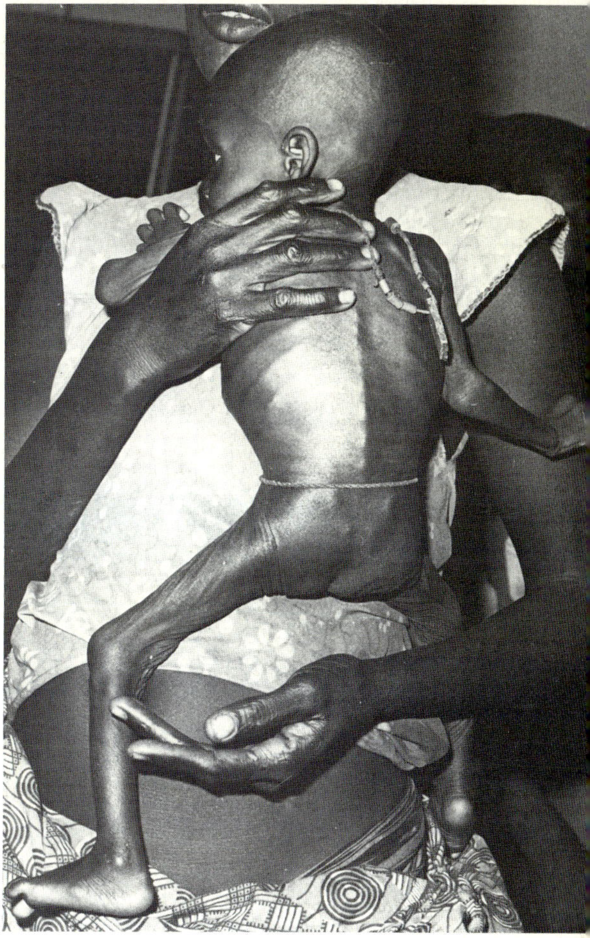

»Ich war hungrig, und ihr...«

---

1. *Welche Begriffe oder Ereignisse fallen Ihnen ein, wenn Sie das Wort »Dritte Welt« hören?*
2. *Woher beziehen Sie Ihre Informationen über die Dritte Welt?*
3. *Nennen Sie die Ursachen für die Armut in den Ländern der Dritten Welt. Welches sind selbstverschuldete Übel, welche Übel wurden in die Entwicklungsländer importiert?*
4. *Alle Menschen sind für einen Christen Brüder und Schwestern. Empfinden Sie Mitleid mit den Menschen, deren Schicksal auf diesen beiden Seiten geschildert wird? Was kann Mitleid verändern?*
5. *Was liegt in unseren Händen, hier etwas zu verändern, ohne nur große Worte zu machen? Kann ein einzelner etwas tun?*

5.6 Neu sehen – Umdenken

Weltsicht eines »Primitiven«

Auszüge aus der Rede des Häuptlings Seattle (1856), in der er sich an den Präsidenten Franklin Pierce wendet, da sein Stamm Land an die Weißen abtreten soll:

»Jeder Teil dieser Erde ist meinem Volk heilig, jede glitzernde Tannennadel, jeder sandige Strand, jeder Nebel in den dunklen Wäldern, jede Lichtung, jedes summende Insekt ist heilig in den Gedanken und Erfahrungen meines Volkes. Der Saft, der in den Bäumen steigt, trägt die Erinnerung des roten Mannes.

Die Toten der Weißen vergessen das Land ihrer Geburt, wenn sie fortgehen, um unter den Sternen zu wandeln. Unsere Toten vergessen diese wunderbare Erde nie, denn sie ist des roten Mannes Mutter. Wir sind ein Teil der Erde, und sie ist ein Teil von uns. Die duftenden Blumen sind unsere Schwestern, die Rehe, das Pferd, der große Adler sind unsere Brüder. Die felsigen Höhen, die saftigen Wiesen, die Körperwärme des Ponys und des Menschen – sie alle gehören zur gleichen Familie.

. . .

Glänzendes Wasser, das sich in den Bächen und Flüssen bewegt, ist nicht nur Wasser – sondern das Blut unserer Vorfahren. Wenn wir Euch Land verkaufen, müßt Ihr wissen, daß es heilig ist und daß jede flüchtige Spiegelung im klaren Wasser der Seen von Ereignissen und Überlieferungen aus dem Leben meines Volkes erzählt. Das Murmeln des Wassers ist die Stimme meiner Vorväter. Die Flüsse sind unsere Brüder, sie stillen unseren Durst. Die Flüsse tragen unsere Kanus und nähren unsere Kinder. Wenn wir das Land verkaufen, so müßt Ihr euch daran erinnern und Eure Kinder lehren: Die Flüsse sind unsere Brüder – und Eure –, und ihr müßt von nun an den Flüssen eure Güte geben, so wie jedem anderen Bruder auch.

Wir wissen, daß der weiße Mann unsere Art nicht versteht. Ein Teil des Landes ist ihm gleich jedem anderen, denn er ist ein Fremder, der kommt in der Nacht und nimmt von der Erde, was immer er braucht. Die Erde ist sein Bruder nicht, sondern Feind, und wenn er sie erobert hat, schreitet er weiter. Er läßt die Gräber seiner Väter zurück und kümmert sich nicht. Er stiehlt die Erde von seinen Kindern und kümmert sich nicht. Er behandelt seine Mutter, die Erde, und seinen Bruder, den Himmel, wie Dinge zum Kaufen und Plündern, zum Verkaufen wie Schafe oder glänzende Perlen. Sein Hunger wird die Erde verschlingen und nichts zurücklassen als die Wüste. Ich weiß nicht – unsere Art ist anders als die Eure. Der Anblick Eurer Städte schmerzt die Augen des roten Mannes. Vielleicht, weil der rote Mann ein Wilder ist und nichts versteht.

. . .

Das Ansinnen, unser Land zu kaufen, werden wir bedenken, und wenn wir uns entschließen anzunehmen, so nur unter einer Bedingung: Der weiße Mann muß die Tiere des Landes behandeln wie seine Brüder. Ich bin ein Wilder und verstehe es nicht anders. Ich habe tausend verrottende Büffel gesehen, vom weißen Mann zurückgelassen – erschossen aus einem vorüberfahrenden Zug. Ich bin ein Wilder und kann nicht verstehen, wie das qualmende Eisenpferd wichtiger sein soll als der Büffel, den wir nur töten, um am Leben zu bleiben. Was ist der Mensch ohne die Tiere? Wären alle Tiere fort, so stürbe der Mensch an großer Einsamkeit des Geistes. Was immer den Tieren geschieht – geschieht bald auch den Menschen.

. . .

Wenn die Büffel alle geschlachtet sind, die wilden Pferde gezähmt, die heimlichen Winkel des Waldes schwer vom Geruch vieler Menschen und der Anblick reifer Hügel geschändet von redenden Drähten – wo ist das Dickicht? Fort. Wo der Adler? Fort!

Das Ende des Lebens und der Anfang des Überlebens.

Aus dem Sonnengesang des Franz von Assisi

Gelobt seist du, mein Herr,
mit allen deinen Geschöpfen,
vornehmlich mit der edlen Herrin,
Schwester Sonne,
die uns den Tag schenkt durch ihr Licht.
Und schön ist sie
und strahlend in großem Glanze:
dein Sinnbild, Höchster.

Und gelobt seist du, mein Herr,
durch Bruder Mond und die Sterne;
am Himmel schufest du sie
leuchtend und kostbar und schön.

Gelobt seist du, mein Herr,
durch Bruder Wind und die Luft,
durch wolkig und heiter und jegliches Wetter,
durch das du deinen Geschöpfen
Gedeihen gibst.

Gelobt seist du, mein Herr,
durch Schwester Wasser;
gar nützlich ist sie
und demütig und köstlich keusch.

Gelobt seist du, mein Herr,
durch Bruder Feuer,
durch den du die Nacht uns erleuchtest,
und schön ist er und fröhlich
und gewaltig und stark.

Gelobt seist du, mein Herr,
durch unsere Schwester
Mutter Erde,
die uns ernährt und erhält,
vielfältige Frucht uns trägt
und bunte Blumen und Kräuter.

Gelobt seist du, mein Herr,
für unsern Bruder, den leiblichen Tod;
ihm kann kein Mensch lebendig entrinnen.

1. *Welche Grundhaltungen gegenüber der Natur werden in den Texten des Häuptlings Seattle und des heiligen Franz von Assisi deutlich?*
2. *Welche der Prophezeiungen des Indianers sind bereits eingetreten?*
3. *Ist Ihrer Meinung nach ein Neuanfang möglich? Welches wären die Voraussetzungen?*
4. *Welche Sicht von Sterben und Tod beinhalten die beiden Texte?*

1. Maikäfer mit Eigelege

2. Maikäferlarve erwachsen

3. Puppe Maikäfer

4. Maikäfer schlüpfend

5. *Betrachten Sie die Bildfolge! Was hindert den modernen Menschen, die Wunder der Schöpfung zu sehen?*
6. *Wie lautet die christliche Interpretation des Satzes »Macht euch die Erde untertan«?*

5.7 Wege in die Zukunft

Eine Grundsatzerklärung

Der Mensch darf nicht alles, was er kann. Je mehr er kann, desto größer wird seine Verantwortung. Mit den Möglichkeiten, Leben zu mehren und zu fördern, wachsen die Möglichkeiten, Leben zu schädigen und zu zerstören. Wachstum von Produktion und Konsum bedeutet nicht fraglos Wachstum der Menschlichkeit. Wo der Vorrang der geistigen Güter vor den materiellen, der Vorrang der Person vor den Sachen nicht gewahrt wird, da ist das Gleichgewicht des inneren und äußeren Friedens und auch das Gleichgewicht einer gerechten sozialen Ordnung auf Weltebene bedroht.

Hat sich die Besinnung auf das Maß durchgesetzt, das um der Verantwortung für die Menschlichkeit und Menschheit willen unsere Ansprüche und Lebensgewohnheiten begrenzen muß? Diese Besinnung drängt sich heute auf. Denn die Erkenntnis, daß wir nicht alles dürfen, was wir können, wird nunmehr unausweichlich durch eine zweite Erkenntnis. Sie heißt: wir können gar nicht alles, was wir können.

- Der Mensch besetzt seinen Lebensraum und den Lebensraum kommender Generationen mit dem Abfall dessen, was er produziert und konsumiert. Er verdirbt Elemente, aus denen sein Leben und seine Zukunft wachsen: Umweltkrise.
- Der Mensch lebt so, daß er auf mehr Energie angewiesen ist, als er ohne Schädigung seines Lebensraumes zur Verfügung hat. Wieviel Energie er verbraucht und wie er sie gewinnt, wird zur Lebensfrage: Energiekrise.
- Der Mensch schöpft für die Befriedigung seiner Ansprüche aus Quellen, die – wenn er weiter so schöpft – morgen nicht mehr fließen: Rohstoffkrise.
- Der Mensch versteht sich als die Spitze der irdischen Schöpfung und die Welt als sein Haus, das er sich zu seinem Nutzen und Gewinn einrichtet. Aber in vermeintlich berechtigtem Eigeninteresse läuft er Gefahr, mit diesem Haus so umzugehen, daß es über ihm zusammenbricht und er hilflos und wehrlos alleinsteht. Nur in der Solidarität mit der anderen Schöpfung, nur im verantwortlichen Umgang mit Tier-, Pflanzen- und Sachwelt, kann er sich auf Dauer als Herr der Schöpfung erfahren, wird er nicht zum Sklaven seines Herrenwahns. Man könnte über diese Situation das Wort schreiben: Schöpfungskrise.

Ein neues Verhältnis zur Welt – das kann kein Zurück hinter die Errungenschaften der Neuzeit bedeuten, nachdem wir einmal den wissenschaftlich-technischen Umgang mit den Naturkräften erschlossen haben. Es kann aber auch nicht die gradlinige Verlängerung des Strebens nach einer immer umfassenderen Ausnutzung aller Möglichkeiten unserer technischen Zivilisation bedeuten.

Mensch und Schöpfung

»Dann sprach Gott: Laßt uns Menschen machen als unser Abbild, uns ähnlich. Sie sollen herrschen über die Fische des Meeres, über die Vögel des Himmels, über das Vieh, über die ganze Erde und über alle Kriechtiere auf dem Land. Gott schuf also den Menschen als sein Abbild; als Abbild Gottes schuf er sie. Gott segnete sie und sprach zu ihnen: Seid fruchtbar, und vermehrt euch, bevölkert die Erde, unterwerft sie euch . . .« (Gen 1,26–28).

Der Mensch ist also nicht Geschöpf wie die anderen Geschöpfe, ihn zeichnet seine Gottebenbildlichkeit aus. Der Mensch wird von Gott an die Spitze des Geschaffenen gestellt, er ist »Herrscher« über das Geschaffene. Diese Beauftragung schließt selbstverständlich den Auftrag ein, in Verantwortung zu herrschen, sich den Dingen und Lebewesen gegenüber zu verhalten, wie es dem Abbild Gottes entspricht, nicht aber sich wie ein »Räuber« zu benehmen. Die zweite biblische Schöpfungsgeschichte sagt: »Gott, der Herr, nahm den Menschen und setzte ihn in den Garten Eden, damit er ihn bebaue und hüte« (Gen 2,15). Das Wort vom »Hüter« der Schöpfung spricht uns heute mehr an als das vom »Herrscher«.

Wege in der Gefahr

Der Traum von einer heilen Welt und einer unberührten Natur verkennt die Geschichte und unterschätzt die Anforderungen, welche das Lebensrecht der heutigen Weltbevölkerung an uns alle stellt. Denn das Lebenkönnen aller, zumal derer, die ärmer sind als wir, muß unsere vordringliche Sorge sein. So weiter produzieren und konsumieren wie bisher, bedeutet im Klartext: unseren Mitmenschen und den Generationen nach uns die Lebenschancen zu stehlen.
Nur ein nüchterner Blick auf das Nötige und Mögliche kann eine Katastrophe verhindern; gefordert sind eine Änderung unseres Lebensstils und eine aktive Gestaltung der Zukunft.
Achselzucken angesichts einer angeblich undurchschaubaren Lage vertagt die fällige Entscheidung, ohne ihre Folgen vertagen zu können; das Abschieben der Verantwortung auf die Zuständigkeit der anderen läßt letztlich den Zufall regieren.
Nur für einen Teil der Menschheit eine sichere Zukunft zu planen und zu bestimmen, wer morgen leben darf und wer nicht, damit wir unsere eigenen Ansprüche nicht zurückstekken müssen, ist uns nicht erlaubt.
Die Menschheit hat nur Zukunft, wenn auch die Schöpfung Zukunft hat. Diese gemeinsame Zukunft zu sichern ist nicht nur eine Aufgabe des wissenschaftlichen und technischen Kalküls, sondern mehr noch der sittlichen Verantwortung. Sicherlich sind wir auf die gewissenhaften Auskünfte der Experten angewiesen, doch ebenso sicher können diese den Politikern ihre Entscheidungen nicht abnehmen, und die Entscheidung der Politiker ist wiederum verknüpft mit dem Verhalten und der Entscheidung eines jeden von uns. Zumal wir Christen sind auf den Plan gerufen.

1. *Welche Krisen des Menschen und der Welt nennt der Artikel »Eine Grundsatzerklärung«?*
2. *Interpretieren Sie die Karikatur, belegen Sie die Aussage der Karikatur mit Fakten.*
3. *Welches sind die Wege in dieser Gefahr? Welches ist die Wurzel der verfahrenen Situation?*

Man entdeckt
keine neuen Weltteile,
ohne den Mut zu haben,
alle Küsten
aus den Augen zu verlieren.

André Gide

Die Wurzel der verfahrenen Situation liegt in der Lebenseinstellung des einzelnen, die das soziale und wirtschaftliche Leben in den Industrieländern prägt. Sie ist weithin dadurch gekennzeichnet, daß mit der Ziellosigkeit des Lebens eine fortwährende Steigerung der Ansprüche auf materielle Güter verbunden ist.

Aus dem Brief der Arbeitsgemeinschaft christlicher Kirchen an die Gemeinden in der Bundesrepublik Deutschland und Berlin (West) vom Oktober 1980.

5.8 Engagement für eine bessere Welt

Moderne Seligpreisungen

Selig seid ihr, die ihr zu solidarischem Mitgehen frei seid. Ihr werdet die Einsamkeit überwinden.

Selig seid ihr, die ihr auf die Mitmenschen und auf die Natur vertraut und deshalb von ihnen abhängig sein könnt. Ihr werdet angstfrei leben.

Selig seid ihr, die ihr Wachstum und Entwicklung nicht zur Erringung von Macht über andere mißbraucht, sondern zur gegenseitigen Entfaltung gebraucht. Ihr werdet wachsen an Liebe.

Selig seid ihr, die ihr klar auf der Seite der Schwachen steht. Ihr werdet ihre Menschlichkeit entdecken.

Selig seid ihr, die ihr Gott als Mitspieler und nicht als Gegenspieler erfahrt. Ihr werdet seine Göttlichkeit als Stärkung eurer Menschlichkeit erleben.

Selig seid ihr, die ihr den Tod nicht fürchtet. Ihr werdet die grenzenlose Fülle des Lebens ahnen.

Selig seid ihr, die ihr Spannung zwischen euren großen Zielen und euren kleinen Schritten aushaltet. In diesem Mut zum Fragmentarischen werdet ihr euer Menschsein finden.

Selig seid ihr, die ihr Schuld übernehmen könnt. Ihr werdet aus der Sackgasse der Rechthaberei herausfinden.

Selig seid ihr, die ihr der Natur dient. Sie wird auch euch dienen.

Selig seid ihr, die ihr euch von übermäßigem Spezialistentum befreit. Ihr werdet Ganzheit und damit Sinn finden.

Selig seid ihr, die ihr euer Berechnen und Planen einen Moment lang beiseite legt. Ihr werdet schöpferische Kräfte entdecken.

Selig seid ihr, die ihr dem Produktionszwang eurer Maschinen, eurer Computer und eures Wirtschaftssystems widersteht. Ihr seid auf dem Weg zu einer menschengerechten Entwicklung.

Selig seid ihr, die ihr dem Konsumzwang entrinnen könnt. Ihr werdet frei sein wie die Vögel im Himmel.

Selig seid ihr, die ihr dem Machtmißbrauch der Mächtigen Widerstand leistet. Ihr werdet Zeichen der Hoffnung sein.

Selig seid ihr, die ihr einen menschengerechten Lebensstil als Bereicherung und nicht als Pflicht erlebt. Ihr werdet einen langen Atem haben.

Initiative: »Christen gegen die Atomrüstung«

Dem Anliegen des Konzils und des Dokuments der Päpstlichen »Iustitia et Pax«-Kommission klar verpflichtet fühlt sich eine bundesweite Initiative »Christen gegen die Atomrüstung«, die ihren Ausgangspunkt beim Berliner Katholikentag 1980 hatte. Veranstaltet vom sogenannten »Katholikentag von unten« fand damals in der Berliner Eissporthalle eine gutbesuchte Großveranstaltung zum Thema »Gehorchen und rüsten? – Katholische Christen gegen die Atomrüstung« statt, in dessen Gefolge es zur Gründung der Initiative kam.

Pressenotiz

Hilfe der Wissenschaft

Stuttgart (AP) Mit Umwelttechnik-Studenten der Technischen Universität Berlin an Bord wird das Laborschiff *Rheinwasser* von Montag an bis zum 15. September zu einer Meß- und Informationsfahrt auf dem Neckar unterwegs sein. Wie die internationale Umweltschutzorganisation *Greenpeace* mitteilte, startet das Schiff in Esslingen und fährt bis Mannheim. Ziel der Aktion sei es, Messungen über die tatsächliche Belastung des Neckars durch Einleitungen wie Abwässer der Industrie und der Städte, Schlammablagerungen oder Wärmebelastung durch Kernkraftwerke vorzunehmen. Die Bevölkerung am Neckar und im Umland des Flusses solle auf die ständigen Gefahren der Neckarverschmutzung hingewiesen werden.

Pressenotiz

Es rührt sich was

Ein alter Spruch lautet: Gefahr erkannt, Gefahr gebannt. Was unsere Schöpfung angeht, ist zumindest der erste Teil des Satzes verwirklicht. In den letzten Jahren hat sich bei sehr vielen Menschen das entwickelt, was man Umweltbewußtsein nennt.
Und es ist nicht nur bei Worten geblieben. Es gibt unzählige Gruppen – aller Parteien und Kirchen –, die sich mit Engagement und Mut bemühen, unsere Welt zu retten. Daß dabei oft über das Ziel hinausgeschossen wird, ist eigentlich verständlich, denn viele haben Angst und sind verzweifelt, so daß ihr Tun von sehr viel Emotionen begleitet wird. Heute wird die Planung einer neuen Straße, die Planung eines Hochhauses, das Fällen von Bäumen, das Zuschütten eines Sees nicht mehr unwidersprochen hingenommen. Die Menschen sind sensibel geworden, sie wollen nicht mehr alles tun, was machbar ist. Die Welt ist noch zu retten, noch ist die Hoffnung ein Prinzip des Lebens.

Mut

Gelsenkirchen/Frankfurt (ddp). Wegen der Verweigerung eines Auftrags, Cadmiumschlamm in die Kanalisation zu kippen, soll einem 30jährigen Elektriker von seinem Arbeitgeber gekündigt worden sein, berichtet die Gewerkschaftszeitung »metall«.
Dieser Vorgang sei bei einem Kündigungsschutzprozeß vor dem Arbeitsgericht Gelsenkirchen aufgedeckt worden. Dem Elektriker sei von seinem Gelsenkirchener Arbeitgeber, einem Acht-Mann-Betrieb, aufgetragen worden, zwei angelieferte Tauchpumpen zu reparieren, berichtet die Gewerkschaftszeitung. Sie seien mit 20 Pfund hochgiftigem Cadmiumschlamm gefüllt gewesen, der nach einer Analyse des staatlichen Gewerbearztes Bochum rund sieben Pfund Cadmium enthalten habe. 40 Milligramm dieses Giftes reichten aus, um einen Menschen zu töten.
Bei dem Versuch, die Pumpen zu entleeren, sei dem Elektriker zweimal übel geworden. Als er erfuhr, daß Cadmium im Spiel sei, habe er sich geweigert, den Pumpeninhalt in die Kanalisation zu spülen. Daraufhin habe er wegen »Arbeitsverweigerung« die fristlose Kündigung erhalten.

Pressenotiz

1. *Welche Probleme werden in den »Modernen Seligpreisungen« angesprochen und welche Wege zur Bewältigung der Probleme aufgezeigt? Halten Sie diese Seligpreisungen für christlich begründete Aussagen oder für modische Heilslehren?*
2. *Läßt sich so etwas überhaupt bei allen Menschen erreichen? Läßt sich eine Rettung der Welt überhaupt erreichen, wenn nicht alle Menschen umdenken?*
3. *Welche konkreten Beispiele des Engagements werden in den Texten und in der Abbildung gezeigt? Welche Motivationen vermuten Sie hinter diesem Handeln?*

Veränderung der Welt . . . Anfänge

Umweltschutz

- Putz- und Waschmittel sparsam verwenden.
  Auf Weichmacher verzichten.
  Neutralseife bevorzugen.
- Lärmbelästigung vermeiden.
- Für mehr Bäume und Grünanlagen im Stadtgebiet eintreten.
- Bürgerinitiativen zur Dorf- und Stadterhaltung unterstützen.

Freizeit

- Mehr Spielen.
- Kinderspielplätze in Eigeninitiativen einrichten.
- Mit den Nachbarn Feste feiern.
- Für den körperlichen Ausgleich sorgen.

Rohstoffe

- Wasser sparen.
- Kein Papier verschwenden.
  Recycling-Papier verwenden und Altpapier sammeln und für Abholung sorgen.
- Glas sammeln und für Container sorgen.
- Für Aluminiumsammelstellen sorgen.
- Kleider und Textilien aus Naturfasern bevorzugen.
- Kinderkleidung tauschen.

Umgang mit anderen

- Anderen so begegnen, daß sie so sein können, wie sie sein möchten.
- Die Scheu überwinden, andere in Anspruch zu nehmen.
- Mehr mit Menschen anderer Generationen und Schichten zusammen tun.
- Den Sinn für Gemeinschaftseigentum stärken.

Einkaufen

- Einkaufsliste anlegen, um unnötige Käufe zu vermeiden.
- Einkaufstaschen mitnehmen und Plastiktüten zurückweisen.
- Getränke möglichst in Leihflaschen und nicht in Einwegflaschen oder Aluminiumdosen kaufen.
- Aufwendige Verpackungen vermeiden.
- Jute-Taschen benutzen (Kontaktadresse: GEPA, Langobardenstr. 65, 5600 Wuppertal 2)

Ernährung

- Vorzugsweise Vollwertnahrungsmittel kaufen.
- Biologisch angebautes Gemüse bevorzugen.
- Fleischverbrauch einschränken.
- Weniger Süßwaren und Knabberzeug essen.
- Alkohol- und Nikotinverbrauch einschränken.

Hört endlich auf
mit dem öden albernen Spiel
alles in Frage zu stellen
nur nicht das Fragen –
alle in Frage zu stellen
nur nicht euch selber!

Wenn's schon modern ist
Tabus zu zertrümmern
geht doch ran
seid endlich mal kritisch
und nicht nur modisch
macht kaputt
was euch kaputt macht!

Stellt euch in Frage
stellt euer Fragen in Frage
stellt die Fragen in Frage!

Sucht endlich
nach Antwort
vielleicht
einer besseren Antwort!

Sagt endlich:
Hier bin ich
das will ich
das mache ich
das verantworte ich!

Lothar Zenetti

5.9 Jeder will das Paradies

Marxistische Gesellschaft – die neue Welt?

Wir setzen uns als Endziel die Vernichtung des Staates, d. h. jeder organisierten und systematischen Gewalt, jeder Gewaltanwendung gegen Menschen überhaupt. Wir warten nicht auf den Anbruch einer Gesellschaftsordnung, in der das Prinzip der Unterordnung der Minderheit unter die Mehrheit nicht anerkannt würde. Aber indem wir zum Sozialismus streben, sind wir überzeugt, daß er in den Kommunismus hineinwachsen wird, und im Zusammenhang damit wird jede Notwendigkeit der Gewaltanwendung gegen Menschen überhaupt, der Unterordnung eines Menschen unter den anderen, eines Teils der Bevölkerung unter den anderen, verschwinden, denn die Menschen werden sich gewöhnen, die elementaren Regeln des gesellschaftlichen Zusammenlebens ohne Gewalt und ohne Unterordnung einzuhalten.
Der Staat wird dann völlig absterben, wenn die Gesellschaft den Grundsatz: »Jeder nach seinen Fähigkeiten, jedem nach seinen Bedürfnissen« verwirklicht haben wird . . .
Die Verteilung der Produkte wird dann keine Normierung der jedem einzelnen zukommenden Menge durch die Gesellschaft erfordern; jeder wird frei nehmen nach »seinen Bedürfnissen«. *Karl Marx*

Gelebte Utopie

So entschieden verachteten sie alles Irdische, daß sie selbst das Äußerste, was zum Leben notwendig ist, sich kaum anzunehmen getrauten und durch so lange Übung jeder körperlichen Erquickung entwöhnt, vor nichts Hartem mehr zurückschreckten. – Bei all dem trachteten sie nach Frieden und Verträglichkeit mit allen, handelten immer friedfertig und lauter und gaben sich größte Mühe, alles Ärgernis zu vermeiden. Sie redeten kaum, wenn die Zeit es forderte, noch kam aus ihrem Munde ein possenhaftes oder müßiges Wort, so daß man in all ihrem Leben und Wandel gar nichts Unziemendes und Unehrbares finden konnte . . . Kein Neid, keine Bosheit, kein Argwohn, keine Bitterkeit hatten bei ihnen Platz, vielmehr wohnte große Eintracht, dauernder Friede, Danksagung und Lobgesang unter ihnen. Das sind die Lehren, mit denen der fromme Vater nicht nur mit Wort und Zunge, sondern vor allem in Werk und Wahrheit seine neuen Söhne heranbildete. *Jakobus de Voragine*

Utopie, die, Utopia (griech. = Nirgendland): Traumland, literarisch das Idealbild eines Staatswesens. Namengebend war die Utopia des Thomas Morus. Utopisch, nicht realisierbar, Utopist, Phantast.

Der Lohn der Enterbten

Ich träume von einer Welt, wo jeder für genau den gleichen Lohn entsprechend seinen Fähigkeiten und zum Besten seiner Fähigkeiten beschäftigt wird. Jeder wird auf genau derselben Stufe leben wie sein Nachbar.
Man sage ja nicht, daß dies ungerecht wäre, denn ich müßte antworten: Ja, es wird immer ungerecht sein, daß ein sehr intelligenter Mensch ebensoviel verdient wie ein Kümmerling.
In Wirklichkeit sollte der sehr intelligente Mensch weniger bekommen, da ihm die Natur oder Gott, wenn man so will, bei seiner Geburt dieses ewige Kapital des schöpferischen Geistes geschenkt hat, einen unbezahlbaren Schatz also, während der andere, der Zurückgesetzte, schon benachteiligt ist, kaum, daß er das Licht der Welt erblickt hat. Diesem Enterbten aber schulden die reichlich Bedachten alles. *Ernesto Che Guevara*

1. *Wie kommt es nach marxistischer Sicht zu einer neuen Welt? Ist dieser Weg gehbar?*
2. *Ist Franz von Assisi, der mit seinen Brüdern eine Utopie lebte, ein Träumer?*
3. *Versuchen Sie, die Utopie Guevaras zu bewerten. Welche Probleme sehen Sie?*

Die neue Welt, am Ende der Zeiten vollendet

Dann sah ich einen neuen Himmel und eine neue Erde; denn der erste Himmel und die erste Erde sind vergangen, auch das Meer ist nicht mehr. Ich sah die heilige Stadt, das neue Jerusalem, von Gott her aus dem Himmel herabkommen; sie war bereit wie eine Braut, die sich für ihren Mann geschmückt hat. Da hörte ich eine laute Stimme vom Thron her rufen: Seht die Wohnung Gottes unter den Menschen! Er wird in ihrer Mitte wohnen, und sie werden sein Volk sein; und er, Gott, wird bei ihnen sein. Er wird alle Tränen von ihren Augen abwischen: Der Tod wird nicht mehr sein, keine Trauer, keine Klage, keine Mühsal. Denn was früher war, ist vergangen. Er, der auf dem Thron saß, sprach: Seht, ich mache alles neu. Und er sagte: Schreib es auf, denn diese Worte sind zuverlässig und wahr. Er sagte zu mir: Sie sind in Erfüllung gegangen. Ich bin das Alpha und das Omega, der Anfang und das Ende. Wer durstig ist, den werde ich umsonst aus der Quelle trinken lassen, aus der das Wasser des Lebens strömt . . .
Aber die Feiglinge und Treulosen, die Befleckten, die Mörder und Unzüchtigen, die Zauberer, Götzendiener und alle Lügner – ihr Los wird der See von brennendem Schwefel sein. Dies ist der zweite Tod.
Und es kam einer von den sieben Engeln . . . Er sagte zu mir: Komm, ich will dir die Braut zeigen, die Frau des Lammes. Da entrückte er mich in der Verzükkung auf einen großen, hohen Berg und zeigte mir die heilige Stadt Jerusalem, wie sie von Gott her aus dem Himmel herabkam, erfüllt von der Herrlichkeit Gottes. Sie glänzte wie ein kostbarer Edelstein, wie ein kristallklarer Jaspis. *Offb 21,1–11*

Mit welchen Bildern und Vergleichen wird die neue Welt, das Reich Gottes, geschildert?

Ist dieser Text eine Absage an ein »Paradies auf Erden«?

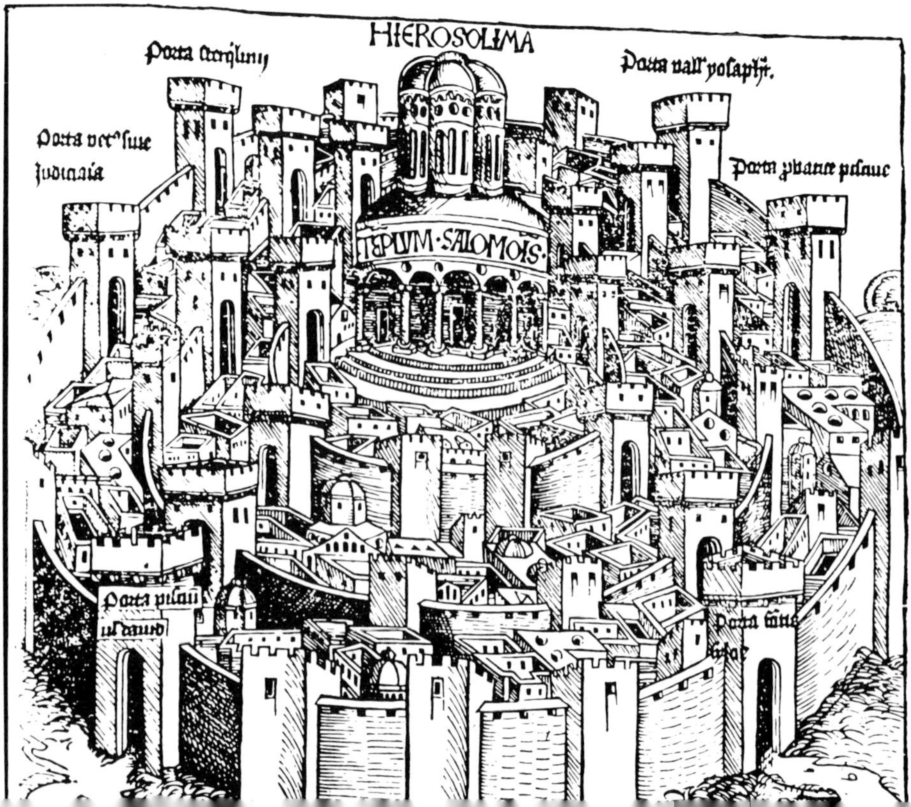

KAPITEL 6

Menschenwürde - die eigene und die des anderen

1972

»Tod in Dacca«, Michael Laurent, Associated Press, 18. Dezember 1971.

Ein pakistanischer Soldat wird von einem Soldaten aus Bangladesch öffentlich gefoltert und erschossen.

1968

»Der Lebenskuß«, Rocco Morabito, Jacksonville Journal, 17. Juli 1967.

Ein Fernmeldetechniker rettet einem Kollegen das Leben. Er kappt die Stromleitung und macht Mund-zu-Mund-Beatmung.

6.1 Menschenrechte

Menschenrechte: Rechte, die jedem Menschen kraft seiner Menschennatur ursprünglich zukommen. Sie beruhen also nicht auf Verleihung durch Staat und Gesellschaft. Die Menschenrechte sichern dem Menschen ein seiner Würde entsprechendes Leben.

In allen uns bekannten Kulturen wurde die Frage diskutiert, wie den Menschen ein menschenwürdiges Leben garantiert werden könne. Die Antworten waren unterschiedlich. Im Laufe der abendländischen Geschichte entwickelten sich in den letzten Jahrhunderten folgende Menschenrechte (der Begriff »Menschenrechte« wurde in der Französischen Revolution von 1789 geprägt):
Recht auf Leben und Freiheit.
Sicherheit der Person.
Kein Mensch darf in persönlicher Abhängigkeit gehalten werden, noch unmenschlich und entwürdigend behandelt werden.
Vor dem Gesetz müssen alle Menschen gleich sein.
Niemand darf willkürlich verhaftet oder ausgewiesen werden.
Den Verfolgten muß Asylrecht gewährt werden.
Jeder Mensch hat Recht auf Eigentum.
Ferner besitzt jeder Mensch folgende grundlegende Freiheiten:
Freiheit der Gedanken, des Gewissens, der Religion, der Meinung und der Rede, Freiheit zur friedlichen Vereinigung und Verbindung.

In vielen Ländern wurden diese Menschenrechte in die Verfassungen aufgenommen. In der Bundesrepublik sind diese Rechte im Grundgesetz verankert und geschützt.
Die Staaten von Ost und West haben sich 1975 in der Schlußakte der KSZE-Konferenz in Helsinki dazu bekannt, die Menschenrechte in ihren gegenseitigen Beziehungen zu achten.
Trotz dieses Bemühens wurden und werden die Menschenrechte immer wieder verletzt.

Menschenrechte – Geschichtlicher Überblick

1628
»Petition of Rights« (Schutz gegen Willkür)

1679
»Habeas-Corpus-Akte« (Freiheiten der Untertanen gegenüber dem Herrscher)

1689
ergänzt durch: »Bill of Rights«

1776
»Virginia Bill of Rights« (Freiheit und Unabhängigkeit aller Bürger)

1776
übernommen in die »Unabhängigkeitserklärung« der Staaten Neuenglands

1789
»Déclaration des droits de l'homme et du citoyen« (Proklamation der Menschen- und Bürgerrechte in der Französischen Revolution)

1948
»Erklärung der Menschenrechte« (durch die Generalversammlung der UN)

1950
»Konvention zum Schutz der Menschenrechte« (durch den Europarat als Verpflichtung für alle Mitgliedstaaten)

1. *Wie werden auf den Fotos der Titelseite Menschenwürde und Verletzung der Menschenwürde sichtbar?*
2. *Versuchen Sie, mit eigenen Worten den Begriff Menschenrechte zu erklären!*
3. *Die Bilder der folgenden Seite zeigen Verletzungen von Menschenrechten. Welche Rechte werden verletzt, und welche Haltungen stehen hinter solchem Tun?*

Verletzungen der Menschenrechte

Die Würde des Menschen in der Bibel

Schon in den ersten beiden Kapiteln der Bibel werden die besondere Würde und Stellung des Menschen begründet:

- Der Mensch ist die Mitte (Krone) der Schöpfung; eine einmalige, nicht austauschbare Person; von Gott geliebt.
- Er ist »Ebenbild« Gottes, das heißt nach damaligem Sprachgebrauch »Stellvertreter« (Statthalter) Gottes auf dieser Welt.
- Die Welt ist für den Menschen da. Er darf sie gebrauchen, aber nur in Verantwortung vor Gott. Er ist zum »Hüter« bestellt.
- Mann und Frau sind von gleichem Wesen und Wert, einander zugeordnet.
- Weil alle Menschen von Gott gewollt sind, darf kcin Mensch mit dem anderen Menschen willkürlich verfahren; er darf ihn nicht unterdrücken oder versklaven.
- Nur der Mensch, der sich auf Gott einläßt, bewahrt seine personale Würde und ist frei.

Jesus bestätigt dieses Bild vom Menschen. In ihm wird Gott selber Mensch; nimmt unser Schicksal auf sich. Jesus selbst behandelt jeden Menschen als einmalige Person, die von Gott geliebt und gewollt ist. Gerade deshalb nimmt er sich der Ausgestoßenen, Armen, Verachteten, Kranken und »Ungläubigen« an. Er identifiziert sich mit ihnen, auch gegen die Meinung und das Verhalten der herrschenden Gruppen. In seinem Tod wird dann endgültig Gottes Ja zu jedem Menschen besiegelt.

Blindenheilung (Buchmalerei, 13. Jh.)

Kirche – Anwalt des Menschen

Das Evangelium von der Befreiung aus der Knechtschaft der Sünde und aus der Gewalt des Todes schien zunächst nur eine religiöse Heilsbotschaft zu sein, die vor allem den Armen und Rechtlosen Trost gab. Erst allmählich wurde deutlich, daß diese Botschaft auch Folgen hat für das Verhalten der Menschen untereinander. Nicht nur zwischen Mann und Frau, Eltern und Kindern, Nachbarn und Freunden, sondern auch Herren und Sklaven, Armen und Reichen, Weißen und Schwarzen, Christen und Juden. Kurz: Durch ihre Botschaft, daß Gott der Vater aller Menschen ist und daß in Christus alle Menschen Brüder sind, wurde die Kirche auch zur Verkünderin der Menschenrechte.

Es ist leicht zu sagen und auch nicht zu bestreiten, daß die Kirche selbst immer wieder ihrer Botschaft widersprechend gehandelt hat. Sie hat selbst erst Schritt um Schritt den Weg erkannt, der ihr vom Evangelium gewiesen ist. Die Menschen der Kirche – das gläubige Volk wie seine Hirten – waren immer auch Menschen ihrer Zeit, die ohne schlechtes Gewissen Völker mit dem Schwert christianisierten, Hexen, Ketzer und Juden verfolgten, Kreuzzüge führten und die Freiheit und Würde der Menschen in vielfältiger Weise verletzten – bis zum heutigen Tag. Hinterher klüger zu sein, ist menschlich; hinterher zu bereuen und für die Zukunft gute Vorsätze zu fassen, ist christlich.

Wahrscheinlich werden es immer nur einzelne Christen sein, die der großen Karawane der Kirche als Wegsucher und Vorkämpfer vorangehen. Einige von ihnen wurden als Ketzer verbrannt und später heilig gesprochen.

Macht euch aus dem Staube. Die Christen nahen mit ihrem Evangelium.

Anprangerung des Unrechts

Was ferner zum Leben selbst im Gegensatz steht, wie jede Art Mord, Völkermord, Abtreibung, Euthanasie und auch der freiwillige Selbstmord; was immer die Unantastbarkeit der menschlichen Person verletzt, wie Verstümmelung, körperliche oder seelische Folter und der Versuch, psychischen Zwang auszuüben; was immer die menschliche Würde angreift, wie unmenschliche Lebensbedingungen, willkürliche Verhaftung, Verschleppung, Sklaverei, Prostitution, Mädchenhandel und Handel mit Jugendlichen, sodann auch unwürdige Arbeitsbedingungen, bei denen der Arbeiter als bloßes Erwerbsmittel und nicht als freie und verantwortliche Person behandelt wird: all diese und ähnliche Taten sind an sich schon eine Schande; sie sind eine Zersetzung der menschlichen Kultur, entwürdigen weit mehr jene, die das Unrecht tun, als jene, die es erleiden. Zugleich sind sie in höchstem Maße ein Widerspruch gegen die Ehre des Schöpfers.

Zweites Vatikanisches Konzil

1. *Welche Konsequenzen für das konkrete Leben eines Christen ergeben sich aus den Aussagen der Bibel und der Haltung Jesu?*
2. *Nennen Sie einige Beispiele aus dem NT für das Verhalten Jesu Menschen gegenüber!*
3. *Warum kam es auch in der Kirche zu Menschenrechtsverletzungen?*
4. *Evangelium heißt »Frohe Botschaft«. Welchen Widerspruch möchte die Karikatur aufzeigen?*
5. *Warum sind nach Meinung des II. Vatikanums die aufgezählten Taten eine Schande?*

6.2 Menschenwürde des Todkranken

Gestorben 1977, erlöst 1979 . . .

Kassel (AZ). Eine Todesanzeige mit zwei verschiedenen Daten machte jetzt auf eine Familientragödie in Kassel aufmerksam, die am Freitag mit der Beerdigung des 15jährigen Holger Pankoweit endete. Unter seinem Namen war in der Anzeige zu lesen: Gestorben am 15. August 1977, erlöst am 1. Dezember 1979. Hinter diesen Worten verbirgt sich die Bitterkeit der Eltern, die fast zweieinhalb Jahre vergeblich darum gekämpft hatten, daß ihr Kind in Frieden sterben durfte.

Am Nachmittag des 15. August 1977 hatte nach Angaben der Nachrichtenagentur Reuter der damals zwölfjährige Schüler mit Freunden in einem Freibad im Landkreis Kassel gespielt. Als Holger plötzlich vermißt wurde, war es bereits zu spät: Der Schüler war aus ungeklärter Ursache versunken. Dem mit dem Rettungshubschrauber herbeigeflogenen Notarzt gelang zwar noch die Wiederbelebung des Buben. Auf der Intensivstation des Kasseler Stadtkrankenhauses stellte sich jedoch heraus, daß das Großhirn Holger Pankoweits durch die lange Unterbrechung der Sauerstoffzufuhr irreparable Schäden erlitten hatte und dabei war, sich zu zersetzen.

Nur auf die extreme Stabilität von Herz und Lunge war es zurückzuführen, daß der bewußtlose Bub die folgenden Krisen überstand. Da die Eltern wußten, daß ihr Sohn zeitlebens nur durch künstliche Ernährung und ärztliche Intensivbehandlung am Leben erhalten werden könnte, baten sie die Ärzte, ihr Kind sterben zu lassen.

Nicht nur, daß die Ärzte dies aus ethischen Gründen ablehnten: Der Chefarzt schrieb der Mutter darüber hinaus einen Brief, in dem er ihr vorwarf, sich in gefährlicher Nähe zur Euthanasie der Nationalsozialisten zu bewegen. So richteten die Eltern zuletzt einen ständigen Wachdienst am Bett des Kindes ein, kontrollierten die Medikamentengaben und untersagten ausdrücklich jede lebensverlängernde Behandlung.

Pressenotiz

Was versteht man unter Euthanasie?

Das Wort Euthanasie (wörtlich: guter, sanfter Tod) wird in vielen Bedeutungen gebraucht. Ältere Menschen denken bei Euthanasie in Erinnerung an die NS-Verbrechen an die Tötung »lebensunwerten« Lebens. Dies hatte mit Euthanasie nichts zu tun, sondern war Mord, den man zu beschönigen versuchte. Heute versteht man unter Euthanasie: »Helfen, einen guten Tod zu sterben, durch absichtliche Verkürzung des Sterbeprozesses« (Sporken). Man spricht also besser von Sterbehilfe. Man unterscheidet:

Indirekte Euthanasie: Darf der Arzt dem Patienten schmerzstillende Mittel geben zur Erleichterung des Sterbens, obwohl er weiß, daß diese Mittel das Leben verkürzen?

Passive Euthanasie: Dürfen der Arzt, der Patient oder die Angehörigen darauf verzichten, lebensverlängernde Maßnahmen (z. B. künstliche Beatmung, künstliche Ernährung . . .) zu ergreifen, um den Tod nicht unnötig hinauszuschieben?

Aktive Euthanasie: Darf der Arzt einem unheilbar Kranken eine tödliche Spritze geben, wenn der Kranke es verlangt? Darf er es, wenn nur die Angehörigen des Kranken es verlangen? Darf er es nach eigenem Ermessen ohne Einwilligung des Kranken oder der Angehörigen?

Vorausgesetzt ist dabei immer, daß es sich um ein Leiden handelt, »das unwiderruflich und in absehbarer Zeit zum Tod führen wird« (Sporken). Die Frage nach der Erlaubtheit einer so verstandenen Euthanasie gewinnt heute noch einen besonderen Aspekt, wenn mit einem noch intakten Organ des Sterbenden das Leben eines anderen Menschen gerettet werden könnte.

1. *Nehmen Sie zu dem Zeitungsbericht Stellung!*
2. *Erklären Sie mit eigenen Worten die drei Arten von Euthanasie!*
   Welche Grundbedingung gilt für alle drei?
3. *Warum ist das Problem der Euthanasie heute besonders aktuell?*

Zu bedenken wäre . . .

Jeder Arzt verpflichtet sich:
»Bei meiner Aufnahme in den ärztlichen Berufsstand gelobe ich feierlich, mein Leben in den Dienst der Menschen zu stellen . . . Die Erhaltung und Wiederherstellung der Gesundheit meiner Patienten soll oberstes Gebot meines Handelns sein . . . Ich werde jedem Menschenleben von der Empfängnis an Ehrfurcht entgegenbringen und selbst unter Bedrohung meine ärztliche Kunst nicht im Widerspruch zu den Geboten der Menschlichkeit anwenden.«

Urteil des Bundesverwaltungsgerichtes vom 16. 1. 1964
»Jeder Mensch, also auch der kranke oder in seiner geistigen Verfassung beeinträchtigte oder körperlich mißgestaltete Mensch hat Anspruch darauf, in seiner Menschenwürde geachtet und in seinem Recht auf Leben durch die Rechtsordnung geschützt zu werden . . . Die Vernichtung menschlichen Lebens, bei Kranken also auch die vorzeitige Herbeiführung des Todes, verstößt daher gegen die Rechtsstaatlichkeit, und zwar auch dann, wenn die Tat aus Mitleid begangen wird . . . Nach rechtsstaatlichen Grundsätzen kann daher die Tötung eines Menschen durch formales Gesetz weder gestattet noch geduldet werden.«

Stellungnahme der deutschen Bischöfe

1975 nahmen die deutschen Bischöfe in einem Hirtenwort zur Euthanasie Stellung:
Jeder Mensch hat Anspruch auf ein menschenwürdiges Sterben. Das Sterben ist die letzte große Lebensaufgabe, die der Mensch zu bewältigen hat. Diese Aufgabe kann ihm niemand abnehmen, wohl aber kann und muß ihm dabei geholfen werden. Das besagt in erster Linie, daß die Leiden des Kranken, gegebenenfalls auch unter Anwendung von schmerzstillenden Mitteln, so gelindert werden, daß er seine letzte Lebensphase menschlich zu bewältigen vermag . . .
Anspruch auf menschenwürdiges Sterben kann ferner bedeuten, daß nicht alle medizinischen Mittel ausgeschöpft werden, wenn dadurch der Tod künstlich hinausgezögert würde . . . Solange die Aussicht besteht, daß auf diese Weise der Schwerkranke wiedergesunden kann, werden wir alle derartigen Mittel einsetzen müssen . . . Anders liegt der Fall, wenn jede Hoffnung auf Besserung ausgeschlossen ist . . .
Die Euthanasie als absichtlich herbeigeführte vorzeitige Beendigung des menschlichen Lebens müssen wir ablehnen. Denn hier handelt es sich nicht mehr um Hilfe beim Sterben, um Erleichterung des Sterbens, sondern um die Tötung eines Menschen . . .
Der Mensch hat kein Verfügungsrecht über sein eigenes Leben . . . Der Grundpfeiler der Rechtsordnung . . . würde im Falle der Euthanasie aus den Angeln gehoben . . . Das Gebot »Du sollst nicht töten« gilt für alle Phasen des menschlichen Lebens . . . Jede Aufweichung des sittlichen und rechtlichen Bewußtseins in dieser Frage würde weitreichende Folgen nach sich ziehen . . . Die Euthanasie, mag sie auch zunächst von einer irregeleiteten Barmherzigkeit motiviert sein, ist Ausdruck einer rein diesseitigen Einschätzung des Lebens und eine Absage an die jenseitige Begründung und Verankerung in Gott. Wenn aber der Wert des Lebens, auch des armseligsten Lebens, nicht mehr als in Gott begründet angesehen wird, wonach wird der Mensch dann beurteilt? . . .
Nicht Hilfe zum Sterben, sondern Hilfe im Sterben sind wir dem Kranken schuldig.

1. *Welche Haltung gegenüber Euthanasie wird in diesen Texten deutlich?*
2. *Welche Gründe nennen die Bischöfe für ihre Position?*
3. *Wie beurteilen Sie selbst das Problem der Euthanasie?*

6.3 Die Ungeborenen und die Menschenwürde – Abtreibung

Wir Frauen für Frauen

Kinder werden mißhandelt – weil man sie nicht wollte ● Kinder wachsen in Heimen auf – weil man sie nicht wollte ● Frauen verstümmeln sich – weil sie »es« nicht wollen ● Frauen fürchten zu lieben – weil sie »es« nicht wollen.

Aus Selbstsucht?

Die **Wirklichkeit** ist doch:

Zu viele Kinder –
zu kleine Wohnungen –
Zu früh Kinder – zu wenig Geld.
Das macht uns Frauen kaputt.

Kindergärten sind knapp.
Die Preise steigen.
Unsere Kräfte sind nicht unerschöpflich.

Die **Wirklichkeit** ist doch:

Aufklären tut man uns nicht.
Die Pille vertragen wir oft nicht.
Die Männer scheren sich einen Dreck.

Frauen treiben ab
aus geistiger und seelischer Selbsterhaltung
zu Tausenden.

Deshalb fordern wir Frauen mit der Aktion 218 die ersatzlose Streichung des Abtreibungsparagraphen

Presserechtlich verantwortlich: Aktion 218 – München, Herzogstraße 65 Eigendruck im Selbstverlag

Flugblatt aus der Zeit, als der § 218 revidiert wurde.

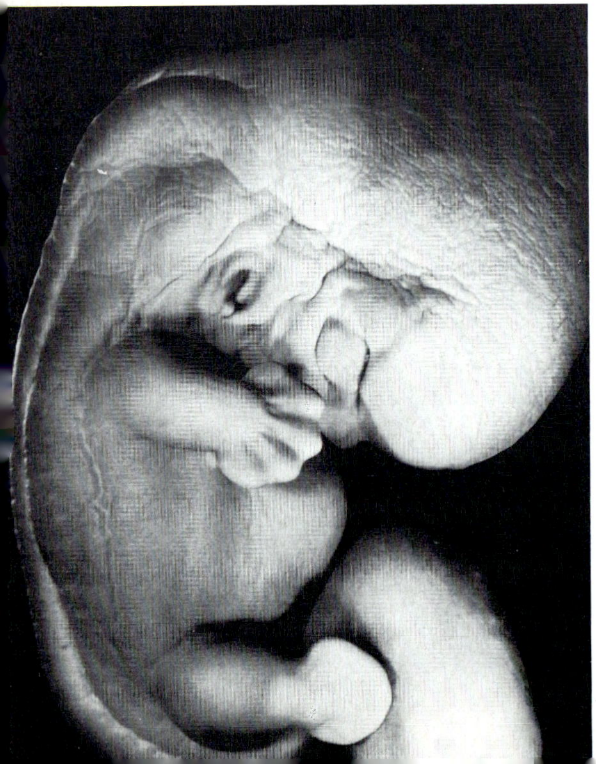

Laßt mich leben!

Acht Wochen bin ich alt,
bin 3 cm groß.

Ich bin kein Teil meiner Mutter,
sondern eine völlig andere Person.

Seit dem Augenblick der Befruchtung
bin ich ein einmaliger Mensch,
der sich selbständig entwickelt.

Ich habe eine eigene Blutgruppe.

Seit dem 18. Tag schlägt mein Herz.

Ich habe Kopf, Brust, Bauch,
Augen mit Netzhaut, Linse, Lid,
Ohren und Nase, Finger und Zehen.

Mein Gehirn ist komplett.

Ich kann Reiz empfinden und Schmerzen fühlen.

Aktion »Lebensrecht für alle«, Augsburg

Konfliktfälle

● Ein Mädchen wird auf dem Heimweg von einem Unbekannten vergewaltigt. Fünf Wochen nach der Tat bestätigt der Arzt die Schwangerschaft. Auf Wunsch der Schwangeren wird nach Feststellung der Indikation der Abbruch in einer Klinik eingeleitet.

● Eine 43jährige Frau hat bereits 4 Kinder im Alter von 16 bis 4 Jahren und arbeitet nebenbei halbtags. Die Aufgabe, in ihrem Haushalt ein weiteres Kind aufzuziehen, würde sie derart überlasten, daß u. a. schwere Entwicklungsstörungen der vorhandenen Kinder die Folge wären.
Die Schwangere ist nach Feststellung ihres Frauenarztes auch körperlich, seelisch und nervlich überfordert, eine neue Schwangerschaft auszutragen. Die Schwangerschaft wird nach Indikationsfeststellung durch einen anderen Arzt abgebrochen.

● Bei der Behandlung einer jungen werdenden Mutter erfährt der Arzt, daß es in der Familie ihres Vaters einen Fall von Mongolismus gegeben hat. In der 18. Woche der Schwangerschaft wird in einer Klinik der Eingriff vorgenommen, denn Untersuchungen bestätigen den Verdacht, daß sich der Mongolismus auf das Kind vererbt hat.

● Eine 33jährige Frau bekommt von einem verheirateten Mann ein Kind. Damit seine Ehe nicht in die Brüche geht, verlangt der Mann, die Schwangerschaft abzubrechen.

● Eine 14jährige Schülerin wird schwanger. Der Rektor der Schule wird von den Eltern über die Schwangerschaft informiert. Er befürchtet eine erhebliche negative Reaktion der Mitschüler, die das Mädchen derart zu belasten droht, daß sie in ihrer Entwicklung zurückgeworfen würde. Ein Psychologe bestätigt, daß das Mädchen weder seelisch noch geistig in der Lage ist, die Verantwortung für das Kind zu übernehmen.

● Eine werdende Mutter bekommt im 3. Monat ihrer Schwangerschaft Röteln. Der Arzt rät zum Schwangerschaftsabbruch, denn durch diese Krankheit besteht die Gefahr, das Kind mit gesundheitlichen Schäden zur Welt zu bringen.

● Eine 38jährige Frau leidet seit ihrer Jugend an einem schweren und operativ nicht zu beseitigenden Herzklappenfehler mit deutlichen Zeichen verminderter Herzleistung. Von ärztlicher Seite wurde der Patientin dringend von Schwangerschaften abgeraten. Dennoch trat eine Schwangerschaft ein, die sofort nach deren Feststellung abgebrochen wurde.

● Eine 28jährige ledige Lehrerin auf einem Dorf erfährt vom Arzt, daß sie schwanger ist. Aus Angst vor dem Dorfgeschwätz läßt sie ihr Kind abtreiben.

---

1. *Nehmen Sie an, die Texte der vorhergehenden Seite seien zwei Plädoyers vor Gericht. Wie würden Sie entscheiden?*
2. *Ist es richtig, wenn jemand auf Kosten des Lebens anderer seine Rechte einklagt?*
3. *Welche Gründe für einen Schwangerschaftsabbruch werden in den einzelnen Fällen angeführt? Ist nach Ihrer Meinung in diesen Konfliktfällen ein Schwangerschaftsabbruch notwendig/gerechtfertigt?*
4. *Nehmen Sie Stellung zu folgenden Schlagworten: »Mein Bauch gehört mir«; »Abtreibung ist Mord in Massen«. Wird man durch solche Schlagworte dem Problem gerecht?*
5. *Worin besteht die Verantwortung des Vaters (Erzeugers) in solchen Konfliktfällen? Wer sonst noch trägt Verantwortung?*

Der § 218 StGB

Nach dem heute gültigen Strafrecht wird jeder, der eine Schwangerschaft abbricht, mit Freiheitsstrafe oder Geldstrafe bestraft. Der Abbruch einer Schwangerschaft durch einen Arzt ist nicht strafbar, wenn:

1. die Schwangere einwilligt
2. die Schwangere sich bei einer anerkannten Beratungsstelle beraten ließ (mindestens 3 Tage vor dem Eingriff)
3. ein Arzt, der nicht selber den Schwangerschaftsabbruch vornimmt, eine der folgenden Indikationen festgestellt hat:
   medizinische Indikation (keine Frist)
   eugenische Indikation (bis 22 Wochen)
   ethische Indikation (bis 12 Wochen)
   Notlagen-Indikation (bis 12 Wochen)
4. die Fristen eingehalten wurden. Sie werden vom Zeitpunkt der Empfängnis gerechnet.
5. ein anderer Arzt als der, der die Indikation festgestellt hat, den Schwangerschaftsabbruch vornimmt. Ein Arzt muß die Schwangere medizinisch beraten.

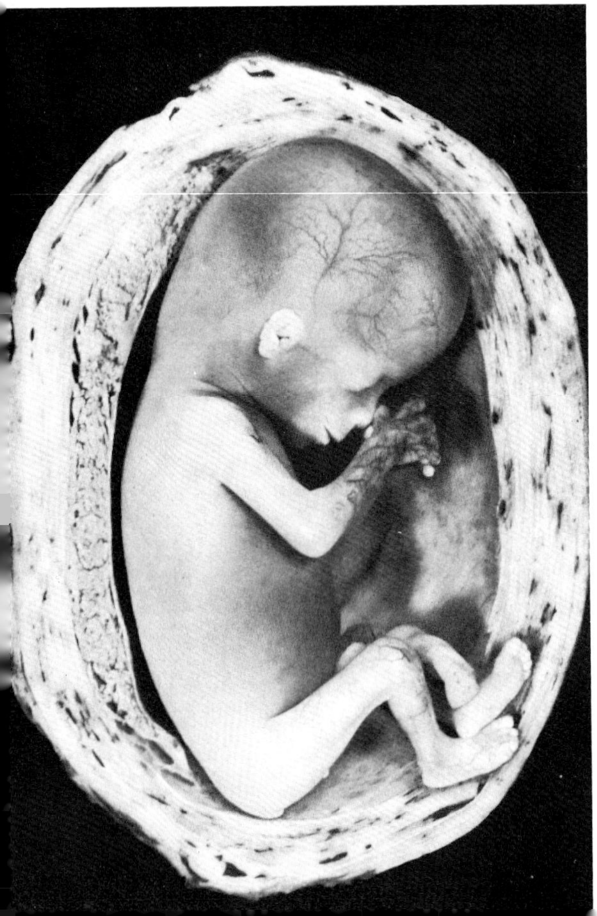

Indikation = angezeigter Grund
Medizinische Indikation:
Schwangerschaft bedeutet eine Gefahr für das Leben oder die Gesundheit der Mutter.
Eugenische oder kindliche Indikation:
Wenn nach ärztlicher Erkenntnis dringende Gründe dafür sprechen, daß das Kind mit einer schwerwiegenden, nicht behebbaren Behinderung geboren würde.
Ethische oder kriminologische Indikation:
Wenn die Schwangerschaft auf einer rechtswidrigen Tat beruht. (Z. B. Vergewaltigung)
Soziale oder Notlagen-Indikation:
Abbruch der Schwangerschaft, um von der Schwangeren eine schwerwiegende, nicht anders behebbare Notlage abzuwenden.

Menschliches Leben von Anfang an

»Tatsächlich entsteht mit der Befruchtung ein neues Lebewesen. Die heute lückenlos gefundenen Stufen der menschlichen Entwicklung haben unmißverständlich und für jedermann verpflichtend ergeben: Menschliche Eigenart, ja sogar individuelle menschliche Eigenart, existiert schon mit der befruchteten Eizelle. Die Chromosomen im befruchteten menschlichen Ei sind immer typisch menschlich und ändern sich nicht während der ganzen Entwicklung. Was sich im Verlauf der Entwicklung ändert, ist nur das Erscheinungsbild, nie aber das Wesen. Man kann also nicht von einer Vorstufe des menschlichen Lebens in der frühen Entwicklungszeit sprechen.«

Professor Blechschmidt/Göttingen

1. *Welches Anliegen steckt hinter der Neufassung des § 218?*
2. *Aus welchen Überlegungen heraus ist die Kirche gegen Abtreibung?*
3. *Welche Hilfsmaßnahmen bietet die Kirche an?*

◁ **Der hier abgebildete Embryo hat eine Länge von etwa 75 mm (4. Monat). In diesem Alter erkennt man bereits individuelle Verschiedenheiten.**

Haltung der Kirche in Worten ...

Da von Anfang an menschliches Leben vorhanden ist, hat niemand das Recht, dieses Leben zu töten. Die Ärzte der ganzen Welt sind sich darin einig, daß menschliches Leben unantastbar ist. Der Weltärztebund erklärte 1970 in seiner Osloer Deklaration: »Der oberste moralische Grundsatz, der dem Arzt auferlegt ist, ist die Achtung des menschlichen Lebens, so wie es in einem Satz des Genfer Gelöbnisses ausgedrückt ist: ›Ich will höchste Achtung vor dem menschlichen Leben von dem Zeitpunkt der Empfängnis an bewahren‹.«
Im gleichen Sinn verpflichtet auch das Gelöbnis, das der Deutsche Ärztetag allen Ärztekammern empfohlen hat und das in die entsprechenden Berufsordnungen der Ärzte übernommen wurde ... Die Forderung, das ungeborene Leben nicht anzutasten, wird also keineswegs nur von der katholischen Kirche erhoben. Es handelt sich vielmehr um eine weltweite, in Jahrtausenden errungene Überzeugung von Menschen verschiedenster Weltanschauungen.
Die Überzeugung der Menschheit wird durch die Offenbarung Gottes bestätigt und bestärkt. Jeder Mensch ist nach dem Wort der Schrift Ebenbild Gottes (vgl. Gen 1,27). Von ihm kommen wir her (1 Tim 6,13). Jeder Mensch ist von Gott geliebt und angeredet. »Ich habe dich bei deinem Namen gerufen, du bist mein« (Jes 43,1). Für jeden Menschen ist Jesus Christus am Kreuz gestorben, damit er ewig lebe und selig werde. Das alles macht die besondere Würde jedes Menschen aus ...

Die Frau hat wie der Mann das Recht auf freie Entfaltung ihrer Person, sie hat das Recht auf die freie Entscheidung ihres Gewissens. Aber jede Freiheit findet ihre Grenze am Recht des anderen. Deswegen hat auch die Frau das unantastbare Recht ihres ungeborenen Kindes auf das Leben zu wahren. Wer hier von der Entlassung in die mündige Gewissensentscheidung spricht, verschleiert den sittlichen und rechtlichen Tatbestand.

... und Taten

Die katholische Kirche wußte sich immer verpflichtet, den in Not Geratenen zu helfen. Dabei hat sie auch Frauen, die durch eine Schwangerschaft in eine Konfliktsituation kamen, geholfen. In allen Diözesen stehen Sozialarbeiter, Eheberater, Ärzte, Priester, Psychologen und Juristen zur fachlichen Beratung und konkreten Hilfe zur Verfügung. Insgesamt gibt es bereits 432 Beratungsstellen mit 552 hauptamtlichen und 1476 ehrenamtlichen Mitarbeitern, außerdem 214 Heime für Kinder und Mütter mit 14910 Plätzen. Auch die katholischen Verbände haben bereits Hervorragendes geleistet. So hat der Sozialdienst katholischer Frauen in den letzten Jahren 3000 bis 4000 Frauen jährlich geholfen, die ohne diese Hilfe die Abtreibung als Ausweg aus ihrer Situation betrachtet hätten. Man kann davon ausgehen, daß durch die caritativen Verbände der beiden Kirchen (Caritas-Verband, Diakonisches Werk, Eheberatungsstellen, Telefonseelsorge u. a.) jährlich in mehr als 30000 Fällen eine Abtreibung verhindert wurde.
Damit können wir uns aber nicht begnügen. Die deutschen Bischöfe haben deshalb beschlossen, die Hilfe zu verstärken, nicht zuletzt durch die Bereitstellung zusätzlicher kirchlicher Finanzmittel. Darüber hinaus bedarf es der tätigen Unterstützung durch unsere Gemeinden. In ihnen muß eine Nächstenliebe lebendig sein, die sich gerade den alleinstehenden Müttern und den kinderreichen Familien zuwendet und sie in der Not nicht allein läßt, sondern ihre Last tragen hilft. Insbesondere bitten wir die Ärzte, Apotheker und Krankenschwestern, zusammen mit den Priestern und den Helfern und Helferinnen der Pfarrcaritas, diesen wichtigen Dienst zu leisten.
Die Sorge unserer christlichen Gemeinden muß es sein, das ohnehin schwere Los lediger Mütter und unehelicher Kinder zu erleichtern, statt sie gering zu schätzen.
Wir werden uns auch für eine Verbesserung des Adoptionsrechtes einsetzen.

Aus dem Hirtenwort der deutschen Bischöfe zum Schutz des ungeborenen Lebens

Wer Abrüstung fordert, kann Abtreibung nicht gutheißen

»Schützt das Leben« argumentiert die Friedensbewegung in diesem Herbst (1983). Sind mit diesem Schutz auch die Ungeborenen gemeint?

»Frieden ist nicht, wenn in der reichen Bundesrepublik jährlich etwa 70000 Babies aus angeblich sozialen Gründen im Mutterleib getötet werden.«

Als ich diesen Satz beim Ostermarsch '83 in Köln vor 50000 Anhängern der Friedensbewegung sagte, gab es ein minutenlanges Pfeifkonzert. Danach erhielt ich viele Briefe. Viele Teilnehmer bedankten sich, andere sprachen von Entgleisung, Irrtum und falsch verstandener Moral. Ich wußte bis dahin gar nicht, wie viele Gründe es gibt, einen Menschen zu töten.

Mir fiel auf, daß manche Anhänger der Friedensbewegung, wenn es um Abtreibung geht, ähnlich blind und inhuman argumentieren wie manche Militärs und Politiker, wenn sie Atombomben zur Friedenssicherung rechtfertigen. Abtreibungsbefürworter weisen immer darauf hin, daß ja niemand einen Abbruch mit Freude vornehmen lasse. Das ist die Parallele zum Argument der Nachrüster: Atomare Rüstung mache natürlich keine Freude, aber leider zwingen die Umstände, gemeint sind die Sowjets, dazu. Des einen soziale Notlage sind des anderen Sowjets. Theoretisch sind die Nachrüster so für Abrüstung, wie Befürworter der Abtreibung für Gewaltlosigkeit sind. Praktisch tun jedoch beide das Gegenteil. Und an Ausreden fehlt es keinem. Wer abrüsten will, muß abrüsten, und wer für Gewaltlosigkeit ist, kann nicht für gewaltsamen Schwangerschaftsabbruch sein; er sollte vielmehr alternative, gewaltfreie Schwangerschaftskonfliktlösungen fördern und die Ursachen der Abtreibung zu beseitigen suchen. Abtreibung hat so wenig mit wahrhafter Emanzipation zu tun wie Atombomben mit wahrhaftem Frieden.

Dr. Franz Alt, Leiter der Report-Redaktion des Südwestfunks Baden-Baden und Autor des Buches »Frieden ist möglich«.

Die eigentliche Sünde unserer Zeit ist unser fehlendes Sündenbewußtsein. Wir töten, wir bereiten den Untergang der Menschheit mit bestem Gewissen vor. Diese mangelnde Sensibilität gegenüber dem Bösen macht Umdenken und Umkehr fast unmöglich.

Bei Jesus ist jede Gewalt Sünde! Ist das Töten eines kleinen schutzlosen Menschleins im Mutterleib nicht Gewalt, auch wenn die Waffen, die dabei benutzt werden, harmlose medizinische Namen tragen?

Wie will die Friedensbewegung auf Dauer und glaubhaft eine Bewegung der Gewaltlosigkeit sein, aber schweigen zur Gewalt in Form massenhafter Abtreibung? Jede Manipulation am Leben ist Sünde und damit inhuman. Die Manipulation am individuellen ungeborenen Leben ebenso wie die massenhafte Manipulation durch die immer wahrscheinlicher werdende Vernichtung der Menschheit. Eine gewaltsame Schwangerschaftskonfliktlösung widerspricht dem Prinzip der Gewaltfreiheit.

Friedensbewegung und christliche Kirchen sind sich trotz taktischer Annäherung noch immer in vielem fremd. Das wird sich in diesem Herbst erweisen. Die Kirchen stehen zwar an der Spitze beim Kampf für das ungeborene Leben, aber zögern noch immer, die Massenvernichtungswaffen ohne Wenn und Aber zu ächten.

Die Friedensbewegung ist zwar für ein Nein ohne jedes Ja zu Massenvernichtungswaffen, aber diskutiert viel zuwenig die Ursachen des

Unfriedens. Raketen sind nicht die Ursachen der heutigen Menschheitsgefährdung, sie sind lediglich die schlimmsten Folgen. Die Ursachen liegen in uns. Wir haben wenig Ehrfurcht vor dem Leben. Unsere heutige Wegwerfmentalität trifft nicht nur Konsumartikel, sie macht selbst vor Mensch und Tier nicht halt. Albert Schweitzers »Ehrfurcht vor dem Leben« war ganzheitlich gemeint. Alles andere ist eine Selbsttäuschung, die auf mangelnder Selbsterkenntnis beruht. Mit Atombombenpolitik tötet man ebenso wie mit Abtreibung ein Stück seiner selbst. Mit jeder Abtreibung töten wir ein Ebenbild Gottes. Zu unserer Vernichtung brauchen wir Gott schon nicht mehr, aber wir brauchen ihn zu unserer Rettung. Wenn er uns aber retten soll, müssen wir uns auch retten lassen. Das heißt: Wir müssen Gott in uns wieder entdecken.

Es gibt sicher keinen Frieden, wenn es immer mehr Atomwaffen gibt. Das Angebot des Bergpredigers zur Überwindung der Gewalt ist die Liebe. Es gibt aber auch zuwenig Liebe über den Leichen von jährlich 100 000 Ungeborenen allein in der Bundesrepublik. Von wirklicher Gewaltfreiheit können wir erst reden, wenn wir sie politisch und persönlich meinen. Mahatma Gandhi, Vorbild der Friedensbewegung, war nicht nur ein Verfechter politischer Gewaltfreiheit, er war auch Abtreibungsgegner.

Franz Alt

Abtreibung durch Salzvergiftung

Diese Methode ist in den USA und in Canada die zweithäufigste Art der Abtreibung. Sie wird nach der 16. Schwangerschaftswoche angewandt, wenn sich in dem das Baby umgebenden Sack genügend Flüssigkeit angesammelt hat. Eine lange Nadel wird durch den Unterleib der Mutter in die Fruchtblase eingeführt, und eine konzentrierte Salzlösung wird injiziert. Das Baby atmet das Salz ein, schluckt es und wird so vergiftet. Die äußere Schicht der Haut wird vollkommen verätzt und verbrannt. Es dauert mehr als eine Stunde, ein Baby auf diese Weise langsam zu töten.

Wenn die Mutter Glück hat und keine Komplikationen entstehen, so setzen etwa einen Tag später die Wehen ein, und sie bringt ein furchtbar zugerichtetes totes Baby zur Welt.

Aktion »Lebensrecht für alle«, Augsburg

1. *Welche Parallelen zeigt Alt in der Argumentation der Abtreibungsbefürworter und der Befürworter einer atomaren Bewaffnung?*
2. *Warum müßte nach Alt die Friedensbewegung wesenhaft gegen Abtreibung sein?*
3. *Können Sie für sich die Aussage von Franz Alt übernehmen? Begründen Sie!*

6.4 Frieden sichern – aber wie?

Hin- und hergerissen

Im Sommer 1983 fand auf dem amerikanischen Luftwaffenstützpunkt in Rammstein ein Flugtag statt. Zehntausende kamen, um die militärische Entwicklung der letzten Jahre zu bestaunen. Fasziniert schauten sie zum Himmel, wo Militärmaschinen einzeln oder im Verband vorbeidonnerten. Technisches Spektakel oder Demonstration militärischer Stärke?

Demonstranten, die bei dieser Flugschau gegen die Rüstung demonstrierten, wurden beschimpft. Niemand wollte sich das Vergnügen durch Mißtöne verderben lassen. Die Musik machten die Düsenjäger und Kampfhubschrauber. Hirnlose Begeisterung für Militärtechnik oder Solidarität mit denen, die die Freiheit sichern?

Während
vier Stunden werden in der Welt
etwa 500 Millionen Mark
für Rüstung ausgegeben, zugleich
verhungern 7000 Kinder.
Wenn die Entwicklung so weitergeht
wie in den letzten
20 Jahren,
werden sich diese Zahlen bis zum
Jahr 2000 verdoppeln.
Die Welt ist heute ein atomares
Pulverfaß.
Für jeden Menschen liegen mehrere
Tonnen Sprengstoff bereit.
Es gibt pro Kopf
mehr Sprengstoff als Nahrungsmittel.
Das kann tödlich enden.
Franz Alt

Kinder in der DDR: Im Kleinpanzer fahren zwei Jungen nach einem Pioniermanöver bei einer »Feldparade« durch Dresden.

Formen und Ursachen des Unfriedens

Unruhen, Terror, Bürgerkriege und zwischenstaatliche Kriege rücken uns heute, wo immer sie sich ereignen, durch die Nachrichtenmedien näher als je zuvor; die Erde erweist sich als eine Stätte voller Aggressionen, auf der friedliche Zustände und Entwicklungen ständig bedroht sind. Unfrieden herrscht aber nicht nur bei offener Anwendung von Gewalt, er äußert sich in vielfältigen Formen:

- Im Ost-West-Konflikt, einem Konflikt zwischen nuklear gerüsteten Supermächten und deren Bündnissystemen, in dem sowohl gegensätzliche Weltanschauungen und Gesellschaftssysteme als auch Großmachtinteressen aufeinandertreffen, ist bisher eine weltweite bewaffnete Auseinandersetzung vermieden worden . . .
- Außerhalb des unmittelbaren Ost-West-Konflikts werden bis in die Gegenwart hinein Kriege geführt, deren vernichtende Wirkung durch Lieferung moderner Waffen seitens vieler Industrieländer bzw. durch deren Einsatz noch gesteigert wird . . .
- Der Nord-Süd-Konflikt, ein Konflikt zwischen Industrie- und Entwicklungsländern, zwischen reichen und armen, mächtigen und ohnmächtigen Ländern, verschärft sich . . . immer mehr und steigert dadurch die Tendenz zur Friedlosigkeit. Dieser globale Konflikt setzt sich innerhalb der Entwicklungsländer fort: . . . Gewaltsame Revolutionen werden im selben Maß wahrscheinlicher, wie die notwendigen gesellschaftlichen Änderungen unterbleiben und die Menschen sich der Ungerechtigkeit ihrer Lage bewußt werden.
- Noch immer, und neuerdings verstärkt, wirken sich nationalistische Verhaltensweisen nachteilig auf das Zusammenleben der Völker aus oder bedrohen gar andere Länder. In vielen Staaten, teilweise auch bei uns, werden einzelne und Gruppen wegen ihrer Rasse, Religion oder politischen Einstellung, ihrer Stammeszugehörigkeit oder Nationalität diskriminiert. In manchen Ländern werden darüber hinaus Millionen von Menschen unterdrückt, in Abhängigkeit gehalten oder in ihren Menschenrechten verletzt . . .
- Häufig werden Ideologien verschiedener Richtungen benützt, um Machtausdehnung, Unterdrückung und Ausbeutung zu rechtfertigen. Sie verschärfen bestehende Spannungen und Konflikte . . .
- Gesellschaftliche Schranken und Sperren in den verschiedenen Lebensbereichen, die dadurch bedingte ungleiche Verteilung von Lebenschancen . . . fördern aggressive Verhaltensweisen . . .
- Auch in der Kirche werden Meinungsunterschiede vielfach zu unversöhnlichen Gegensätzen.

Gemeinsame Synode

Aggression = Angriffsverhalten, von lat. aggredi = herangehen, angreifen. Die Forschung kennt drei grundlegende Erklärungsversuche für Aggression beim Menschen:

Triebtheorie: Aggressionsfähigkeit ist eine ursprüngliche, angeborene Triebanlage des Menschen. Der Mensch möchte von Natur aus herrschen, sich durchsetzen, sich verteidigen.

Frustrationstheorie: Das aggressive Verhalten des Menschen wird durch Frustrationen (Enttäuschungen) verursacht. Wenn elementare Bedürfnisse und Wünsche des Menschen nicht erfüllt werden, reagiert der Mensch darauf mit Aggressivität. Das gilt in allen Bereichen des Lebens: Straßenverkehr, Politik, Ich-Du-Beziehung, Karriere, Besitz.

Erlerntes Verhalten: Aggressives Verhalten wird schon in der Kindheit erlernt. Einmal dadurch, daß das Kind erfährt, daß es mit aggressivem Verhalten seine Ziele leichter und schneller erreicht. Zum andern lernt der Mensch am Verhalten anderer, die sich mit aggressivem Verhalten durchsetzen: Angefangen vom Vater, der die Kinder schlägt, bis hin zu Fernsehsendungen, in denen der Held durch Gewalt erfolgreich ist. Verhalten, durch das am meisten erreicht wird, wird nachgeahmt.

1. *Welche Formen des Unfriedens nennt die Synode, und worin sieht sie die Ursachen?*
2. *Diskutieren Sie die Erklärungsversuche für Aggression! Schließen sie sich gegenseitig aus?*

Wandel kirchlicher Stellungnahme zum Krieg

Augustinus († 430 n. Chr.), der den Krieg zunächst als Teufelswerk sieht, entwickelte später die Lehre vom gerechten Krieg. Nach ihm ist ein Krieg dann gerecht, »wenn er 1. dem Frieden als Ziel dient, 2. sich gegen ein begangenes Unrecht richtet, 3. die legitime Autorität den Krieg anordnet und 4. die Kriegsführung nicht gegen die Weisungen Gottes verstößt« (z. B. keine Beutegier, keine Grausamkeiten). Auf den Gedanken des Augustinus hat Thomas von Aquin († 1274 n. Chr.) das Verständnis des gerechten Krieges weiterentwickelt.

Diese Auffassung galt das ganze Mittelalter bis in die Neuzeit.

In der Neuzeit setzt das II. Vatikanische Konzil einen neuen Akzent. »Mit der Fortentwicklung wissenschaftlicher Waffen wachsen der Schrecken und die Verwerflichkeit des Krieges ins Unermeßliche. Die Anwendung solcher Waffen im Krieg vermag ungeheure und unkontrollierbare Zerstörungen auszulösen, die die Grenzen einer Verteidigung weit überschreiten. Ja, wenn man alle Mittel, die sich schon in den Waffenlagern der Großmächte befinden, einsetzen würde, würde sich daraus eine fast totale und gegenseitige Vernichtung des einen Gegners durch den anderen ergeben, abgesehen von den zahllosen Verwüstungen in der Welt, die dem Gebrauch solcher Waffen als verhängnisvolle Nachwirkungen folgen.

All dies zwingt uns, die Frage des Krieges mit einer ganz neuen inneren Einstellung zu prüfen. Die Menschen unseres Zeitalters sollen wissen, daß sie über ihre kriegerischen Handlungen einmal schwere Rechenschaft abzulegen haben. Von ihren Entscheidungen hängt nämlich weitgehend der Lauf der Zukunft ab. Deshalb macht sich die heilige Synode die Verurteilung des totalen Krieges, wie sie schon von den letzten Päpsten ausgesprochen wurde, zu eigen und erklärt: Jede Kriegshandlung, die auf die Vernichtung ganzer Städte oder weiter Gebiete und ihrer Bevölkerung unterschiedlos abstellt, ist ein Verbrechen gegen Gott und gegen den Menschen, das fest und entschieden zu verwerfen ist.«

Gaudium et spes, Nr. 80

Zum Rüstungswettlauf sagt die gleiche Pastoralkonstitution ziemlich klar:

Der Rüstungswettlauf ist eine außerordentlich ernste Gefahr für die Menschheit und eine unerträgliche Verletzung der Armen. Wenn er andauert, ist sehr zu fürchten, daß er eines Tages all das tödliche Unheil anrichtet, zu dessen Herbeiführung er schon die Mittel bereitstellt.

Gaudium et spes, Nr. 81

Eine Kindererinnerung an Hiroshima

Fünf Jahre war Shigeko Hirata alt, als die Atombombe fiel. Sechs Jahre später erinnert er sich:

»... Nachdem ich Vater zum Büro gebracht hatte, spielte ich vor dem Haus. Plötzlich gab es eine Wolke aus gelbem Rauch und einen unbeschreiblich lauten Krach ... Mir war, als ob etwas sehr Schweres auf mich drückte, und ich konnte mich nicht bewegen. Allmählich wurde der Rauch dünner, und ich konnte erkennen, daß das Haus zerstört war. Mutter gelang es, aus der zerstörten Küche herauszukommen. Im Haus selbst konnte man keinen Schritt tun. Oma war krank und hatte im Schlafzimmer im Bett gelegen. Sie wurde, so wie sie war, verwickelt im Bettzeug, durch den großen Druck herausgeschleudert. Glücklicherweise wurde sie überhaupt nicht verletzt ...

Flammen erhoben sich, und wir konnten keine Minute länger im Haus bleiben. Mutter nahm Oma auf den Rücken, und wir kletterten auf das Flußufer. Viele Menschen flohen aus der Stadt. Fast keiner von ihnen war wiederzuerkennen. Manchen war die Haut weggebrannt, ihre Gesichter waren rot und geschwollen, man sah rohes Fleisch, und es war schwer zu erkennen, wo ihre Augen und ihr Mund war.

Rauch von brennenden Häusern lag über der Stadt, es war schwarz wie die Hölle ... Da kam Vater heraufgerannt. Sein Gesichtsausdruck war unbeschreiblich von Schmerz erfüllt. Er hatte eine furchtbare Wunde auf dem Rücken, und man konnte nicht sagen, ob sie schwarz oder gelb war, aber es war eine schreckliche Farbe. Das Haar auf seinem Kopf sah aus, als ob es mit Asche bedeckt war... Wenn ich jetzt meine Augen schließe, erinnere ich mich an alle diese furchtbaren Anblicke und mir ist, als zittere ich wieder.

Bald danach starb Vater an der radioaktiven Krankheit. Die Wunde an meinem Bein heilte lange nicht, und es dauerte ein ganzes Jahr, bis ich keinen Verband mehr zu tragen brauchte.

Ich verabscheue aufrichtig einen derartigen fürchterlichen Krieg ... ... bitte, macht nicht noch einen Krieg und laßt uns zusammengehen und einander in Frieden an den Händen halten ...«

Shigeko Hirata

Täglich ein 2. Weltkrieg – 30 Jahre lang

In einer Schrift der Initiative »Ärzte warnen vor dem Atomkrieg« werden einige schreckliche Tatsachen in Erinnerung gebracht:

Um einen zukünftigen Atomkrieg wenigstens theoretisch faßbar zu machen, sind hier einige schreckliche Zahlen genannt: Eine einfache Mittelstreckenrakete besitzt heute die Sprengkraft von einer Megatonne. Das sind 1 000 000 Tonnen Sprengkraft – soviel wie alle im 2. Weltkrieg abgeworfenen Bomben zusammen.

Dabei haben die stärksten Atombomben heute sogar die zwanzigfache Sprengkraft. Das sind 20 000 000 Tonnen oder 20mal die Sprengkraft aller im 2. Weltkrieg gezündeten Bomben in *einer* Bombe.

Das gesamte Arsenal nuklearer Waffen beträgt mittlerweile über 13 500 Megatonnen, das entspricht 1 Million Hiroshima-Bomben. Oder anders ausgedrückt: Mit diesem Potential läßt sich über *30 Jahre lang täglich* das Ausmaß aller Verwüstungen des 2. Weltkrieges herbeiführen.

Nach dem 2. Weltkrieg hatten der Mensch und die Natur eine Chance, sich zu regenerieren. Bei einem Atomkrieg wird es kein Nachher geben.

---

1. *Wie und wodurch hat sich die Einstellung der Kirche zum Krieg geändert?*
2. *Die Bilder zeigen, daß Kriege mit dem Lauf der Geschichte immer schlimmer wurden. Sehen Sie darin eine Einwirkung auf die Haltung der Kirche?*
3. *Was bewirkt das furchtbare Erlebnis der Atombombe bei dem kleinen Japaner?*

6.5 Eine Gewissensentscheidung: Wehrdienst oder Ersatzdienst

Ist doch ganz logisch

Für den Frieden ist schließlich jeder. Nur – wie dient man dem Frieden? »Das ist doch ganz logisch: indem man sich weigert, Krieg zu führen, mit sich Krieg führen zu lassen. Indem man sich weigert, auf andere zu schießen, auf andere Bomben zu werfen, andere zu töten. Indem man sich schon weigert, dafür ausgebildet zu werden. Mit einem Wort: indem man den Kriegsdienst verweigert – den Dienst in der Bundeswehr, der der Vorbereitung auf den Ernstfall Krieg dient. Wer anders handelt, dient nicht dem Frieden. Ist doch ganz logisch!« Sagen die Kriegsdienstverweigerer.

»Der Ernstfall heißt Friede. Es ist der Friede, der von der Bundeswehr gesichert wird. Denn die Bundeswehr ist ein ›Kriegsverhinderungsinstrument‹: Nicht Krieg führen, sondern den Frieden sicher machen, ist ihre Aufgabe. Womit der Dienst in ihr zum Friedensdienst wird. Womit die ›anderen‹, die diesen Dienst verweigern, Friedensdienst- und nicht Kriegsdienstverweigerer sind. Ist doch ganz logisch!« Sagen die Wehrdienstleistenden.

Sind diese Gedanken nur ein Jonglieren mit Begriffen oder steht dahinter wirklich Gewissensnot, Bemühen um die richtige Entscheidung? So vieles kann unbewußt mit im Spiel sein: Angst, Bequemlichkeit, Gleichgültigkeit, Vorurteile. Die Zahl der Wehrdienstverweigerer ist drastisch gefallen, seit die Ersatzdienstzeit gegenüber der Wehrdienstzeit um einige Monate länger ist. Ist dies der Beweis, daß die meisten nur den leichteren Weg gehen wollten? Auf welcher Seite stehen die besseren Christen? Die Kirche berät Wehrdienstverweigerer und betreibt gleichzeitig Militärseelsorge. Respektiert sie damit die Gewissensentscheidung, oder hat sie Angst davor, klare Stellung zu beziehen?

Aus dem Grundgesetz

»Niemand darf gegen sein Gewissen zum Kriegsdienst mit der Waffe gezwungen werden. Das Nähere regelt ein Bundesgesetz.« (Art. 4 Abs. 3 GG)
»Männer können vom vollendeten achtzehnten Lebensjahr an zum Dienst in den Streitkräften verpflichtet werden.« (Art. 12a GG)

»Der Bund stellt Streitkräfte zur Verteidigung auf. Ihre zahlenmäßige Stärke und die Grundzüge ihrer Organisation müssen sich aus dem Haushaltsplan ergeben.« (Art. 87a GG)

Kirchliche Position

Im NT gibt es kein allgemeines Verbot des Waffendienstes. Das NT ist aber ein einziger Aufruf zum Frieden. Wer in die Nachfolge Jesu tritt, stiftet Frieden und ist auch bereit, seinen Feind zu lieben. Das bedeutet, daß der Christ eigentlich alles tun muß, Kriege zu verhindern. Der Christ hat aber auch das Recht wie jeder andere Mensch, sein Leben und das der seinen zu schützen. Angesichts der Anforderung des Staates, Wehrdienst zu leisten, erkennt die Kirche daher an, daß ein Christ in dieser Frage zu gegensätzlichen Entscheidungen kommen kann: Soldat zu werden oder den Wehrdienst zu verweigern und statt dessen einen anderen sozialen Dienst für die Gemeinschaft zu leisten. Jeder muß eine persönliche Gewissensentscheidung treffen. Beide, Wehrdienst und Ersatzdienst, können ein Dienst am Frieden sein. In der Seelsorge bemüht sich die Kirche um beide: Soldaten und Wehrdienstverweigerer. Allerdings ist für die Kirche auch klar, daß ein Angriffskrieg niemals sittlich erlaubt sein kann. In einem solchen Fall müßte auch ein Soldat den Dienst mit der Waffe verweigern. Sittlich erlaubt ist nur ein Verteidigungskrieg.

Soll ich oder soll ich nicht?

Dafür:
- Möglichkeit einer guten Ausbildung
- vielleicht Führerschein Kl. II
- sicherer Arbeitsplatz
- Frieden sichern
- Freiheit verteidigen
- von zu Hause fort (endlich)
- Kameraden kennenlernen
- evtl. Aufstiegschancen

Dagegen:
- wenig Sold
- evtl. Verkauf des Autos
- nur Befehle ausführen
- im Dreck robben
- Zeitverlust
- Ausbildung an Waffe
- evtl. töten müssen
- von zu Hause fort (leider)
- wenn doch Krieg?

1. *Sind die Beweisketten in dem Text »Ist doch logisch« wirklich logisch?*
2. *Unter welcher gemeinsamen Bedingung erkennt die Kirche den Wehrdienst und den Ersatzdienst an? Lesen Sie dazu auch die Mahnungen der Päpste auf S. 151!*
3. *Wie beurteilen Sie ethisch einen sog. Präventivkrieg? (Man kommt dem zum Angriff entschlossenen Gegner durch einen Angriff zuvor zum Zwecke der Verteidigung. Beispiel: 6-Tage-Krieg 1967 Israel – Ägypten)*
4. *Beurteilen und ergänzen Sie die Überlegungen »Soll ich oder soll ich nicht«!*
5. *Unter welcher Bedingung erlaubt das GG die Bundeswehr?*
6. *Welche unterschiedliche Einstellung wird daran erkenntlich, ob einer »Wehrdienst« oder »Kriegsdienst« sagt?*

6.6 Frieden sichern – Frieden schaffen

Verschiedene Wege?

Der Jugend der ganzen Welt sage ich: Laßt uns gemeinsam eine neue Zukunft der Brüderlichkeit und Solidarität bauen! Laßt uns die Hände reichen unseren notleidenden Brüdern und Schwestern, die Hungernden speisen, die Obdachlosen beherbergen, die Unterdrückten befreien, Gerechtigkeit bringen, wo Ungerechtigkeit herrscht, und Frieden, wo nur Waffen das Wort haben . . .
Laßt uns bewußt werden, daß Liebe und Mitteilen keine entrückten Ideale sind, sondern der Weg zu dauerndem Frieden – zum Frieden Gottes.

Papst Johannes Paul II.
am 25. 2. 1981 in Hiroshima

Ganz unverhofft an einem Hügel
sind sich begegnet Fuchs und Igel.
Halt, rief der Fuchs, du Bösewicht
kennst du des Königs Ordre nicht?

Ist nicht der Friede längst verkündigt,
und weißt du nicht, daß jeder sündigt,
der immer noch gerüstet geht?
Im Namen Seiner Majestät!

Geh her und übergib dein Fell!
Der Igel sprach: Nur nicht so schnell –
laß dir erst deine Zähne brechen,
dann wollen wir uns weiter sprechen!

Und alsogleich macht er sich rund,
schließt seinen dichten Stachelbund
und trotzt getrost der ganzen Welt,
bewaffnet, doch als Friedensheld.

Wilhelm Busch

Abschreckung
Der Friede wird bewahrt, wenn der mögliche Angreifer Angst haben muß, daß ihm nach dem Angriff ein unannehmbar hoher Schaden zugefügt wird. Das Risiko eines Angriffs muß so unkalkulierbar sein, daß niemand dieses Risiko eingehen möchte.
Deshalb ist die Forderung: Möglichst gute Rüstung. Jeder neuen Waffe auf der einen Seite muß eine bessere Waffe auf der anderen Seite entgegengesetzt werden. Das ergibt

zwar eine sich ständig höher schraubende Rüstungsspirale, aber der Friede bleibt sicher.

Abrüstung – oder den ersten Schritt tun
Natürlich wäre es das beste, wenn alle abrüsten. Nachdem durch Verhandlungen aber so wenig erreicht wird, muß einer einfach einmal den ersten Schritt tun. Nur dadurch, daß auf einer Seite der ständige Rüstungswettlauf nicht mehr mitgemacht wird, besteht die Chance, daß die andere Seite zumindest nicht weiter rüstet. Das wäre schon sehr viel. Ist dieser Schritt einmal gelungen, dann müßte es möglich sein, allmählich die Waffenarsenale zu verringern. Es bleibt den Menschen eigentlich gar nichts anderes übrig, denn sonst wächst die Gefahr, daß die Erde durch Atomwaffen total vernichtet wird, ins Unkalkulierbare. Vor allem müßte jetzt auch schon ein absoluter Stop für Waffenexporte in andere Länder erreicht werden.

Friedensbewegung

Die »Friedensbewegung« setzt sich aus vielen verschiedenen Gruppierungen zusammen, die zwar das gleiche Ziel (Frieden) haben, aber sich nicht über den Weg zu diesem Ziel einig sind. Als Beispiele seien hier drei christliche Friedensinitiativen genannt:

Pax Christi: 1944 entstanden. Die Ziele sind: Versöhnung, internationale Verständigung, Abrüstung und gewaltfreie Konfliktlösung.
»Auch einseitige Abrüstungsvorleistungen sind in die Rüstungspolitik einzubeziehen. Ohne Minderung der eigenen Sicherheit können sie Vertrauensbildung begünstigen, indem sie der anderen Seite Verhandlungsbereitschaft signalisieren ...«
Ohne Rüstung leben: 1978 ins Leben gerufene evangelische Aktion. Sie hat folgende Selbstverpflichtung: »Ich bin bereit, ohne den Schutz militärischer Rüstung zu leben. Ich will in unserem Staat dafür eintreten, daß Frieden ohne Waffen politisch entwickelt wird.«
Sicherung des Friedens: 1980 entstandene evangelische Initiative. »Jedes Staatswesen ist verpflichtet, nach Kräften das Leben seiner Bürger und deren grundlegende Menschenrechte zu schützen. Dieser Schutz ist nicht nur gegenüber kriminellen Handlungen im Innern, sondern auch gegen auswärtige Mächte erforderlich, die mit äußerlicher Gewalt die Freiheit und Menschenrechte gefährden. Die Erhaltung und Wiederherstellung des Friedens muß dabei immer der leitende Gesichtspunkt sein. Soweit dafür eine militärische Sicherung nötig ist, bejahe ich sie. Ich bejahe vor allem jede Bemühung um Abrüstung auf der Basis eines ausgewogenen Kräfteverhältnisses.«

Alterna(t)iven

Mach aus Schwertern Pflugscharen

Text: Josef Reding
Musik: Ludger Edelkötter

Die Schwerter haben zu lang schon gewütet.
Kanonen haben zu lang schon gebrüllt.
Menschen wurden geboren, behütet
und dann in den Kriegen wie Schlachtvieh gekillt.
Höchste Zeit die Schwerter umzuschmieden,
den Mordstahl zu verglühn.
Höchste Zeit in einem waffenfreien Frieden
als Pflugschar durch den Grund zu ziehn.

Die Schwerter haben zuviel schon gekostet,
Schwerter brachten zu oft schon den Tod.
Schwerter töten, Schwerter rosten.
Der Mensch braucht Arbeit, Brot, nicht den Tod.
Höchste Zeit die Schwerter umzuschmieden,
den Mordstahl zu verglühn.
Höchste Zeit in einem waffenfreien Frieden
als Pflugschar durch den Grund zu ziehn.

1. *Welcher der aufgezeigten Wege zum Frieden erscheint Ihnen als der beste? Welchen Weg zeigt das Bild und welchen unser Papst?*
2. *Kann ein Weg allein zum Frieden führen oder gehören diese vier Wege notwendig zusammen?*
3. *Welche unterschiedlichen Wege zeigen die drei genannten christlichen Friedensinitiativen auf?*
4. *Sind die Aussagen der Karikatur und des Liedes Möglichkeiten, zum Frieden zu kommen?*

nach: Wolter

6.7 Die Friedensbotschaft der Bibel

Schalom im AT

Das Wort ›Schalom‹ geht auf eine Wurzel zurück, die Unversehrtheit und Vollständigkeit bezeichnet. So versteht die Bibel unter einem Leben in Frieden nicht nur ein Leben in Ruhe ohne Bedrohnis durch Feinde, sondern darüber hinaus ein erfülltes, gesundes, reiches und rundes Leben. Friedenszeiten sind nicht nur Zeiten ohne Krieg, sondern Zeiten der Freude, des Erfolgs, der Feste, der erfüllten Wünsche. Frieden ersehnt der Mensch der Bibel nicht nur mit dem Mitmenschen. Auch mit Gott, mit sich selbst und der umgebenden Natur möchte er in Frieden leben, in einer Harmonie des Segens und eines fehlerlosen Heils.

Dieter Emeis

Die Menschen erfahren aber, daß »Schalom« immer wieder gestört ist; hauptsächlich durch die Menschen selbst. Deshalb verkünden die Propheten gerade in Zeiten der Bedrängnis, daß Gott selbst durch den kommenden Messias der Welt endgültig Schalom bringen wird.

Jesus, unser Friede

Im NT finden wir keine Abhandlung über Frieden, aber das ganze Handeln Jesu ist ein einziger Aufruf zu Frieden und Gerechtigkeit. Immer wieder mahnt Jesus die Menschen, Frieden zu stiften, Unrecht nicht mit Unrecht zu vergelten. Immer wieder sagt Jesus den Menschen auch den Frieden mit Gott (Vergebung) zu. Er selbst ist Gottes Friedensgeschenk. Es geht Jesus darum, die innere Haltung des Menschen zu ändern, denn sie ist die Wurzel des Unfriedens. Der einzelne Mensch muß sich um Frieden bemühen und so mitarbeiten am Kommen des Reiches Gottes. Trotzdem bleibt auch für Jesus der Friede ein Geschenk Gottes. Dieses Geschenk blitzt in Jesus auf, aber es ist erst vollendet, wenn Gottes Reich den Menschen endgültig geschenkt wird.

»Das Volk, das im Dunkel lebt, sieht ein helles Licht; über denen, die im Land der Finsternis wohnen, strahlt ein Licht auf. Du erregst lauten Jubel und schenkst große Freude. Man freut sich in deiner Nähe, wie man sich freut bei der Ernte, wie man jubelt, wenn Beute verteilt wird. Denn wie am Tag von Midian zerbrichst du das drückende Joch, das Tragholz auf unserer Schulter und den Stock des Treibers. Jeder Stiefel, der dröhnend daherstampft, jeder Mantel, der mit Blut befleckt ist, wird verbrannt, wird ein Fraß des Feuers. Denn uns ist ein Kind geboren, ein Sohn ist uns geschenkt. Die Herrschaft liegt auf seiner Schulter; man nennt ihn: Wunderbarer Ratgeber, Starker Gott; Vater in Ewigkeit, Fürst des Friedens. Seine Herrschaft ist groß, und der Friede hat kein Ende.« *Jes 9,1–6*

Aus der Bergpredigt:
»Selig, die Frieden stiften, denn sie werden Söhne Gottes genannt werden.« *Mt 5,9*

»Ich aber sage euch: Liebt eure Feinde und betet für die, die euch verfolgen.« *Mt 5,44*

»Leistet dem, der euch etwas Böses antut, keinen Widerstand, sondern wenn dich einer auf die rechte Wange schlägt, dann halt ihm auch die andere hin.« *Mt 5,39*

»Alles, was ihr also von anderen erwartet, das tut auch ihnen! Darin besteht das Gesetz und die Propheten.« *Mt 7,12*

Die Mahnung der Päpste

»Deshalb fordern Gerechtigkeit, gesunde Vernunft und Rücksicht auf die Menschenwürde dringend, daß der allgemeine Rüstungswettlauf aufhört; daß ferner die in verschiedenen Staaten bereits zur Verfügung stehenden Waffen auf beiden Seiten und gleichzeitig vermindert werden; daß Atomwaffen verboten werden; und daß endlich alle auf Grund von Vereinbarungen zu einer entsprechenden Abrüstung mit wirksamer gegenseitiger Kontrolle gelangen. ›Es darf nicht gestattet werden‹ mahnte unser Vorgänger seligen Andenkens Pius XII., ›daß das Grauen eines Weltkrieges mit seiner wirtschaftlichen Not, seinem sozialen Elend und seinen sittlichen Verirrungen zum drittenmal über die Menschheit komme.‹ Dies setzt aber voraus, daß an die Stelle des obersten Gesetzes, worauf der Friede sich heute stützt, ein ganz anderes Gesetz trete, wonach der wahre Friede unter den Völkern nicht durch die Gleichheit der militärischen Rüstung, sondern nur durch gegenseitiges Vertrauen fest und sicher bestehen kann. Wir sind entschieden der Meinung, daß dies geschehen kann, da es sich um eine Sache handelt, die nicht nur von den Gesetzen der gesunden Vernunft befohlen wird, sondern auch höchst wünschenswert und überaus segensreich ist.«

Papst Johannes XXIII., Enzyklika »Pacem in terris« vom 11. 4. 1963

»Es kehrt jene illusorische Idee wieder, daß der Friede sich nur auf die abschreckende Wirkung extrem mörderischer Waffen gründen kann; und während man auf der einen Seite edelmütig aber machtlos über Rüstungsbeschränkung und -abbau diskutiert und verhandelt, fährt man auf der anderen Seite fort, die zerstörerische Kraft des Kriegsapparates weiter zu entwickeln und zu vervollkommnen.«
»Wenn die Sicherheit der Völker immer noch auf der Hypothese der legitimen, kollektiven Anwendung bewaffneter Macht beruht, so müssen Wir daran erinnern, daß die Sicherheit noch mehr auf den Bemühungen um gegenseitiges Verstehen, auf dem großmütigen, loyalen gegenseitigen Vertrauen, auf dem Geist programmatischer Zusammenarbeit zum allgemeinen Nutzen und besonders zur Hilfe für die Entwicklungsländer beruht. Das heißt, sie beruht auf der Liebe.«

Papst Paul VI., Ansprache bei der Generalaudienz am 26. 8. 1964

»Ich bin in der Tat zutiefst davon überzeugt, daß angesichts der wissenschaftlich untermauerten Auswirkungen eines Atomkrieges die einzige moralisch und menschlich vertretbare Entscheidung die Reduzierung der Atomwaffen ist – in Erwartung ihrer künftigen vollständigen Beseitigung, die durch ausdrückliche Übereinkünfte und die Verpflichtung zur Anerkennung wirksamer Kontrollen gleichzeitig auf allen Seiten verwirklicht werden muß.«

Papst Johannes Paul II., Ansprache zum Angelus am 13. 12. 1981

1. *Was meint das AT mit »Schalom«?*
2. *Jeder muß mitarbeiten am Frieden. Welchen Vorbehalt kennt die Bibel für das Erreichen des Zieles?*
3. *Was fordern die drei Päpste konkret?*

6.8 Der Friede beginnt beim einzelnen

Dialog zum Unfrieden

»Vati«, fragte Klaus, »wie entstehen eigentlich Kriege?«
»Ja, mein Junge, die Sache ist so: Nehmen wir zum Beispiel an, England streitet sich mit Amerika über irgend etwas . . .«
Die Mutter unterbricht: »Rede doch keinen Unsinn, England und Amerika werden sich nicht miteinander streiten.«
»Das behaupte ich ja gar nicht! Ich will doch nur ein Beispiel anführen.«
»Mit solchem Unsinn verwirrst du dem Jungen nur den Kopf.«
»Was, ich verwirre seinen Kopf? Wenn es nach dir ginge, würde überhaupt nichts in seinen Kopf hineinkommen!«
»Was sagst du da? Ich verbiete dir, daß du . . .«
Da ruft Klaus: »Danke, Vater, jetzt weiß ich, wie Kriege entstehen.«

Anstöße zum Umdenken

Kurt Tucholsky: Die Dänen sind geiziger als die Italiener. Alle Letten stehlen. Alle Bulgaren riechen schlecht. Rumänen sind tapferer als Franzosen. Russen unterschlagen Geld. – Das ist alles nicht wahr, wird aber im nächsten Krieg gedruckt zu lesen sein.

Präambel der UNESCO: Da Kriege im Geist der Menschen (in the minds of men) beginnen, muß auch im Geist der Menschen Vorsorge für den Frieden getroffen werden.

Beten um den Frieden

Herr aller Herren, du willst, daß die Menschen miteinander in Frieden leben. Wir bitten dich, zeige den Politikern, wie sie Spannungen lösen und neue Kriege verhindern können. Laß die Verhandlungen unter den Nationen der Verständigung dienen und führe die Bemühung um Abrüstung zum Erfolg.
Wir bitten dich um gerechte Lösung der Konflikte, die Ost und West, Nord und Süd, Farbige und Weiße, arme und reiche Völker voneinander trennen.
Laß nicht zu, daß wir mitmachen, wenn Haß und Feindschaft Menschen gegeneinander treiben. Hilf uns Frieden halten, weil du mit uns Frieden gemacht hast. *Gotteslob 31/2*

1. *Was meint Klaus, wenn er sagt: »Danke, jetzt weiß ich, wie Kriege entstehen.«?*
2. *Welche Gründe für Konflikte werden von Tucholsky und der Präambel genannt? Welche kennen Sie noch?*
3. *Wo sollte der einzelne mit der Friedensarbeit beginnen? Beispiele aus dem Alltag!*
4. *Beten und Tun gehören zusammen. Was bedeutet dies im Zusammenhang mit Frieden?*

KAPITEL 7

Kirche und Welt

**Schlote überragen
die Türme von Kirchen.
Schlagen die Wellen
der Welt
über den Christen
zusammen?
Gibt es
überhaupt noch
eine Chance
für die christliche
Botschaft?**

7.1 Kirche im Spannungsfeld

Die Kirche nimmt in unserer heutigen Zeit eine andere Position ein als in früheren Jahrhunderten. Sie hat bei weitem nicht mehr die Machtposition, die sie einmal hatte. Gesellschaftlich scheint sie an den Rand gedrückt. Für viele ist sie nicht mehr lebensbestimmend. Oftmals ist sie nur noch eine Rückversicherung für die Zeit nach dem Tode. In vielen Kreisen gilt es als chic, die Kirche zu kritisieren oder massiv anzugreifen. Bei Jugendlichen ist eine gewisse Kirchenmüdigkeit festzustellen. Viele Frauen fühlen sich in der Kirche bevormundet und nicht ernst genommen. Der Priesterberuf und die Ordensberufe weisen rückläufige Zahlen auf; sie erscheinen nicht mehr attraktiv genug. Die Kirche steckt in einer Krise.
Trotzdem bleibt der Auftrag der Kirche, in dieser Welt die Heilsbotschaft von Jesus Christus zu verkünden. Diese Sendung muß sie als Dienst an der Welt und den Menschen verstehen. Deshalb soll sie mithelfen, die Welt menschlicher zu machen, sie soll versuchen, den Fragenden Antworten zu geben und soll die, die am Rand stehen, hereinholen in die Gesellschaft. Doch das Wirken in der Gesellschaft ist eine Aufgabe, die Bischöfe und Priester allein nicht mehr leisten können. Es bedarf dazu christlicher Menschen, die von ihrem Glauben überzeugt sind, und dadurch zum »Salz der Erde« werden. Doch die Zahl der Überzeugten ist in unserer Zeit nicht sehr groß, es ist eine »kleine Herde«.
Kirche in der Welt von heute muß neue Wege suchen. Kirche in der Welt von heute kann nicht mehr mächtige Kirche sein, sondern muß Kirche des Dienens sein. Die Zeichen der Macht können fallen, ohne daß das Wesen der Kirche angetastet wird. Die Botschaft Jesu hat auch in unserer Zeit nichts von ihrem Charakter verloren. Sie gilt als Angebot immer noch für alle, die guten Willens sind.

Zeichnung: Eckard Werner

»Warum so kompliziert, meine Herren?«

Die Geschichte von den alten Mühlen

Zwei alte Wassermühlen haben jahrhundertelang Mehl gemahlen. Sie haben ihre feste Kundschaft gehabt, also ihr Stück Umwelt, mit der sie in Wechselwirkung standen. Mit der Zeit beginnt jedoch die Kundschaft abzubröckeln, da in der Umgebung elektrisch betriebene Mühlen aufgetaucht sind, die das Korn billiger, schneller und feiner zu Mehl verarbeiten. Die Umwelt stört die beiden Mühlen so, daß sie in Gefahr geraten, ihre alten Ziele nicht mehr verwirklichen zu können. Die beiden Mühlen reagieren nun unterschiedlich auf diese Störungen. Die eine Mühle wird völlig umgebaut. An die Stelle des wassergetriebenen Rades treten Elektromotoren, das alte Mahlwerk wird durch eine moderne Maschine ersetzt. Die andere Mühle läßt alles beim alten, gibt jedoch das Mahlen von Mehl auf und läßt ihren ächzenden Leerlauf von neugierigen Touristen für gutes Geld bewundern. Bei der ersten Mühle hat sich das Erscheinungsbild völlig geändert. Dem alten Müller wird es das Herz im Leibe herumgedreht haben. Aber die alten Ziele sind gerettet. Es wird weiter Mehl gemahlen. Bei der anderen Mühle ist alles geblieben, wie es immer war. Doch der Schein trügt, denn die früheren Ziele sind aufgegeben worden; an die Stelle des Mahlens von möglichst viel Mehl ist das Anschauen durch möglichst viel Neugierige getreten.

Lutz Hoffmann

Sich wandelndes Kirchenbild

Ein Haus voll Glorie schauet
weit über alle Land,
aus ewgem Stein erbauet
von Gottes Meisterhand.
Gott, wir loben dich,
Gott, wir preisen dich.
O laß im Hause dein
uns all geborgen sein.

Gar herrlich ist's bekränzet
mit starker Türme Wehr,
und oben hoch erglänzet
des Kreuzes Zeichen hehr.
Gott, wir...

Wohl tobet um die Mauern
der Sturm in wilder Wut,
das Haus wirds überdauern,
auf festem Grund es ruht.
Gott, wir... *T.: Joseph Mohr, 1876*

Ein Schiff, das sich Gemeinde nennt,
fährt durch das Meer der Zeit.
Das Ziel, das ihm die Richtung weist,
heißt Gottes Ewigkeit.
Das Schiff,
es fährt vom Sturm bedroht
durch Angst, Not und Gefahr,
Verzweiflung, Hoffnung,
Kampf und Sieg,
so fährt es Jahr um Jahr.
Und immer wieder fragt man sich:
Wird denn das Schiff bestehn?
Erreicht es wohl das große Ziel?
Wird es nicht untergehn?
Bleibe bei uns, Herr!
Bleibe bei uns, Herr,
denn sonst sind wir allein
auf der Fahrt durch das Meer.
O bleibe bei uns, Herr!
T. u. M.: Martin Gotthard Schneider

1. Die Kirche ist in unserer Gesellschaft »angefochten«. Warum darf man dies nicht nur negativ sehen?
2. Vergleichen Sie die Situation der Kirche mit der »Mühlengeschichte«. Welche Ziele sind für die Kirche unaufgebbar?
3. Auf welche Gefahr will die Karikatur aufmerksam machen?
4. Die Kirche weiß sich immer wesenhaft mit Christus verbunden, trotzdem ändert sich ihr Erscheinungsbild. Welchen Wandel im Erscheinungsbild der Kirche zeigen die Liedtexte und Fotos? Welche Auswirkungen auf den Alltag der Kirche hatte dieser Wandel?

7.2 Der Auftrag der Kirche

Sendung des Jüngers

Seht, ich sende euch wie Schafe mitten unter die Wölfe; seid daher klug wie die Schlangen und arglos wie die Tauben! Nehmt euch aber vor den Menschen in acht! Denn sie werden euch vor die Gerichte bringen und in ihren Synagogen auspeitschen. Ihr werdet um meinetwillen vor Statthalter und Könige geführt, damit ihr vor ihnen und den Heiden Zeugnis ablegt. Wenn man euch vor Gericht stellt, macht euch keine Sorgen, wie und was ihr reden sollt; denn es wird euch in jener Stunde eingegeben, was ihr sagen sollt. Nicht ihr werdet dann reden, sondern der Geist eures Vaters wird durch euch reden.
Und ihr werdet um meines Namens willen von allen gehaßt werden; wer aber bis zum Ende standhaft bleibt, der wird gerettet. Wenn man euch in der einen Stadt verfolgt, so flieht in eine andere ...
Ein Jünger steht nicht über seinem Meister und ein Sklave nicht über seinem Herrn. Der Jünger muß sich damit begnügen, daß es ihm geht wie seinem Meister, und der Sklave, daß es ihm geht wie seinem Herrn ...
Darum fürchtet euch nicht vor ihnen!

Mt 10,16–20; 22–26

Mitte der Verkündigung

Wir dagegen verkündigen Christus
als den Gekreuzigten:
für Juden ein empörendes Ärgernis,
für Heiden eine Torheit,
für die Berufenen aber,
Juden wie Griechen,
Christus, Gottes Kraft und Gottes
Weisheit. *1 Kor 1,23–24*

Den Urheber des Lebens habt ihr getötet, aber Gott hat ihn von den Toten auferweckt. Dafür sind wir Zeugen.

Apg 3,15

Kirche: Das Wort kommt aus dem Griechischen. Kyrios = der Herr und kyriake = die dem Herrn gehörende (Gemeinde). In anderen Sprachen wird das Wort Kirche vom griechischen Wort ekklesia abgeleitet. Dieses Wort bedeutet: die Versammlung; wörtlich: die Herausgerufene.

deutsch: Kirche	schwedisch: kyrka
englisch: church	russisch: cerkow
spanisch: iglesia	italienisch: chiesa
niederländisch: kerk	polnisch: cerkiew
französisch: église	

»Astkreuz« von St. Lorenz in Kempten/Allgäu, um 1350

Sieger Köder, Das Mahl der Sünder, 1973

In all den Gesichtern auf diesem Bild ist die Sehnsucht geschrieben nach jemand, der frei macht aus innerer und äußerer Verstrickung.
Da ist der Afrikaner – ein Genosse aus der Dritten Welt, mit verbundener Hand.
Da ist die vornehme Dame – standesbewußt, traditionsbewußt.
Da ist der Intellektuelle – einer, der in Frage stellt.
Da ist der Clown – einer, der im Spiel die Realität erträglich macht.
Da ist die alte blinde Frau – weggeholt von ihrem Betteljob.
Da ist die Dirne – eine von den Tausenden von registrierten Frauen.
Da ist der jüdische Rabbi – mit dem Gebetsschal, harrend auf den Messias.
Jeder verkörpert seine eigene Not und Hilflosigkeit. Man fühlt sich zum einen oder anderen mehr hingezogen. Wie wäre es, wenn wir den achten Platz einnehmen würden – den Platz dessen, auf den alle blicken. Dann wären wir der Gastgeber. Der leere Platz ist eine Herausforderung an jeden von uns, sich aufzumachen, jenen Platz einzunehmen, den Jesus unter den Menschen eingenommen hat.

Denn sooft ihr von diesem Brot eßt und aus dem Kelch trinkt, verkündet ihr den Tod des Herrn, bis er kommt.
1 Kor 11,26

1. *Fassen Sie die Prophezeiungen zusammen, die Jesus für die macht, die als seine Jünger in die Welt gehen. Wären Sie bereit, da Sie ja Christ sind, ein solches Leben auf sich zu nehmen?*
2. *Der Kern der christlichen Verkündigung und das Lebenszentrum der Kirche wird durch die beiden Textstellen aus dem Korintherbrief und der Apostelgeschichte belegt. Ist das auch Lebenszentrum Ihres Christseins oder etwas, das weit von Ihrem Leben entfernt ist?*
3. *»Tut dies zu meinem Gedächtnis!« Was ist zu tun? Betrachten Sie das Bild, und lesen Sie den Text!*

7.3 Kirche und »Welt« – Wandlungen

Die Kirche lebt immer in einer konkreten Welt. So ist und war es für die Kirche die entscheidende Frage: Wie ist es möglich, in dieser Welt Kirche Jesu Christi zu sein? Die Geschichte zeigt, daß das Verhältnis Kirche – Welt, Kirche – Macht sehr unterschiedlich war.

Das Senfkorn wird zum Baum. Die kleine Gemeinde derer, die sich zu Jesus Christus bekennen, gewinnt immer mehr Anhänger. Und schon bald wird die Kirche zu einem politischen Faktor im römischen Weltreich. Die ersten drei Jahrhunderte der Kirche waren geprägt vom Kampf des Römischen Staates gegen das Christentum. Die »staatsfeindliche« Religion soll vernichtet werden. Die Verfolgung der Christen ist grausam, doch die Kirche lebt weiter, auch im Dunkel der Katakomben. Sie lebt nicht nur, sie wächst, denn »das Blut der Märtyrer ist der Samen der Christen« geworden.

Eine grundlegende Wandlung erfuhr das Verhältnis von Staat und Kirche, als Konstantin der Große (306–337 n. Chr.) sich zum Christengott bekennt, und den Christen die Religionsfreiheit gewährt. Einige Zeit später wird das Christentum zur Staatsreligion des Römischen Reiches. Die Kirche gewinnt dadurch an Bedeutung und Einfluß. Manches wird im Staat durch die Kirche verbessert, die Sklaverei zum Beispiel wird eingeschränkt. Die Gefahren für die Kirche selbst dürfen allerdings nicht übersehen werden. Viele Bischöfe, die jetzt auch Aufgaben von Reichsbeamten übernahmen, erlagen dem Gefühl der Macht und des Prunkes. Auch griff der Kaiser in innerkirchliche Entscheidungen ein. Das Christuszeichen auf den Standarten der römischen Soldaten bezeugt den Wandel im Verhältnis von Kirche und weltlicher Macht.

Die Kirche macht sich auf den Weg, Weltkirche zu werden. Als *die* Religion des römischen Weltreiches gelangt das Christentum nach Frankreich, nach England und nach Germanien. Der Papst als Oberhaupt der Kirche steigert seinen Einfluß und genießt immer größeres Ansehen. Bald schon werden die Kaiser und Könige durch den Papst oder durch die Bischöfe der Kirche gekrönt. Die

1. *Welche entscheidende Frage stellt sich der Kirche immer wieder im Verhältnis zur Welt?*
2. *Wann war die Kirche in Gefahr, unter den Einfluß politischer Macht zu geraten, und wann war die Kirche in Gefahr, selbst zuviel Macht zu beanspruchen?*
3. *Was meint Johannes XXIII. konkret mit aggiornamento?*

kleine Gemeinschaft derer, die Jesus nachfolgten, ist mächtig angewachsen, in des Wortes wahrer Bedeutung.

Man darf sagen, daß die Kirche des Mittelalters die stärkste Ordnungsmacht darstellte. Der Papst hatte oft mehr Macht als der Kaiser. Es ist kennzeichnend für diese Lage, daß König Heinrich IV. nach Canossa zieht – einer Bergfeste, auf die sich Papst Gregor VII. zurückgezogen hat –, um den Papst im Büßergewand um die Lossprechung vom Banne zu bitten, die ihm der Papst am 28. Januar 1077 dann auch erteilt.

Unter Innozenz III. (1198–1216) steht das Papsttum auf dem Gipfel der Macht. Das Verhältnis von Kirche und staatlicher Obrigkeit belegt eine Quelle aus dieser Zeit: »Wie der Mond sein Licht von der Sonne empfängt, so empfängt die königliche Gewalt den Glanz ihrer Würden von der päpstlichen.« Zwar leistet die Kirche in dieser Zeit vieles: im Schulwesen, in der Wissenschaft, in der Kunst und durch die Orden auch im sozialen Bereich; doch Ketzerverbrennungen und Hexenverfolgung verdunkeln das Bild der Kirche dieser Zeit.

Mit Beginn der Neuzeit bewegen sich Kirche und Welt stark auseinander. Neue Anschauungen in Philosophie, Naturwissenschaft und auf sozialem Gebiet treffen auf ein starres Festhalten der offiziellen Kirche an den alten Vorstellungen. Wissenschaft und Künste, Technik und Politik suchen sich aus der »Vormundschaft« der Kirche zu befreien. Ein Napoleon läßt sich nicht mehr vom Papst krönen, er krönt sich selbst. Trotz vieler Einzelinitiativen (Kolping, Ketteler) verliert die Kirche an Einfluß in der Arbeiterschaft.

Durch das Zweite Vatikanische Konzil (1962–1965) wurde ein neues Kapitel der Begegnung zwischen Kirche und Welt aufgeschlagen. Motor dieser Begegnung war Papst Johannes XXIII. Er sah die Aufgabe der Kirche darin, sich den Verhältnissen und den Forderungen der Zeit zu stellen (aggiornamento). Zwei Dinge sind für ihn wesentlich: die Einheit der Christen und der Friede auf der Welt. Dies gilt auch noch für unsere Zeit. Man kann von einer Rückbesinnung der Kirche auf ihren ursprünglichen Auftrag sprechen, allen Völkern das Evangelium zu verkünden.

7.4 Kirche und staatliche Obrigkeit

Grundsätzliches

Jeder leiste den Trägern der staatlichen Gewalt den schuldigen Gehorsam. Denn es gibt keine staatliche Gewalt, die nicht von Gott stammt; jede ist von Gott eingesetzt. Wer sich daher der staatlichen Gewalt widersetzt, stellt sich gegen die Ordnung Gottes, und wer sich ihm entgegenstellt, wird dem Gericht verfallen. Vor den Trägern der Macht hat sich nicht die gute, sondern die böse Tat zu fürchten; willst du also ohne Furcht vor der staatlichen Gewalt leben, dann tue das Gute, so daß du ihre Anerkennung findest. Sie steht im Dienst Gottes und verlangt, daß du das Gute tust. Wenn du aber Böses tust, fürchte dich! Denn nicht ohne Grund trägt sie das Schwert. Sie steht im Dienst Gottes und vollstreckt das Urteil an dem, der Böses tut. Deshalb ist es notwendig, Gehorsam zu leisten, nicht allein aus Furcht vor der Strafe, sondern vor allem um des Gewissens willen. Das ist auch der Grund, weshalb ihr Steuern zahlt; denn in Gottes Auftrag handeln jene, die Steuern einzuziehen haben. Gebt allen, was ihr ihnen schuldig seid, sei es Steuer oder Zoll, sei es Furcht oder Ehre. *Röm 13,1–7*

Staatskirchentum: Der Staat übt auch Macht über die Kirche aus. Die Kirche bekommt dafür einige Vorrechte. Oft ist dabei das Staatsoberhaupt auch Oberhaupt der Kirche.

Trennung von Staat und Kirche: Das kann in der Form sein, daß der Staat die Kirche wie einen Verein behandelt, ohne besondere Rechte. (Z. B. Frankreich, USA)
Es kann aber auch sein, daß Staat und Kirche zwar selbständig nebeneinander stehen, sich aber in wichtigen Dingen gegenseitig unterstützen und ergänzen, z. B. auf dem Gebiet der Bildung, der sozialen Tätigkeit. So in der Bundesrepublik Deutschland. Oder der Staat verspricht zwar Religionsfreiheit, aber unterdrückt in Wirklichkeit das Wirken der Kirche.

Die Kirche erhebt einen allumfassenden Machtanspruch: Die staatliche Obrigkeit soll sich der Macht der kirchlichen Obrigkeit unterwerfen. Der Papst ist der oberste weltliche und kirchliche Herr (Cäsaropapismus).

In der heutigen Zeit hat es sich mehr herausgebildet, daß Kirche und Staat selbständig nebeneinander stehen.

Konkordat (= Übereinkunft): Der Vatikan als Staat mit dem Papst als Souverän (= Herrscher mit unbeschränkter Staatsgewalt) schließt mit vielen Staaten einen Vertrag ab über gegenseitige Rechte und Pflichten. Diese Verträge sollen die Beziehungen zwischen Staat und Ortskirche verbessern, z. B. Konkordat des Vatikans mit Mussolini 1929 (Lateranverträge). Auch zwischen der Bundesrepublik Deutschland und dem Vatikan besteht ein solcher Vertrag. Dieses Konkordat datiert aus dem Jahr 1933 (Reichskonkordat). Die Bundesländer haben teilweise eigene Konkordate abgeschlossen. Die Bundesrepublik hat einen eigenen Botschafter beim Vatikan. Der päpstliche Botschafter wird Nuntius genannt und ist überall, wo es ihn gibt, der Sprecher des gesamten Diplomatischen Korps.

Christus führt das Heer der Kreuzfahrer an. Ein Bild, das die Einheit von Kirche und Staat zeigt.

Beispiel Frankreich

Hier herrscht (seit 1905) eine absolute Trennung von Kirche und Staat. Der Staat läßt die Kirche wie einen Verein gewähren. Was ergibt sich daraus?
Östlich der Pyrenäen schieben sich die Corbières als Vorgebirge bis ans Mittelmeer. Der Boden ist karg in den Tälern. Der Weinbau ist das einzige, was bleibt. Und wenn die Italiener ihren billigen Wein einführen, dann grollen die Winzer und werden auch handgreiflich. Die kleinen Dörfer sind entvölkert. Christian B. (42) ist Seelsorger für vierzehn solcher Dörfer. Insgesamt 2200 Einwohner sind es, aber zwei Drittel leben in den beiden größten Orten. Bis zu 35 Kilometer sind die Ortschaften auseinander. Der Gottesdienstbesuch im Wohnort Christians ist erschrekkend: von 800 Einwohnern sind es etwa fünfzig, darunter vielleicht fünf alte Männer. Kinder, Jugendliche sind die große Ausnahme. Die Hälfte der Beerdigungen findet ohne Priester statt, ebenfalls zahlreiche Hochzeiten. Viele Kinder werden nicht mehr getauft. Christian erhält monatlich insgesamt 1000 Mark, dazu noch 150 Mark Fahrtkosten in der ausgedehnten Pfarrei. »Seit meine Eltern bei mir sind, führe ich nicht mehr Buch über die Ausgaben für den Lebensunterhalt. Das Pfarrhaus gehört dem Bistum. Es ist ein wahres Elendsquartier. Das ist nicht normal. Armut ja, aber Elend nein. Ich kann zwar meinen Alltag bestreiten, aber meine Mittel verbieten es mir, jemand für den Haushalt anzustellen. Meine Mutter ist vor zwei Jahren verstorben, mein Vater ist 81. Wenn er einmal nicht mehr dasein wird, habe ich niemand mehr als dauernde Hilfe. Es sei denn, die Vorsehung schickt mir eine der immer seltener werdenden ›Perlen‹, die umsonst helfen. Ich glaube, fast alle Priester in unserem Bistum sind in dieser Lage. Ich bin nicht unglücklich. Der Priester darf nicht das schönste Haus im Dorf haben, kein großes Auto. Das paßt nicht zum Zeugnis von Christus, der auf Stroh geboren wurde und zwischen zwei Räubern am Kreuz starb. Für die Kirche in Frankreich ist die Zeit des Überflusses vorbei. Der ›Reichtum‹ der Kirche ist eine unproduktive Erbmasse an Besitz. Das dient nicht dem Zeugnis des Evangeliums, wenn es nicht gar ein Gegenzeugnis ist. Ich hoffe, daß die Krise, die die Kirche durchmacht, heilsam sein wird und sie wieder dienende, arme und prophetische Kirche wird.«

Manfred Zentgraf (1983)

Beispiel Bundesrepublik Deutschland

Das Grundgesetz bestimmt in Art. 4:
»Die Freiheit des Glaubens, des Gewissens und die Freiheit des religiösen und weltanschaulichen Bekenntnisses sind unverletzlich.
Die ungestörte Religionsausübung wird gewährleistet.«
In Art. 7: »Der Religionsunterricht ist in den öffentlichen Schulen mit Ausnahme der bekenntnisfreien Schulen ordentliches Lehrfach . . .«
In der Praxis ergänzen sich Staat und Kirche gegenseitig. Viele caritativen Einrichtungen werden von der Kirche geführt. Der Staat unterstützt diese Einrichtungen finanziell. Der Staat hilft der Kirche beim Einzug der Kirchensteuer. Der Staat bezahlt auch Religionslehrer an den Schulen. Die Kirche macht bei manchen Entscheidungen des Staates ihren moralischen Einfluß geltend.

1. *Paßt die Forderung des heiligen Paulus zum Verhalten gegenüber der staatlichen Obrigkeit in unsere Zeit? In eine Demokratie? Prüfen Sie die Argumentationsweise des Apostels.*
2. *Was versteht man unter: Staatskirchentum, Trennung von Staat und Kirche, Konkordat? Nennen Sie Beispiele!*
3. *Welche Probleme ergeben sich für die französische Kirche, die ja die totale Trennung von Staat und Kirche lebt?*
4. *Beschreiben Sie an konkreten Beispielen das Verhältnis von Staat und Kirche in der Bundesrepublik Deutschland. Wo wird scharf getrennt, wo wird zusammengearbeitet?*
5. *Wie erklären Sie sich, daß Art. 7 ins Grundgesetz aufgenommen wurde? Suchen Sie Argumente für die Berechtigung dieses Artikels.*

7.5 Kirche und Politik

Priester keine Politiker

San José (Reuter/dpa). Papst Johannes Paul II. hat bei seinem Mittelamerika-Besuch (1979) die römisch-katholische Kirche zur Einheit aufgerufen und die Geistlichen vor einer Einmischung in die Politik gewarnt.
In der costaricanischen Hauptstadt San José wies der Papst vor mittelamerikanischen Bischöfen darauf hin, daß die »erste und unbestreitbare Mission« der Kirche sei, »zu predigen«. Bei Bischöfen seien nicht die Eigenschaften von Technikern oder Politikern gefragt, sondern die »Fähigkeit von Hirten«. Johannes Paul II. warnte in diesem Zusammenhang vor einer Spaltung der Kirche in »Konservative« und »Progressive«. Die Hierarchie der Kirche müsse gewahrt bleiben. Der Papst traf am Donnerstag mit Angehörigen der in Costa Rica ansässigen polnischen Kolonie zusammen und besuchte ein psychiatrisches Krankenhaus. Während der ersten Messe auf seiner vierten Lateinamerika-Reise forderte er ein Ende des Krieges und des gewaltsamen Todes, die Überwindung der Teilung und des Hasses. Gleichzeitig trat er für eine größere wirtschaftliche Ausgewogenheit und gegen ausländische Einmischung in der Region ein. *Pressenotiz*

Das Zeugnis des Erzbischofs Arnulfo Romero

Es war ein Abend wie viele andere. Aber die späten Stunden des 22. Februar 1977 waren für Erzbischof Oscar Arnulfo Romero sorgenschwer. Ihm war, als würde der Vulkan San Salvador jeden Augenblick glühende Lava über die Stadt spucken. Der Erzbischof saß am Schreibtisch seines Arbeitszimmers im Bischofshaus. Ab heute war er Erzbischof der Diözese San Salvador. Er hatte das Amt von seinem fünfundsiebzigjährigen Vorgänger, Luis Chavez, übernommen. »Land des Erlösers« lautet die Übersetzung von El Salvador, seinem Vaterland. Land des Erlösers? War es nicht eher ein Land der Ketten?
Am 2. Februar 1980 anläßlich der Verleihung der Ehrendoktorwürde hielt er in Löwen folgende Rede, die sein Vermächtnis wurde:
»Christlicher Glaube trennt uns nicht von der Welt. Die Kirche ist die Nachfolgerin jenes Jesus, der kämpfte und starb. Ich möchte den Worten des Konzils und der Synode in Puebla durch meinen Beitrag in El Salvador ein wenig Fleisch geben; darum haben wir den Weg zu den Armen eingeschlagen. Wir haben nämlich die Schreie unseres Volkes gehört. Die Kirche muß den Menschen Hoffnung geben, wenn Ehefrauen und Mütter kommen, deren Männer und Söhne verschwunden sind, wenn unkenntlich gemachte Leichen auf den Friedhöfen gefunden werden. In weniger als drei Jahren sind über fünfzig Priester angegriffen, verdächtigt und fälschlich beschuldigt worden. Sechs von ihnen sind Märtyrer. Mehrere Priester wurden gefoltert, weitere ausgewiesen. Die Radiostationen des Erzbistums und katholische Erziehungseinrichtungen wurden angegriffen. Wenn dies bekannte

Vertreter der Kirche durchmachen müssen, können Sie sich vorstellen, wieviel mehr das einfache Kirchenvolk leiden muß! Hier zählen die Gefangenen, die Gefolterten und Ermordeten zu Hunderten und Tausenden. Diese Verfolgung gegen das Volk ist eine Verfolgung gegen den Leib Christi . . .«
Am 24. März 1980 wurde Erzbischof Romero während eines Gottesdienstes in San Salvador heimtückisch am Altar ermordet.

Eva-Maria Kremer

Allen Menschen recht getan . . .

- »Wozu mischt sich die Kirche dauernd in die Politik ein?«
- »Warum tut die Kirche nichts gegen die Arbeitslosigkeit?«
- »Wozu braucht die Kirche dauernd eine Extrawurst: Schule, Kindergarten?«
- »Im Dritten Reich, da hätte sich die Kirche gegen Hitler stark machen sollen.«
- »Was geht die Bischöfe eigentlich eine Bundestagswahl an? Die sollen endlich aufhören mit ihren Wahlhirtenbriefen!«
- »Die Pfarrer brauchen sich nicht überall einmischen.«
- »Selber keine Kinder haben, aber über Familienpolitik reden wollen!«
- »Warum sagt der Papst nichts gegen die schreckliche Rüstung?«
- »Warum haben die Bischöfe den § 218 nicht verhindert?«
- »Jetzt fehlt nur noch, daß ein Pfarrer Bundeskanzler wird!«
- »Umweltschutz, Frieden, Südamerika, da hält sich die Kirche raus!«

Das Amt des Türhüters

Ein Türhüter ist einer, der wacht, während die Bewohner anderweitig beschäftigt sind oder schlafen. Er wacht, damit dem Haus und den Bewohnern nichts geschieht. Der Türhüter – ein Bild für das Wirken der Kirche in unserer Gesellschaft?
Die Kirche ist an kein bestimmtes politisches System gebunden. Sie ist auch nicht für alles zuständig, was politisch entschieden wird. Aber von ihrem Auftrag her, die Botschaft des Heiles allen Menschen zu verkünden, ist die Kirche aufgefordert, dort Stellung zu beziehen, wo diese Botschaft und das Heil der Menschen bedroht ist. Wo die Grundrechte der Menschen, das Bekenntnis zum lebendigen Gott oder andere wichtige Lebensbedingungen in Gefahr geraten, ist die Kirche, sind die Christen zum Handeln aufgerufen. Die Kirche darf dann nicht schweigen. Es sollte aber nicht nur bei einem Nein bleiben, sondern die Christen haben die Aufgabe, die politischen Ordnungen mitzugestalten, in denen sie leben. Der Glaube hat Konsequenzen für alle Lebensbereiche.
Dabei sollten möglichst keine Fehler unterlaufen. Es wäre z. B. schlimm, wenn der Eindruck erweckt würde, die Kirche sei auf einem Auge blind, d. h. Unrechtssituationen im einen Fall streng, im anderen mild zu beurteilen oder ganz zu übersehen. Die Kirche muß ihre Botschaft verkünden, sei es gelegen oder ungelegen. Die Kirche hat sich auch davor zu hüten, ihre Verbandsinteressen in den Vordergrund zu schieben und auf besondere Vorrechte zu pochen.

Wer die Fähigkeiten hat, im öffentlichen Leben eine Aufgabe zu übernehmen, muß dazu bereit sein.
II. Vatikanisches Konzil

1. *Mit welchen Argumenten stützt dem Zeitungsartikel zufolge Papst Johannes Paul II. seine Aussage, daß Priester keine Politiker sein sollten. Nehmen Sie Stellung dazu, indem sie Pro und Contra gegeneinander abwägen.*
2. *Welche Aufgabe sah Erzbischof Romero für die Kirche in seinem Land? Kann ein Bischof in einer solchen Situation unpolitisch sein?*
3. *Überprüfen Sie die Aussagen über das Verhalten der Kirche in Sachen Politik. Sind diese Aussagen nicht widersprüchlich? Wo soll die Kirche aktiv sein? Wo soll sie sich zurückhalten?*
4. *»Christlich leben heißt: politisch sein.« Stimmt diese Aussage mit dem Inhalt des Textes »Das Amt des Türhüters« überein?*

7.6 Kirche in der Verfolgung

Nicht nur Vergangenheit

Christen werden heute nicht mehr den wilden Tieren vorgeworfen wie im alten Rom, aber sie werden in Irrenhäuser eingesperrt und seelisch zugrunde gerichtet. Christen werden heute nicht mehr öffentlich ausgepeitscht, jedoch hinterrücks bespitzelt und verhaftet. Es sind nicht mehr einzelne Blutzeugen, deren große Geschichte weitererzählt wird, vielmehr ungezählte Christen, die systematisch isoliert und schikaniert werden. Menschen, die in der Verfassung ihres Landes das große Wort von Religionsfreiheit lesen und gleichzeitig daran gehindert werden, den eigenen Kindern ihre Glaubensüberzeugung weiterzugeben. Menschen, die sich im Namen Jesu Christi für das Wohl der Armen einsetzen und beständig mit Gefängnis, Folter und Tod bedroht werden. Kardinal Höffner sagt: »Nur wenigen ist bekannt, daß in unserem Jahrhundert in mehr Ländern und in härterer Intensität Christenverfolgungen stattfanden und stattfinden als wohl in allen Jahrhunderten zuvor.«

Mord an drei Nonnen in El Salvador

Bei der Rückkehr von einer Jahresversammlung der Schwestern des Maryknoll-Ordens in Managua wollten die beiden Ordensschwestern, Schwester Ford und Schwester Clarke, auf dem Weg vom Flughafen nach Chalatenango in La Libertad übernachten, wo die Schwester Kazel und die Laienhelferin Donovan, von denen sie am Flugplatz mit dem Wagen mitgenommen wurden, in einer Hilfsstation arbeiteten. Die vier Frauen wurden zum letzten Mal lebend am Abend des 2. Dezember 1980 auf dem Flugplatz gesehen. Als sie in La Libertad nicht ankamen, alarmierte Pater Schindler von der Pfarrei Libertad den amerikanischen Konsul in El Salvador. Der Konsul rief den Obersten López Nuila an, den Chef der Nationalpolizei, und berichtete ihm von dem Verschwinden der Frauen. Der Oberst fragte, ob die Nonnen Tracht trügen. Es wurde ihm gesagt, daß dies nicht der Fall sei. Der Oberst versprach eine Suche im ganzen Land. Wenige Stunden später unterrichtete der amerikanische Botschafter den Verteidigungsminister. Dieser versprach, alles in seiner Macht Stehende zu tun, um die Vermißten zu finden.

Pater Schindler machte sich sofort auf die Suche und fand am Abend ungefähr sechzehn Kilometer vom Flugplatz den ausgebrannten Wagen der Schwestern. Die Nummernschilder waren entfernt, der Wagen war so zerstört, daß er nur anhand der Motornummer identifiziert werden konnte.

Noch am selben Abend des 3. Dezember meldete sich eine Gruppe kanadischer Kirchenmänner, die mit den Nonnen am Abend zuvor am Flugplatz gesprochen hatten. Sie selbst seien kurz nach Verlassen des Flughafens von einer Gruppe von uniformierten Männern angehalten und mit vorgehaltener Waffe durchsucht worden. Ein weiterer Zeuge, ein Chauffeur der amerikanischen Botschaft, sagte, daß er zwei Wagen der Nationalgarde und einen Jeep gesehen habe, die die Fahrzeuge kontrollierten, die den Flugplatz verließen.

Am nächsten Tag teilte der Vikar der Diözese San Vicente der Botschaft telefonisch mit, daß die Leichen der amerikanischen Nonnen ungefähr fünfundzwanzig Kilometer nordöstlich des Flughafens nahe einem abgelegenen Dorf begraben seien.

In dieser Gegend, die offenbar nur über schlechte Gebirgsstraßen zu erreichen ist, fanden der Botschafter, der Konsul und Pater Schindler, bevor noch Behörden eintrafen, das Grab. Sie erfuhren, daß die Dorfbewohner in der Nacht zum 3. Dezember Motorgeräusche und Schüsse gehört hatten. In der Morgendämmerung des 3. Dezember waren die vier Leichen am Straßenrand gefunden worden. Die lokalen Behörden waren benachrichtigt worden. Sie hatten ein sofortiges Begräbnis an Ort und Stelle angeordnet. Der Friedensrichter hatte die Beerdigung der »unbekannten Leichen« genehmigt.

Pressenotiz

Vietnam: Erzbischof Van Thuan verhaftet

Nach Berichten aus Kirchenkreisen in Vietnam ist der Koadjutor der Erzdiözese Ho-Chi-Minh-Stadt (ehemals Saigon) Erzbischof Francis Xavier Nguen Van Thuan, bereits im November des Jahres 1982 verhaftet worden. Wie die englische Wochenzeitschrift »The Tablet« berichtet, haben selbst dem Erzbischof nahestehende Personen weder den Grund für die Verhaftung noch den momentanen Aufenthalt des Geistlichen in Erfahrung bringen können. Bereits kurz nach Thuans Ernennung zum Koadjutor von Ho-Chi-Minh-Stadt im Jahr 1975 wurde er für einige Jahre in einem »Umerziehungslager« gefangengehalten. Danach stellte man ihn mehrmals unter Hausarrest und untersagte ihm jede seelsorgliche Betätigung.
Auf die Verfolgung der Kirche in Vietnam hat der Informationsdienst des Werkes Kirche in Not/Ostpriesterhilfe in Königstein hingewiesen. Von etwa 300 Priestern, die es nach der Eroberung des Landes durch den kommunistischen Norden noch geben müßte, seien nur 134 noch mit ihren derzeitigen Aufenthaltsorten namentlich bekannt.

Pressenotiz

CSSR: Kirchenhetze bewirkt das Gegenteil

Prag (idea). »Bringen Sie nur noch einige solcher Sendungen, und wir werden alle an Jesus glauben, der die Kirche gegründet hat«, heißt es in einem an das tschechoslowakische Fernsehen gerichteten Brief, den laut Unterschrift »Hunderte junger Menschen aus der Umgebung von Zilina« unterzeichnet haben. Die Jugendlichen danken für die Fernsehsendung »Von Mythen zur Wissenschaft«, in der der christliche Glaube lächerlich gemacht worden war. Diese Sendung habe ihnen die Augen für Gott geöffnet. Die jungen Slowaken stellen fest: »Wenn es keinen Gott gäbe, hätte der Atheismus nichts zu verneinen. Wir wollen Freiheit, Gedankenfreiheit, Freiheit des Wortes. Wir sind darauf gekommen, daß die einzige, wahre, ewige Freiheit Gott ist«. Der Kampf gegen ihn sei überzeugender Beweis seiner Existenz: »Wozu soviel Mühe für etwas, was nicht existiert?« fragen diese jungen Leute den Parteiapparat und bekennen zum Schluß ihres Briefes: *»Wir glauben, daß der Tag kommt,* wo alle bekennen: Du hast gesiegt, Galiläer!«

Pressenotiz

Die Sophienkathedrale in Kiew. Die Kirche wurde schon 1037 als fünfschiffige Kathedrale erbaut und ist inzwischen mehrfach erneuert worden. Als kunstgeschichtliches Denkmal ersten Ranges wird das Gotteshaus auch vom kommunistischen Staat sorgfältig konserviert. Das ändert nichts daran, daß die Kirche in der UdSSR sich nach wie vor verfolgt und benachteiligt fühlt. Sie führt ein verborgenes Leben.

---

1. *Kann man die Situationen, die in den Texten und bei der Bildunterschrift genannt werden, als Verfolgungssituationen bezeichnen?*
2. *Welches sind die Ursachen der Kirchenverfolgung in Ost und West?*
3. *Sammeln Sie Zeitungsberichte über Verfolgungen von Priestern und christlichen Laien (eine Woche lang).*
4. *Gibt es Ihrer Meinung nach in unserem Land eine Kirchenverfolgung in den Medien und in der Presse? Ist »Lächerlichmachen« eine Form der Verfolgung?*
5. *»Nur eine verfolgte Kirche ist eine starke Kirche. Unsere Kirche ist eine bequeme Kirche.« Nehmen Sie Stellung!*

7.7 Die Kirche und das »liebe« Geld

Die Kirche ist reich,

... weil sie so schöne Kirchen und goldene Kelche besitzt.
... weil der Papst einen Mercedes 600 fährt und große Reisen macht.
... weil die Leute soviel spenden.
... weil sie so viele Häuser und Grundstücke besitzt.
... weil die Pfarrer sonst nicht soviel verdienen würden.
... weil sie die Kirchensteuer einnimmt.
... weil die Pfarrer in riesigen Pfarrhäusern wohnen.
... weil sie soviel bauen kann.
... weil sie so wenig Ausgaben hat.
... weil sie eben reich ist; das sieht doch ein Blinder.

Der Umlauf des Geldes

Wer beschließt die Ausgaben?
Für die Diözese die Finanzkammer der Diözese zusammen mit dem gewählten diözesanen Steuerausschuß.
Für die Pfarrgemeinde der Pfarrer zusammen mit der gewählten Kirchenverwaltung.
Beide Gremien müssen den Haushaltsplan zur Einsichtnahme auflegen.

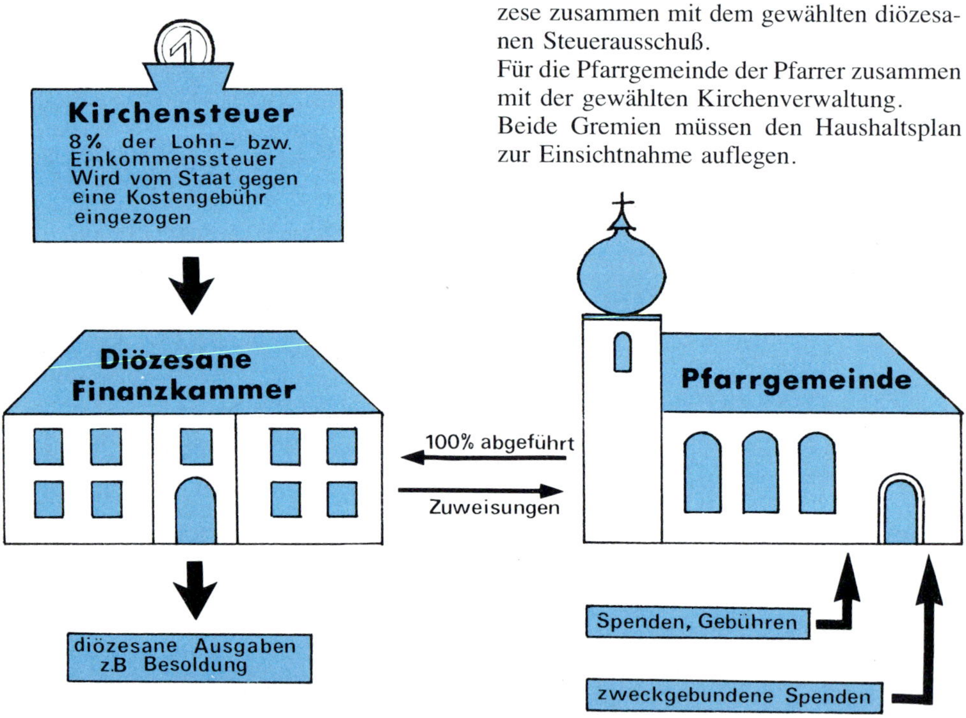

1. Können Sie eine oder mehrere Vorwürfe, die der »reichen Kirche« gemacht werden, anhand von Beispielen aus Ihrer Umgebung belegen?

2. Beschreiben Sie den Umlauf des Geldes innerhalb einer Diözese. Wie finanziert sich eine Pfarrgemeinde? Was geschieht mit den Spenden? Wer beschließt die Ausgaben?

3. Woraus setzen sich die Einkünfte einer Diözese zusammen? Vergleichen Sie die Prozentanteile. Welche Ausgaben müssen damit bestritten werden?

4. Welche Vorteile hat das System des Kirchensteuereinzugs in der Bundesrepublik Deutschland? Welche Nachteile können daraus erwachsen?

Ein Beispiel

Haushaltsplan der Diözese Augsburg
Die Diözese Augsburg ist gebietsmäßig größer als der Regierungsbezirk Schwaben. Ungefähr 1000 Pfarreien müssen seelsorglich betreut werden. Dazu kommen eine Menge Heime, Kindergärten und andere Einrichtungen. Einnahmen und Ausgaben sahen 1982 folgendermaßen aus:

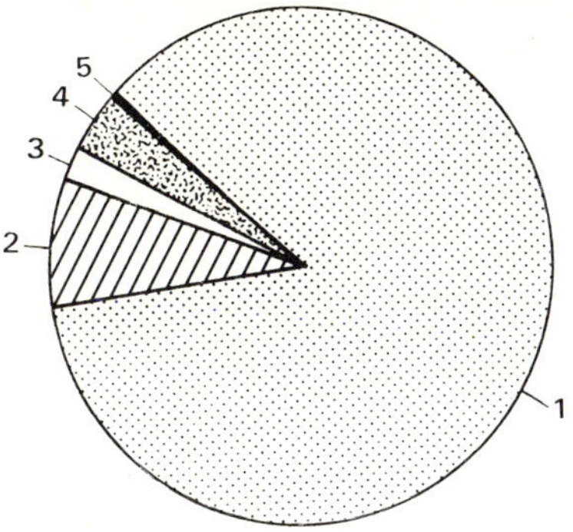

Einnahmen	Millionen		
1 = Kirchensteuern	224,35	=	85,7%
2 = Leistungen des Landes Bayern u. a.	21,21	=	8,1%
3 = Pfründestiftungserträgn.	5,39	=	2,1%
4 = Rückflüsse, durch lfd. Gelder, Eigenerträgn. u. a.	10,61	=	4,0%
5 = Sonstige Einnahmen	13	=	0,1%
Gesamtsumme:	261,70	=	100 %

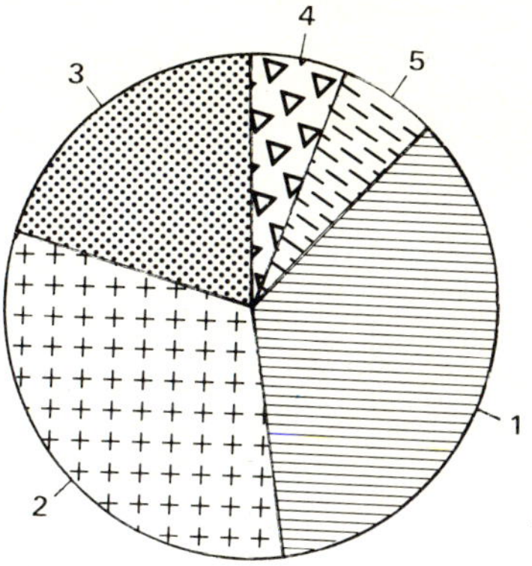

Ausgaben	Millionen		
1 = Personalausgaben	92,73	=	35,4%
2 = Zuschüsse an Pfarreien u. a.	83,47	=	31,9%
3 = Zuschüsse für Schul-, Bildungs-, soz. u. caritative Einrichtungen	51,54	=	19,7%
4 = Über- u. außerdiöz. (auch Missions-)Aufgaben	17,75	=	6,8%
5 = Diözesane Sachausgaben	16,20	=	6,2%
Gesamtsumme:	261,70	=	100 %

Leistungen des Landes Bayern sind keine Geschenke des Staates an die Kirche, sondern stellen zum größten Teil einen Ausgleich dar für den kirchlichen Besitz, den sich der Staat während der Säkularisation (1803) angeeignet hat.

Pfründestiftungen sind Stiftungen, die dem Unterhalt des Pfarrers dienten. Nachdem in der heutigen Zeit die Pfarrer ihr Gehalt von der Diözese beziehen, verbucht die Diözese die Erträgnisse aus den Pfründestiftungen als Einnahmen. Solche Stiftungen können Grundstücke oder Häuser und anderes sein.

Kirchensteuer zahlen?

Die Kirche braucht, um ihre vielfältigen Aufgaben zum Wohle aller erfüllen zu können, auch Geld. In der Bundesrepublik verschafft sich die Kirche dieses Geld hauptsächlich durch die Kirchensteuer, die vom Finanzamt eingezogen wird. Die Vorteile dieses Systems liegen auf der Hand. Es funktioniert sicher, schnell und schmerzlos. Steigen die Löhne und Gehälter, dann steigt die Lohn- und Einkommenssteuer und mit ihr steigt auch das Kirchensteueraufkommen. Ein weiterer Vorzug: Alle Christen werden in gleicher Weise zur Kasse gebeten, die Lauen ebenso wie die Engagierten. Außerdem: Die Staffelung nach dem Einkommen verteilt die Lasten gerecht. Wer viel Kirchensteuer zahlt, hat deswegen nicht mehr Einfluß auf die Entscheidungen der Kirchenleitung als jene, die nur bescheidene Beiträge beisteuern. Die Pfarrer müssen nicht allen nach dem Mund reden, weil ihnen möglicherweise der Entzug finanzieller Mittel droht. Der Einzug der Kirchensteuer durch den Staat kommt billiger als durch die Kirche selbst. Die Nachteile sind weniger deutlich: Das System verdeckt die Lauheit vieler Kirchensteuerzahler. Die Kirche könnte sich in zu großer Sicherheit wiegen. Große Geldmittel können zur Versuchung werden.

7.8 Die Frau in der Kirche

Gleichheit von Mann und Frau

Da alle Menschen eine geistige Seele haben und nach Gottes Bild geschaffen sind, da sie dieselbe Natur und denselben Ursprung haben, da sie, als von Christus Erlöste, sich derselben göttlichen Berufung und Bestimmung erfreuen, darum muß die grundlegende Gleichheit aller Menschen immer mehr zur Anerkennung gebracht werden.
Jede Form einer Diskriminierung in den gesellschaftlichen und kulturellen Grundrechten der Person, sei es wegen des Geschlechts oder der Rasse, der Farbe, der gesellschaftlichen Stellung, der Sprache oder der Religion, muß überwunden und beseitigt werden, da sie dem Plan Gottes widerspricht. Es ist eine beklagenswerte Tatsache, daß jene Grundrechte der Person noch immer nicht überall unverletzlich gelten; wenn man etwa der Frau das Recht der freien Wahl des Gatten und des Lebensstandes oder die gleiche Stufe der Bildungsmöglichkeit und Kultur, wie sie dem Mann zuerkannt wird, verweigert.
II. Vatikanisches Konzil, Kirche und Welt 29

Das hat man nun davon

Da hat man eine Tochter, ein nettes, gescheites Mädchen, das dem Vater viel Freude macht. Eines Tages kommt das Mädchen, wie schon so oft vorher, ins Wohnzimmer gerannt, nimmt den Vater um den Hals und fragt eine dieser schwer zu beantwortenden Fragen. Nein, dieses Mal stellt sie keine Frage, sie macht eine Feststellung. »Papa, ich will, wenn ich groß bin, Pfarrer werden.« Da sie mich mit den Armen am Hals hält, fühlt sie sicher, wie ich schlucke. Und ich schlucke schwer. »Papa, was muß ich tun, damit ich Pfarrer werden kann?« Sie läßt mich los und legt ihren Kopf vertrauensvoll auf meine linke Schulter.
»Da kannst du gar nichts machen. Mädchen können nicht Pfarrer werden, wenigstens nicht in der katholischen Kirche.« Sie nimmt den Kopf von meiner Schulter und schaut mich an. »Bist du ganz sicher, Papa, daß Mädchen keine Priester werden können?« »Da bin ich ganz sicher.« »Aber Papa, warum kann ein Mädchen das, was unser Pfarrer tut, nicht auch tun. Ich könnte doch auch Messe lesen, Beichte hören, Kranke besuchen und predigen. Wenn ich das gelernt hätte, könnte ich das auch.« Sie setzte sich auf den freien Stuhl am Tisch, legte ihre Arme auf den Tisch und ihren Kopf auf die Arme. Gespannt schaute sie zu mir her. »Natürlich könntest du das, wenn du das lernen würdest. Aber du kannst es nicht lernen, weil du nicht Pfarrer werden kannst.« Sie kniff die Augen zusammen. »Und warum kann ich nicht?« »Weil das nicht geht.« »Und warum geht das nicht?« »Weil es das noch nie gegeben hat.« Sie sieht mich an, als hielte sie mich für total bekloppt. »Warum dürfen nur Männer Pfarrer werden? Sind Männer denn dem lieben Gott lieber als Frauen? Du hast mir mal gesagt, daß der liebe Gott nicht nur Vater sei, sondern für uns Menschen wie Vater und Mutter. Dann kann er doch nichts gegen Frauen haben.« Ich erinnere mich mit Schrecken daran, daß ich das meiner Tochter einmal sagte, als ich mit ihr das Abendgebet sprach und sie mich nach Gott fragte.
Ich nehme einen neuen Anlauf zur Erklärung, warum Mädchen nicht Priester werden können, weiß aber schon, während ich rede, daß ich das auch nicht glauben würde, wenn ich meine Tochter wäre. Ich täusche mich nicht. Sie glaubt mir nicht und beendet das Gespräch: »Ich finde das ungerecht. Ich wäre ein guter Pfarrer geworden, besser als mancher männliche Pfarrer.«

»Paulus ist an allem schuld!«

Ich will, daß die Männer überall beim Gebet ihre Hände in Reinheit erheben, frei von Zorn und Streit. Auch sollen die Frauen sich anständig, bescheiden und

zurückhaltend kleiden; nicht Haartracht, Gold, Perlen oder kostbare Kleider seien ihr Schmuck, sondern gute Werke; so gehört es sich für Frauen, die gottesfürchtig sein wollen. Eine Frau soll sich still und in aller Unterordnung belehren lassen. Daß eine Frau lehrt, erlaube ich nicht, auch nicht, daß sie über ihren Mann herrscht; sie soll sich still verhalten. Denn zuerst wurde Adam erschaffen, danach Eva. Und nicht Adam wurde verführt, sondern die Frau ließ sich verführen und übertrat das Gebot. Sie wird aber dadurch gerettet werden, daß sie Kinder zur Welt bringt, wenn sie in Glaube, Liebe und Heiligkeit ein besonnenes Leben führt. *1 Tim 2,8–15*

Die gesellschaftliche Wertung der Frau ist vor allem abhängig von ihrer soziologischen Position. Das ist eine eindeutige geschichtliche Erfahrung. Gewiß hat das Christentum die Frau »aufgewertet« – aber zunächst doch nur auf der spirituellen Ebene . . . Mann und Frau sind gleichberechtigte »Erben der Gnade des Lebens« (1 Petr 3,7), aber soziologisch weder in der Welt noch in der Gemeinde (Kirche) gleichrangig. Gerade Paulus hält streng an der Unterordnung der Frau fest. – Gewiß: die volle spirituelle Ebenbürtigkeit aller Menschen birgt einen Gedankenkeim in sich, der sich irgendwann einmal in der Richtung auf eine fundamentale Gleichheit aller Menschen entfalten mußte; insofern hat die Befreiung der Sklaven, die Emanzipation der Frau, die soziale Revolution ihren Ideenkeim in der christlichen Tradition. Aber bis er Wurzel schlug und Zweige trieb, sollten fast zweitausend Jahre vergehen (warum ihm das im innerkirchlichen Klima nicht glücken konnte, sondern erst im außerkirchlichen, mögen die Christen erforschen).
Im Bereich des christlichen Abendlandes änderte sich jedenfalls die soziologische Minderstellung und Minderwertung der Frau vorläufig nicht. Selbst Thomas von Aquin war noch überzeugt, daß es keine Lebensaufgabe und keine Tätigkeit gäbe, die nicht grundsätzlich am besten von einem Mann wahrgenommen und ausgeübt werden könne, abgesehen natürlich von der Funktion der Frau bei der Fortpflanzung. Mit Aristoteles sah er nur im

Mann den eigentlich vollgeglückten Menchen. Die Frau hielt er für einen verfehlten Mann.
Thomas fragte, woher es kommen möge, wenn ein Menschenkeim, ein Embryo, sein eigentliches Ziel (ein männlicher Mensch zu werden) nicht erreiche, sondern nur ein Mädchen geboren werde. Nun: da das weibliche Gewebe stärker wasserhaltig ist als das männliche, mochte das Vorherrschen der feuchten Südwinde während der Schwangerschaft Ursache sein, daß der Menschenkeim sich nicht bis zu einem Knaben entwickeln konnte.

---

1. *In welchen wesentlichen Punkten unterscheiden sich die Aussagen des Konzils von den Aussagen des Apostels Paulus in bezug auf die Frauen?*
2. *Versuchen Sie zu erarbeiten, warum Frauen in der katholischen Kirche nicht Priester werden können. Sehen Sie in dieser Tatsache eine Benachteiligung der Frau oder gar eine Herabsetzung der Frau?*
3. *Welche Frauen aus der Geschichte der Kirche sind Ihnen bekannt? Was war ihr Wirkungsbereich?*
4. *Welche Stellung der Frau in der Kirche und in der kirchlichen Lehre nennt nebenstehender Text? Trugen dazu biologische Irrtümer bei?*
5. *»Die Frauen beten und dulden, die Männer schmeißen den Laden.« Ist das die Situation der Frau in der Kirche? Welche kirchlichen Bereiche stehen Frauen offen?*

7.9 Kirche und Mission

»Geht hin in alle Welt«

Seit die Kirche besteht, ist sie missionarisch. Nicht nur der Auftrag Jesu »Gehet hin in alle Welt« hat die Christen dazu bewogen, sondern die Frohe Botschaft selbst macht einen Menschen, der glaubt, zum Missionar. Die Erfahrung der Liebe Gottes drängt den Christen, auch anderen diese Liebe erfahrbar zu machen und die Freiheit und Versöhnung, die ihm durch Christus geschenkt wurde, allen Menschen mitzuteilen. Christ sein heißt: Zeuge sein, daß Gott in Jesus Christus einen neuen Anfang gesetzt hat.

Ist Mission überholt?

Die Missionstätigkeit der Kirche begegnet heute manchen kritischen Rückfragen, denen sie sich stellen muß. Man sagt:

- Die Mission sei ein Überrest kolonialen Denkens. Sie wolle nur den Einflußbereich der Kirche erweitern.
- Die Mission sei Ausdruck christlicher und westlicher Überheblichkeit. Sie mißachte die religiöse Überzeugung der Andersgläubigen und die hohen Werte fremder Kulturen.
- Die Mission sei nur auf Bekehrungen aus. Sie übersehe, daß die Menschen auch in anderen Religionen Gott begegnen und ihr Heil gewinnen können.
- Die Mission lenke von den eigentlichen Problemen der heutigen Welt ab. Sie solle sich lieber darum kümmern, daß die Menchen genug zu essen haben, frei leben können und ihr Recht bekommen.

Besuch in Zaire

Vor ein paar Jahren besuchte ich eine Missionsstation in Zaire. Ich kam zwar schwerkrank, aber begeistert zurück. Zunächst meinte ich, den großen Wohltäter spielen zu können, und ich tat es auch. Bald merkte ich jedoch, daß ich oft und oft trotz meines Geldes der Beschenkte war: Die lebendigen Gottesdienste rissen mich mit. Die Gastfreundschaft beschämte mich. Vor allem setzte mich das Engagement der Missionare, Schwestern und eingeborenen Christen in Erstaunen. Weiße Missionare unter einem schwarzen Bischof und Generalvikar, es klappte wunderbar. Weiße Ordensschwestern zusammen mit schwarzen Mitschwestern versorgten die Kranken. Trotz der Armut, der ich immer wieder begegnete, blieb die Hoffnung in mir: Die Welt wäre anders, wenn sich alle an die Botschaft Jesu hielten.

1. *»Die Kirche ist missionarisch«. Wie kann dieser Satz begründet werden? Gilt der Satz »Ihr seid das Licht der Welt« für jeden Getauften?*
2. *Welche kritischen Punkte werden gegen die Missionstätigkeit der Kirche ins Feld geführt? Wie können diese Vorwürfe entkräftet werden?*
3. *Welche falsche Grundeinstellung bringt der Besucher der Missionsstation in Zaire mit? Welche Erfahrung macht er?*
4. *Wie beschreibt Bischof Christopher Mwoleka die Aufgaben eines Missionars in der heutigen Zeit?*

Umdenken

Die Zeit der »nickenden Negerlein« ist vorbei. Die Zeit, in der wir nur die Gebenden und die »armen Heiden« die Empfangenden waren, gibt es nicht mehr. Die Situation hat sich geändert. Aus »unseren Missionen« sind junge Kirchen geworden, die ihre Rolle in der Gesamtheit der Weltkirche spielen. Aus dem Von-Oben-Nach-Unten Verhältnis ist Zusammenarbeit geworden.
Während 1960 noch 51,5% aller Katholiken in Europa und Nordamerika und 48,5% in Lateinamerika, Afrika, Asien und Ozeanien lebten, werden im Jahr 2000 Europa und Nordamerika nur mehr 30% aller Katholiken beherbergen, die südlichen Kontinente dagegen 70% (W. Bühlmann).
Die missionarische Aufgabe wird immer mehr zu einer Aufgabe der Ortskirche selbst. An uns liegt es, ihnen zu Hilfe zu kommen. Die jungen Kirchen erwarten jedoch eine Mitwirkung, die ihre Eigenständigkeit anerkennt und sie zur Selbsthilfe befähigt.

Wichtigste Aufgabe der Missionare ist nach meiner Ansicht, den Getauften zu helfen, ein glaubwürdiges Christenleben zu führen. Ohne das Zeugnis christlicher Gemeinden wird es im übrigen wohl kaum eine wirkungsvolle Verkündigung der Frohbotschaft unter Nichtchristen geben. Ich betone darum noch einmal: Missionare sollten in der Schaffung lebendiger christlicher Gemeinden den Schwerpunkt ihrer Arbeit sehen.

»Seht, Christus, Euer Erlöser...«

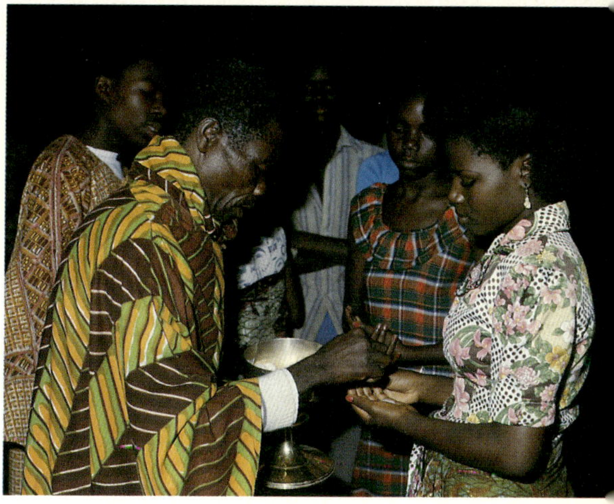

Mahlgemeinschaft – Lebensgemeinschaft

Leider zögern aber die Missionare noch immer, sich zusammen mit den einheimischen Kräften dieser Aufgabe zu stellen. Der Grund dafür scheint in der Befürchtung zu liegen, man könnte den Prozeß der Afrikanisierung ungebührlich verhindern. Auf jeden Fall möchte man keine Aufgaben übernehmen, die ohne weiteres von afrikanischen Priestern und Ordensfrauen erfüllt werden könnten. Was tun die Missionare also? Sie schauen sich nach Arbeitsgebieten um, denen einheimisches Personal bislang noch nicht gewachsen ist. Wir halten das nicht für sehr sinnvoll. Und mit Zusammenarbeit hat das auch nichts zu tun.
Verwurzelung und Afrikanisierung der Kirche sollte niemals bedeuten: »Afrika den Afrikanern«. Für diese Art von Mentalität ist die Welt viel zu klein geworden. Wir wollen vielmehr gemischt-rassische Gemeinschaften, die von der Universalität der Kirche Zeugnis ablegen und dazu beitragen, daß die jeweilige Kultur zu einer Bereicherung der Gesamtkirche wird.
Das besondere Charisma eines Missionars ist die Fähigkeit, glücklich in einer anderen Kultur zu leben und zu arbeiten und schließlich daran mitzuwirken, daß diese Kultur ihren Beitrag in der Universalkirche leisten kann. Missionare sind uns willkommen, nicht weil wir ihnen einen Gefallen tun wollen, sondern weil sie unentbehrlich sind für die richtige Entfaltung der Ortskirche.

Bischof Christopher Mwoleka

7.10 Zerrissene Christenheit

Wenn Paulus heute käme . . .

Als Paulus von Spaltungen in der Gemeinde von Korinth hörte, schrieb er der Gemeinde in einem Brief folgendes:

»Ich ermahne euch aber, Brüder, im Namen Jesu Christi, unseres Herrn: Seid alle einmütig, und duldet keine Spaltungen unter euch; seid ganz eines Sinnes und einer Meinung. Es wurde mir nämlich, meine Brüder, von den Leuten der Chloe berichtet, daß es Zank und Streit unter euch gibt. Ich meine damit, daß jeder von euch etwas anderes sagt: Ich halte zu Paulus – ich zu Apollos – ich zu Kephas – ich zu Christus.
Ist denn Christus zerteilt?
Wurde etwa Paulus für euch gekreuzigt?
Oder seid ihr auf den Namen des Paulus getauft worden?« *1 Kor 1,10–13*

Was Paulus damals schrieb, gilt auch für unsere Zeit, denn imer noch besteht das Ärgernis der Spaltung in der Christenheit.

Der Ökumenische Rat der Kirchen (Weltkirchenrat)

Dem Weltkirchenrat, der 1983 in Vancouver sein sechstes Welttreffen hatte, gehört die katholische Kirche nicht an. Doch waren katholische Beobachter anwesend. Gemeinsam ist allen christlichen Kirchen der Glaube an den Auferstandenen und an den Dreieinigen Gott. Dieser Glaube durchzieht auch die »Botschaft von Vancouver« an die Christen in aller Welt. Darin heißt es:
»Die Spaltung der Kirche in wesentlichen Bereichen ihres Lebens, unsere Unfähigkeit, voller Mut und Phantasie Zeugnis abzulegen, unser Festhalten an alten Vorurteilen, unser Anteil an der Ungerechtigkeit der Welt – all das sagt uns, daß wir ungehorsam sind . . .«

Orthodoxe Kirchen (griech. = rechtgläubige Kirchen): Zwischen den beiden Teilen des Römischen Reiches (mit den Hauptstädten Rom und Konstantinopel) entstand schon seit dem 4. Jh. eine zunehmende Rivalität; das wirkte sich auch auf kirchlichem Gebiet aus. Die Kirchen des Ostens (heute vor allem die griechisch- und die russisch-orthodoxe Kirche) hielten besonders sorgfältig an den Überlieferungen der alten Kirche fest. Es waren vor allem kirchenpolitische Konflikte, die zur Trennung führten. Mehrere kurzfristige Schismen konnten wieder beigelegt werden, bis zum Schisma von 1054. Seit dem Zweiten Vatikanischen Konzil (1962–1965) sind die Bemühungen um Annäherung intensiviert worden.
Römisch-katholisch: Auch die orthodoxen Kirchen bezeichnen sich als katholisch. Wenn wir »katholische Kirche« sagen, meinen wir die »westliche« Kirche oder auch die lateinische oder genauer die römisch-katholische Kirche, d. h. die Christen, die dem Bischof von Rom die Leitungsgewalt in der Kirche (= Primat) zuerkennen.
evangelisch: Seit Luther übliche Selbstbezeichnung der protestantischen Kirchen, die das Evangelium allein zum Maßstab nehmen wollen.
Lutheraner: Bezeichnung für die Kirchen, die an der Lehre Luthers festhalten. Wichtigstes Bekenntnisbuch der Lutheraner ist die »Augsburger Konfession« von 1530. Darin sind Glauben und Lehre des Protestantismus niedergelegt.
Reformierte: Bezeichnung für die Kirchen, die an der Lehre Zwinglis und Calvins festhalten. Ihre wichtigste Bekenntnisschrift ist der Heidelberger Katechismus (1563). Ihr Name ist ein Programm: die Kirche soll reformiert (erneuert) werden.
Anglikanische Kirche: Ursprünglich englische Staatskirche; entstanden 1534, als König Heinrich VIII. sich wegen seiner vom Papst verweigerten Ehescheidung von Rom lossagte. Die Lehre blieb in den meisten Punkten katholisch. Heute drei Richtungen: »high church« (Hochkirche), die im Gottesdienst der katholischen Kirche sehr nahe steht; »low church« (niedere Kirche), die besonderen Wert auf tätiges Christsein legt; »broad church« (breite Kirche) mit freier Glaubenslehre.
Evangelische Freikirchen: Bezeichnung für kirchliche Gemeinschaften, die aus dem Protestantismus kommen und den persönlichen Glauben des einzelnen und die Gemeinschaft der »Bekehrten« betonen, z. B. die Baptisten.

	Evangelisch	Katholisch	Orthodox
Glaubens-quellen	Die Heilige Schrift allein enthält das Wort Gottes.	Glaubensquelle ist nicht nur die Hl. Schrift, sondern auch deren Interpretation durch die Gemeinschaft der Gläubigen (Tradition).	siehe Katholisch
Heil und Erlösung	Das Heil erwächst aus dem Glauben allein. Der Glaube ist Geschenk Gottes. Die Gnade Gottes allein kann den Menschen retten. Die guten Werke sind Folge des Glaubens.	Das Heil erwächst aus dem Glauben, der Geschenk Gottes ist. Doch auch die guten Werke sind heilsnotwendig. Der Mensch ist nicht in der Gnade Gottes gefangen, ihm bleibt der freie Wille.	siehe Katholisch
Sakramente	Taufe und Abendmahl von Christus selbst gestiftet.	Taufe – Eucharistie – Buße – Firmung – Ehe – Priesterweihe – Kranken salbung	siehe Katholisch
Gottesdienst	Verkündigung des Wortes Gottes und Feier des Abendmahles.	Verkündigung des Wortes Gottes und Eucharistiefeier.	siehe Katholisch – allerdings ist die Form der Eucharistiefeier anders.

Im Amtsverständnis der verschiedenen Konfessionen bestehen Unterschiede, die oft verkürzt beschrieben werden mit: »Die einen anerkennen den Papst, die anderen nicht« oder: »Bei den einen dürfen die Priester heiraten, bei den anderen nicht.« Zum katholischen Amtsverständnis erklärte das II. Vatikanische Konzil: »Diese Heilige Synode setzt den Weg des ersten Vatikanischen Konzils fort und lehrt und erklärt feierlich mit ihm, daß der ewige Hirte Jesus Christus die heilige Kirche gebaut hat, indem er selbst gesandt war vom Vater. Er wollte, daß deren Nachfolger, das heißt die Bischöfe, in seiner Kirche bis zur Vollendung der Weltzeit Hirten sein sollten. Damit aber der Episkopat selbst einer und ungeteilt sei, hat er den heiligen Petrus an die Spitze der übrigen Apostel gestellt und in ihm ein immerwährendes und sichtbares Prinzip und Fundament der Glaubenseinheit und der Gemeinschaft eingesetzt. Diese Lehre über Einrichtung, Dauer, Gewalt und Sinn des dem Bischof von Rom zukommenden heiligen Primaten sowie über dessen unfehlbares Lehramt legt die Heilige Synode abermals allen Gläubigen fest zu glauben vor.« (Kirche 18) Die Priester hängen in der Ausübung ihrer Gewalt von den Bischöfen ab; kraft des Weihesakramentes sind sie zur Verkündigung der Frohbotschaft, zum Hirtendienst an den Gläubigen und zur Feier des Gottesdienstes berufen. (Kirche 28)

1. *Mit welchem Argument ermahnt Paulus die Korinther zur Einheit? Ist dieses Argument auch für die heutige Christenheit ein Motiv, nach Einheit zu streben?*
2. *Welche Unterschiede bestehen zwischen den im Lexikonteil genannten Kirchen? Wie beurteilen Sie diese Unterschiede? Zeigen Sie anhand der Übersicht auf dieser Seite die Übereinstimmungen und Unterschiede auf!*
3. *Welche Schwierigkeiten stehen der Einheit der Christen im Wege?*
4. *Welches Anliegen des Weltkirchenrates läßt die »Botschaft von Vancouver« erkennen?*

Bemühen um die Einheit

Es ist ein Skandal, daß die eine Kirche Jesu Christi in viele Kirchen gespalten ist. Die *Einheit der Christenheit* ging verloren. Die in einer bestimmten Zeit aktuellen Meinungen traten so sehr in den Vordergrund, daß die Einheit im Glauben aus dem Blick verlorenging. Christen verkündeten mitunter mehr sich selber und ihre eigene Meinung als ihren Herrn Jesus Christus und seine Botschaft.
Die institutionelle Einheit der Kirche als Gemeinschaft der Bischöfe untereinander und mit dem *Bischof von Rom,* dem Papst, zerbrach und wurde nicht mehr von allen anerkannt. Christen konnten nicht mehr Eucharistie miteinander feiern. So haben sie die Glaubwürdigkeit ihres Glaubens gemindert, haben ihre eigene Meinung oft über den Anspruch gestellt, den Christus an alle Menschen hat.
Die Kraft, die Einheit zu schaffen, haben die Christen nicht aus sich selber, sondern von Jesus Christus und seinem *Heiligen Geist.* Darum ist es Pflicht aller Christen, darum zu *bitten,* daß die Einheit der Kirche und durch sie die Einheit der Welt mehr und mehr Wirklichkeit wird. Und sie haben die Pflicht, alles zu tun, was in ihren Kräften steht, um – bei aller Vielheit und Vielfältigkeit der Ausdrucksformen – die *Einmütigkeit* des christlichen Glaubens zu leben und so der Welt ein glaubwürdiges Zeugnis zu geben.
In unserem Jahrhundert verstärkt sich die Einsicht, daß die *Trennung* in verschiedene Konfessionen und Sekten dem Willen Jesu Christi widerspricht. Die *»Ökumenische Bewegung«* bemüht sich um die Einheit aller Christen. Ein erster Schritt besteht darin, nicht mehr so sehr das zu betonen, was trennt, sondern das, was eint: Der Glaube an Gott den Vater, an Jesus Christus und den Heiligen Geist; die *Bibel* als gemeinsame Grundlage, die *Taufe,* das *Gebet* und das Warten auf das Kommen des *Reiches Gottes.*
Allerdings muß man nüchtern bleiben: Einheit im Glauben läßt sich nicht von oben diktieren; sie muß von unten her wachsen. Denn die Einheit ist zuerst eine Frage der Echtheit und *Entschiedenheit,* mit der die Christen und die verschiedenen Kirchen sich bemühen, nach dem Evangelium zu leben. Darum geschehen ökumenische Bemühungen nicht nur »auf höchster Ebene«; sie werden vor allem durch aktive Gemeinden getragen. In regelmäßigen ökumenischen Gottesdiensten *beten* Christen um die Einheit. In theologischen Gesprächen versuchen sie, den eigenen Glauben und andere christliche Überzeugungen besser kennen- und verstehen zu lernen. Im *Dienst am Nächsten* arbeiten Christen zusammen. In den *Missionsgebieten* wird die Einheit der Christen als besonders dringlich empfunden. In manchen Ländern werden deshalb neue Formen der Zusammenarbeit der Kirchen versucht und auch verwirklicht. Je intensiver sich alle Christen an Jesus Christus orientieren und bereit sind, ihre Vorurteile aufzugeben, desto mehr werden sie imstande sein, Brücken zu schlagen und *Spaltungen zu überwinden.*

Grundriß des Glaubens 34.9

Am 26. 10. 1967 trafen Papst Paul VI. und Patriarch Athenagoras I. in Rom zusammen. Athenagoras wurde deswegen von orthodoxen Mönchen öffentlich verflucht.

1. Welche Gründe nennt der Text dafür, daß die Einheit der Christenheit verlorenging? Warum ist das ein Ärgernis?
2. Warum ist es Pflicht aller Christen, die Einheit zu verwirklichen? Welche Wege zur Einheit werden aufgezeigt?
3. Wie erklären und beurteilen Sie das Verhalten der orthodoxen Mönche?

KAPITEL 8

Kirche angesichts sozialer Fragen

Da kamen viele Menschen und brachten Lahme, Krüppel, Blinde, Stumme und viele andere Kranke zu ihm; sie legten sie vor ihn hin, und er heilte sie.
Mt 15,30

8.1 Die soziale Herausforderung des 19. Jahrhunderts

Alfred Rethel wollte mit diesem Gemälde von 1834 zeigen, wie sehr die Industrie die Gesellschaft des 19. Jahrhunderts veränderte. Eine Fabrik nistet sich in eine Burg ein. Sie räumt beiseite, was sich mit den Zwecken der Fabrik nicht verträgt. An die Stelle des mittelalterlichen Wirtschaftens (Ständeprivilegien und staatliche Lenkung) tritt die liberale Wirtschaftsordnung mit »freiem Spiel der Kräfte«.

Hintergründe – Auswirkungen

Mit der Erfindung neuer technischer Produktionsweisen bereits im 18. Jahrhundert (Dampfmaschine, mechanisches Webschiffchen, Spinnmaschine) setzte in England die Industrialisierung ein und griff alsbald auch auf andere Länder über. Sie bewirkte im Deutschland des 19. Jahrhunderts einen grundlegenden gesellschaftlichen Umbruch. Der Übergang von der handwerklichen Arbeitsweise zur mechanisierten und stark arbeitsteiligen Großproduktion wurde durch verschiedene Umstände begünstigt bzw. ermöglicht. An erster Stelle ist zu nennen die rapide Zunahme der Bevölkerung durch verbesserte hygienische Bedingungen. So stieg die Bevölkerung in Deutschland von 23,5 Millionen Einwohnern 1816 auf 33,5 Millionen 1849. Zwischen 1800 und 1880 vervielfachten die meisten deutschen Städte ihre Einwohnerzahl, weil die Menschen zu Hunderttausenden in die Städte zogen, wo es Arbeitsplätze gab. Ein weiterer wichtiger Umstand war der zunehmende Abbau von Zollschranken in Deutschland (Deutscher Zollverein: 1834). Die zuvor feudale (d. h. staatlich gesteuerte) Wirtschaftsordnung war von staatlicher Lenkung befreit (Liberalismus), was diejenigen begünstigte, die neben Startkapital unternehmerischen Geist mitbrachten. Die Gesellschaft war auf diese Entwicklung nicht eingestellt. So ergaben sich bald unerträgliche Zustände, z. B. 16stündige Arbeitstage für Erwachsene, oft auch für Kinder, keine Sonntagsruhe, kein Urlaub, Zusammenwohnen oft mehrerer Familien auf engstem Raum, niedrige Löhne (mehr Arbeiter als Arbeitsplätze!), keine Versicherung, kein Arbeitsschutz, keine Altersversorgung, hygienisch unhaltbare Zustände. Kernstück des bald nicht mehr zu übersehenden Problems war die unbeschreibliche Armut der Fabrikarbeiter.

Die schlesischen Weber

Die technische Entwicklung bewirkt, daß neben den Männern für einfachere und leichtere Arbeit auch Frauen und Kinder in den Produktionsprozeß einbezogen werden. Dadurch wird die Konkurrenz unter den Arbeitern verstärkt: die schlechter bezahlte Frauen- und Kinderarbeit drückt auch den Lohn des Mannes. Während um 1770 die Arbeitskraft eines Mannes ausreichte, um eine durchschnittliche Familie zu ernähren, müssen um 1830 dafür schon die Frau und drei Kinder mitarbeiten.

Am härtesten betroffen von der Konkurrenz der billigen Maschinenproduktion sind die Weber. Wie die Baumwolle wird jetzt auch der Flachs maschinell versponnen. Die ruinierten dörflichen Flachsspinner suchen Arbeit in der Leineweberei. Aber auch die Ausdehnungsmöglichkeiten der ländlichen Leineweberei sind durch die Einführung des mechanischen Webstuhls beschränkt. Es kommt zu einem Überangebot an Arbeitskräften, die Löhne sinken weit unter das Existenzminimum. Trotz Arbeitszeiten von 12, 14, ja 16 Stunden am Tag lebt die Masse der Bevölkerung im großen Elend. Ein Zeitgenosse berichtet: »Seit sieben und mehr Jahren haben sich die Unglücklichen nicht mehr irgendein Kleidungsstück beschaffen können; ihre Bedeckung besteht aus Lumpen, ihre Wohnungen zerfallen, da sie die Kosten zur Herstellung nicht aufbringen können; die mißratenen Ernten der Kartoffeln, namentlich in den letzten beiden Jahren, haben sie auf die billigeren wilden oder Viehkartoffeln und auf das Schwarz- oder Viehmehl zur Nahrung angewiesen; Fleisch kommt nur bei einigen zu Ostern, Pfingsten und Weihnachten ins Haus, und dann für eine Familie von fünf bis sechs Personen ein halbes Pfund!«

1844 kommt es zum Aufstand der schlesischen Weber. Sie plündern die Häuser reicher Fabrikanten. Preußisches Militär schlägt den Aufstand nieder. Aber die aussichtslose Rebellion hat die Not und die Verzweiflung sichtbar gemacht.

1. Wodurch entstand das soziale Problem des 19. Jahrhunderts? Welche Umstände haben sein Zustandekommen begünstigt?

Das Elend in Schlesien

Hunger und Verzweiflung

Der Weberzug (Käthe Kollwitz)

Offizielle Abhülfe

2. Beschreiben Sie die Lebensbedingungen einer durchschnittlichen Arbeiterfamilie!

3. Welchen gesellschaftlichen Wandel beschreibt das Gemälde von Rethel?

4. Was führte zum Weberaufstand?

5. Wie sah die »offizielle Abhülfe« aus? Weshalb war sie unzureichend?

8.2 Die sozialen Probleme wurden gesehen

Franz Josef von Buß (1803–1878), Jurist, Professor (Staats- und Kirchenrecht), Politiker

Mitbegründer des politisch-sozialen Katholizismus in Deutschland. Er hielt die erste sozialpolitische Rede in einem deutschen Parlament: die berühmte Fabrikrede 1837 im badischen Landtag (Forderung eines Reformprogramms durch staatliche Gesetzgebung – mit 30 gegen 20 Stimmen abgelehnt). Bezeichnete die Kirche als eine gesellschaftliche Ordnungsmacht und sah in der sozialen Frage auch ein religiöses Problem.

Johann Hinrich Wichern (1808–1881) evangelischer Theologe

Er wies in einer prophetischen Rede vor dem Ersten Deutschen Evangelischen Kirchentag 1848 in Wittenberg auf die soziale Not hin. Dies gab den Anstoß zur Gründung des Zentralausschusses für die »Innere Mission« (religiöse *und* materielle Zuwendung zu besonders gefährdeten Gruppen innerhalb der Kirche). Gründer des »Rauhen Hauses« in Hamburg schon 1833 (Heim für verwaiste und verwahrloste Jugendliche).

Wilhelm E. von Ketteler (1811–1877), erst Jurist, ab 1844 Priester, seit 1850 Bischof von Mainz, 1871 Mitglied des deutschen Reichstags

Stark beachtet: Sechs Adventspredigten über »die großen sozialen Fragen der Gegenwart« 1848 im Mainzer Dom. Forderte staatlichen Arbeiterschutz, Verbot der Kinderarbeit, Unfallschutz, staatliche Kontrolle durch Fabrikinspektoren und gesetzlich geschützte Sonntagsruhe. Auf seine Anregung hin bildeten sich katholische Arbeitervereine. Motto: »Almosen allein können die Arbeiterfrage nicht lösen, vielmehr müssen die gesamten sozialen Verhältnisse reformiert werden.«

Adolf Kolping (1813–1865), Schuhmachergeselle, 1845 Priester

Gründete 1849 in Köln den ersten katholischen Gesellenverein und 1851 den »Allgemeinen Katholischen Gesellenverein«. In seinem Todesjahr gab es bereits 400 Vereine. Ziel: Entwurzelten Handwerksgesellen ein Zuhause bieten (= erste Hilfe), daneben Möglichkeiten der Weiterbildung im Beruf, Geselligkeit und Glaubensinformation. Kolping wollte nicht alle sozialen Fragen beantworten, sondern *eine* Antwort geben für *einen* Stand, dessen Not er selbst erlebt hatte.

Karl Marx (1813–1883), Begründer des Marxismus

1848 erschien das von Marx zusammen mit Engels verfaßte »Kommunistische Manifest«. Er forderte die Behebung des sozialen Elends durch die Abschaffung des Privateigentums an Produktionsmitteln und seine Überführung in gemeinsames Eigentum. Es bezeichnete die Revolution als Mittel, dies durchzusetzen.
Hauptwerk: »Das Kapital«. Als praktischer Politiker erfolglos, gab Marx doch die theoretischen Grundlagen zu späteren marxistischen Gesellschaftsveränderungen.
Für das Verständnis der marxistischen Lehre und die Auseinandersetzung mit ihr ist wichtig zu wissen, daß Marx Atheist war und seine Lehre materialistisch grundgelegt war.

Otto von Bismarck (1815–1898), Erster Reichskanzler von 1871 bis 1890

Setzte in seinem »Staatssozialismus« eine vorbildliche Regelung des gesetzlichen Versicherungsschutzes durch (1881–1889: Kranken-, Unfall-, Invaliden- und Altersversicherung). Indes war sein Ziel nicht Arbeiterschutz und Humanisierung der industriellen Arbeitswelt, sondern »Zähmung« der Besitzlosen: »Wer eine Pension hat für sein Alter, der ist weit zufriedener und leichter zu behandeln, als wer darauf keine Aussicht hat.«

Franz Hitze (1851–1921), Priester und Sozialpolitiker

Mitbegründer des Volksvereins für das katholische Deutschland, auch des Caritasverbandes. Von 1888 an Reichtstagsabgeordneter. Unter seiner Führung konnte das Zentrum im deutschen Reichstag 1891 Arbeiterschutzgesetze durchbringen. Er wurde zum Repräsentanten des »sozialen Katholizismus«. 1893 wurde er auf den erstmals eingerichteten Lehrstuhl für christliche Gesellschaftslehre in Münster berufen.

1. Welche konkreten Initiativen gingen von den hier vorgestellten Persönlichkeiten aus?
2. Wie waren ihre Vorstellungen davon, die soziale Not ihrer Zeit zu beheben? Unterscheiden Sie diese Vorstellungen anhand der Gesichtspunkte: Lösung durch Gesetz, durch kirchliche Sozialarbeit, durch Beheimatung in Verbänden, durch gewaltsame Veränderung gesellschaftlicher Zustände!
3. Welche Wirkungen gingen von einzelnen Maßnahmen dieser Männer aus, die noch bis in unsere Zeit nachwirken?

8.3 Entwicklung einer kirchlichen Soziallehre

Ein Spätstart

Die Gemeinsame Synode der Bistümer in der Bundesrepublik Deutschland erklärte 1975 zum Verhältnis der Kirche zur Arbeiterschaft:

Als die Kirche mit dem ersten päpstlichen Sozialrundschreiben endlich offiziell zu den bedrängenden Fragen Stellung nahm (Leo XIII., Rerum novarum, 1891), hatte eine allgemeine Entchristlichung schon tief in die Arbeiterschaft durchgeschlagen. Bis zum heutigen Tag herrscht in weiten Teilen der Arbeiterschaft der Eindruck vor, die Kirche halte es mit »denen da oben«, mit den Reichen und Mächtigen, und sie sei »gegen den Arbeiter«.

Bei dieser kritischen Sicht blieb die Synode nicht stehen. Sie versuchte, Ursachen aufzufinden, die der beklagenswerten Entwicklung zugrunde lagen, um sie heute so weit wie möglich auszuräumen. Nur so könne die Kirche wieder in die Arbeiterschaft hineinwachsen, nachdem diese zum großen Teil der Kirche entwachsen sei. Auch sei die Sozialfrage des 19. Jahrhunderts inzwischen eine weltweite Frage auch unserer Zeit geworden.

Einige der Ursachen, die von der Synode aufgefunden wurden, seien kurz beschrieben:

- Der Blick der Kirche war auf kirchliche Probleme verengt (z. B. in Auseinandersetzungen mit dem Staat, etwa im deutschen »Kulturkampf«).
- Die theologische Wissenschaft hat die neue Situation zu wenig beachtet (geänderte Wirtschaftsweise und durch sie geänderte Arbeitswelt).
- Der Kirche ist zu spät bewußt geworden, daß caritative Maßnahmen versagen, wo strukturelle Maßnahmen nötig sind (z. B. in der Arbeiterfrage).
- Paternalistische Vorstellungen breiter kirchlicher Kreise behinderten die Ausbildung von Selbsthilfeorganisationen. Schwach entwickelt war der Gedanke, daß die Arbeiter im Recht sein könnten und sich nicht einfach abzufinden hätten.
- Die Auseinandersetzung mit Marx und seiner Lehre war unzureichend. Man differenzierte nicht zwischen zutreffenden sozialen Analysen und einer weltanschaulichen Unvereinbarkeit.

So faßt die Synode das Verhältnis der Kirche zur Arbeiterschaft wie in einem Schuldbekenntnis zusammen:

Die Kirche hat in der industriellen Umbruchssituation des 19. Jahrhunderts die Arbeiterschaft verloren. Zwar sind viele der Kirche treu geblieben, haben viele aus christlicher Überzeugung zur Behebung der Not Hervorragendes geleistet (auch Christen anderer gesellschaftlicher Kreise), doch konnte die aufsteigende gesellschaftliche Großgruppe der Arbeiterschaft nur in beschränktem Umfang in der Kirche Wurzeln schlagen.

1. Wie erklärt die Synode das schlechte Verhältnis der Arbeiterschaft zur Kirche?
2. Weshalb hat die Kirche offiziell so spät reagiert?
3. Was könnte in diesem Zusammenhang die Karikatur illustrieren?
4. Stellen Sie wichtige Aussagen der katholischen Soziallehre von Leo XIII. bis Johannes Paul II. zusammen!
5. Welche Auswirkungen für das konkrete Leben bei uns heute könnten die einzelnen Stationen der katholischen Soziallehre haben?
6. Erläutern Sie die vier Prinzipien der katholischen Soziallehre (Kastentext S. 181).

Stationen der katholischen Soziallehre

Mit »Rerum novarum« hat erstmals in der Geschichte ein Papst (Leo XIII.) zu sozialen Fragen seiner Zeit umfassend Stellung genommen. Seither haben immer wieder Päpste oder auch die Väter des Zweiten Vatikanischen Konzils Stellungnahmen abgegeben, wenn neue soziale Probleme oder auch neue Einsichten dies erforderlich machten.

1. Station: Arbeiterfrage
Leo XIII. (*Rerum novarum,* 1891) hatte es mit der Arbeiterfrage des 19. Jahrhunderts zu tun. Er wollte aus christlicher Sicht Orientierungshilfen geben, um diese Frage zu lösen. Er setzte drei Schwerpunkte. Erstens: Arbeiter haben Anspruch auf einen Lohn, der sie und ihre Familie leben läßt (»Lebenslohn«). Zweitens: Arbeiter dürfen sich zur besseren Durchsetzbarkeit ihrer berechtigten Forderungen zusammenschließen (»Koalitionsrecht«). Drittens: Der Staat muß den Arbeitern helfen durch gesetzliche Maßnahmen zu ihrem Schutz (Arbeiterschutzgesetzgebung).

2. Station: Gesellschaftsfrage
Pius XI. (*Quadragesimo anno,* 1931) sah sich in einer veränderten Zeit neuen sozialen Problemen gegenüber. Weltwirtschaftskrise und Radikalisierung gesellschaftlicher Gruppen warfen die Frage nach der richtigen Ordnung der Gesellschaft selbst auf. Es genügte also nicht mehr, die Rechte des einzelnen bzw. einer Gruppe innerhalb der Gesellschaft zu betonen. Der Papst betonte dementsprechend, daß der Mensch ein Gemeinschaftswesen sei. Es bedarf immer wieder des Ausgleichs zwischen den Individuen und den gesellschaftlichen Gruppen. Notfalls muß der Staat diesen Ausgleich schaffen, ohne allerdings alles an sich reißen zu dürfen.

3. Station: Menschheitsfrage
Johannes XXIII. (*Mater et Magistra,* 1961) richtete den Blick auf die weltweiten Probleme seiner Zeit. Er unterstrich die Notwendigkeit grundlegender Regelungen. Oberster Gesichtspunkt: das Völkergemeinwohl.

4. Station: Menschenrechtsfrage
Das Zweite Vatikanum (*Gaudium et Spes,* 1965) rückte vorsichtig von der naturrechtlichen Begründung des privaten Eigentums ab (Naturrecht: was dem Menschen von Natur aus zukommt). Es betont, daß das Eigentum etwas zu tun hat mit dem Anspruch des Menschen auf eine eigenverantwortliche Gestaltung des Lebens. Die Überlassung der Erdengüter an alle zieht eine soziale Verpflichtung des Eigentums nach sich. Notfalls – wenn das Gemeinwohl es erfordert – kann Eigentum entzogen werden (Enteignung).

Paul VI. (*Populorum progressio,* 1967; Octogesima adveniens, 1971) und Johannes Paul II. (*Laborem exercens* 1981) äußerten sich zu unterschiedlichen gesellschaftlichen Fragen der Gegenwart. Wichtige gemeinsame Gedanken: Gerechtigkeit und Liebe kommen vor dem Recht auf Eigentum. Wirtschaft und Technik haben dem Menschen zu dienen. Johannes Paul II. betont, daß es ein Menschenrecht auf Arbeit gibt, weil Arbeit zum Menschsein gehört.

Auswirkungen für heute:
- Ernstnehmen der Probleme gesellschaftlich benachteiligter Gruppen
- Wille zur Aussöhnung gesellschaftlich rivalisierender Kräfte
- Bewußtsein einer weltweiten Verantwortung angesichts der Probleme der Dritten Welt
- Sensibilisierung für die Menschenwürde

Personalität: Einmaligkeit und Unantastbarkeit des von Gott als Person geschaffenen Menschen (Person sein bedeutet: frei sein, verantwortlich sein, aber auch hingeordnet sein auf ein Du und berufen sein zur Gemeinschaft mit Gott).

Solidarität: Verbundenheit aller Menschen untereinander aufgrund ihrer Hinordnung aufeinander. Gemeinschaft gehört zum Menschsein. Solidarität muß sich gerade dort bewähren, wo Menschen unterschiedlich denken, unterschiedliche Interessen verfolgen, verschieden sind.

Subsidiarität: Vorrangigkeit der eigenverantwortlichen Person bzw. der jeweils kleineren natürlichen Lebenskreise (Ehe, Familie, Nachbarschaft, Gemeinde) vor der jeweils größeren Gemeinschaft. Andererseits bedeutet Subsidiarität Anspruch der jeweils kleineren Gemeinschaft bzw. der Person auf ergänzende Hilfeleistung von seiten der größeren Gemeinschaft. Grund: Solidarität.

Gemeinwohl: Ausgewogenes Verhältnis, in dem die Eigenständigkeit des einzelnen bzw. der jeweils kleineren Gruppe in einem Gemeinwesen bewahrt ist. Eingeschlossen ist: soziale Gerechtigkeit, Frieden, Sicherheit, Freiheit, auch ein gewisses Maß an materiellem Wohlstand.

8.4 Die Wurzeln der katholischen Soziallehre

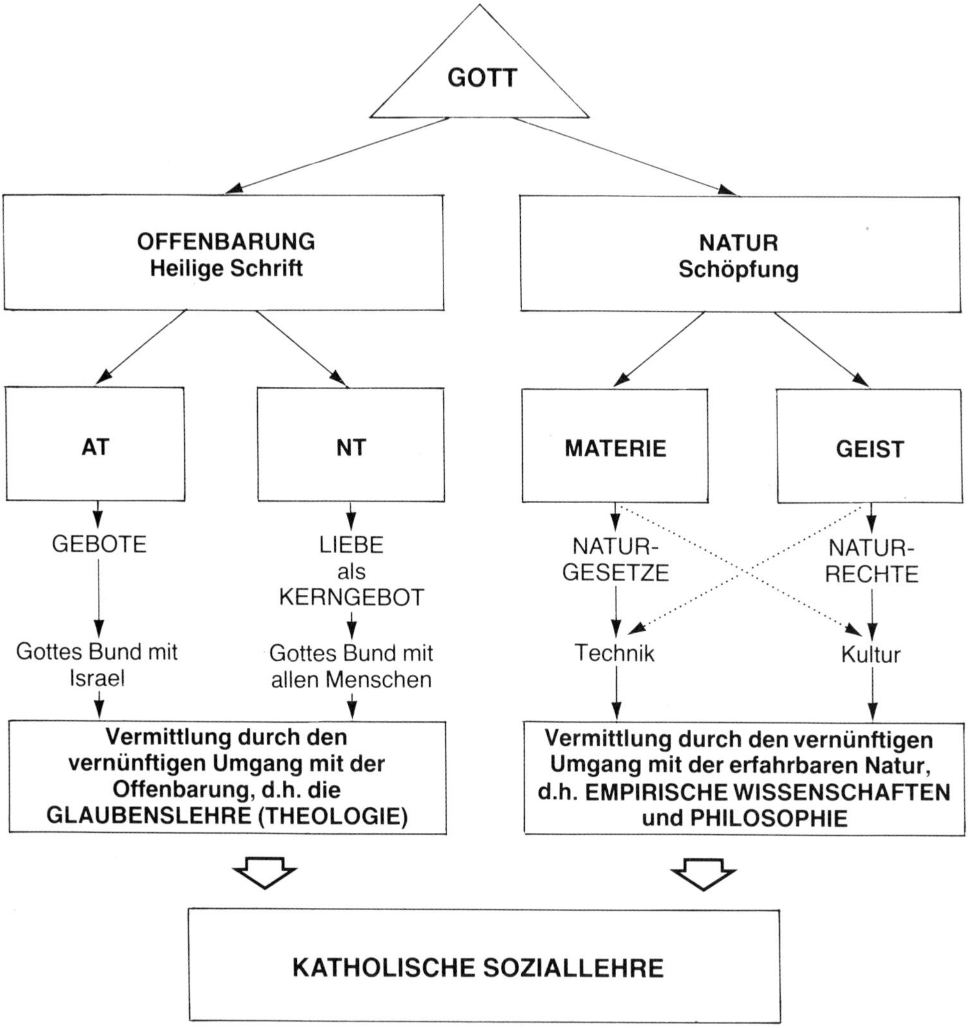

Gott spricht auf zweierlei Weise

Wir finden die rechte Ordnung des Zusammenlebens, wenn wir auf Gott hören, der auf zweierlei Weise zu uns spricht: in der Heiligen Schrift (Offenbarung) und in der Natur, die er geschaffen hat.

Man muß auf Gott hören, wo er spricht. Wie es falsch wäre, einzelne Schriftstellen aus ihrem Zusammenhang zu reißen, so wäre es falsch, sich nur auf die eigene Vernunft zu verlassen, wenn man die Natur befragt. Auch durch jene Wissenschaften spricht Gott zu uns, in denen mit exakten Methoden die Natur gemessen und zum Sprechen gebracht wird.

Biblische Akzente

Die Würde des Menschen

Dann sprach Gott: Laßt uns Menschen machen als unser Abbild, uns ähnlich. Sie sollen herrschen über die Fische des Meeres, über die Vögel des Himmels, über das Vieh, über die ganze Erde und über alle Kriechtiere auf dem Land. Gott schuf also den Menschen als sein Abbild; als Abbild Gottes schuf er ihn. *Gen 1,26–27*

So bezeugt der Geist selber unserem Geist, daß wir Kinder Gottes sind. Sind wir aber Kinder, dann auch Erben; wir sind Erben Gottes und sind Miterben Christi, wenn wir mit ihm leiden, um mit ihm auch verherrlicht zu werden.
Röm 8,16–17

Mit andern Mensch sein

Es ist nicht gut, daß der Mensch allein bleibt. *Gen 2,18*

Ehre deinen Vater und deine Mutter, damit du lange lebst in dem Land, das der Herr, dein Gott, dir gibt. Du sollst nicht morden. Du sollst nicht die Ehe brechen. Du sollst nicht stehlen. Du sollst nicht falsch gegen deinen Nächsten aussagen. Du sollst nicht nach dem Haus deines Nächsten verlangen, nach seinem Sklaven oder seiner Sklavin, seinem Rind oder seinem Esel oder nach irgend etwas, das deinem Nächsten gehört.
Ex 20,12–17 (aus den »Zehn Geboten«)

Ein Schriftgelehrter ... fragte ihn: Welches Gebot ist das erste von allen? Jesus antwortete: Das erste ist: Höre Israel, der Herr, unser Gott, ist der einzige Herr. Darum sollst du den Herrn, deinen Gott, lieben mit ganzem Herzen und ganzer Seele, mit all deinen Gedanken und all deiner Kraft. Als zweites kommt hinzu: Du sollst deinen Nächsten lieben wie dich selbst. Kein anderes Gebot ist größer als diese beiden. *Mk 12,28–31*

Einander helfen

Wenn ein Bruder oder eine Schwester ohne Kleidung ist und ohne das tägliche Brot und einer von euch zu ihnen sagt: Geht in Frieden, wärmt und sättigt euch!, ihr gebt ihnen aber nicht, was sie zum Leben brauchen – was nützt das?
Jak 2,15–16

Das Wohl auch der anderen

Wenn es also Ermahnung in Christus gibt, Zuspruch aus Liebe, eine Gemeinschaft des Geistes, herzliche Zuneigung und Erbarmen, dann macht meine Freude dadurch vollkommen, daß ihr eines Sinnes seid, einander in Liebe verbunden, einmütig und einträchtig, daß ihr nichts aus Ehrgeiz und nichts aus Prahlerei tut. Sondern in Demut schätze einer den andern höher ein als sich selbst. Jeder achte nicht nur auf das eigene Wohl, sondern auch das der anderen. *Phil 2,1–4*

1. *Aus welchen Wurzeln wächst die katholische Soziallehre? Weshalb wäre es falsch, eine dieser Wurzeln abzuschneiden?*
2. *Wie begründet die Bibel die Würde des Menschen? (Begriffe: »Abbild«, »Kinder Gottes«?)*
3. *»Keiner ist Mensch für sich allein.« Belegen Sie diese Auffassung mit Hilfe der »Zehn Gebote« und des »Liebesgebots« Jesu!*
4. *Ordnen Sie die angegebenen biblischen Texte den Prinzipien der katholischen Soziallehre zu! (Information S. 181!)*

8.5 Kirche in den sozialen Herausforderungen heute

Die sozialen Herausforderungen heute

Unsere Welt und unsere Gesellschaft kommen nicht mehr zur Ruhe. Eine Schreckensvision jagt die andere: atomarer Holocaust, globale Hungerkatastrophe, Waldsterben, Weltwirtschaftskrise mit Massenarbeitslosigkeit – auch für Jugendliche, die immer weiter sich öffnende Schere zwischen reichen Industrienationen und Ländern der Dritten Welt; daneben innergesellschaftliche Probleme wie das Ausländerproblem, das Problem der Nichtseßhaften, die Probleme alter Menschen, die allgemeine Umweltverschmutzung, die ungelöste Entsorgung von Abfallprodukten der Kernkraftenergiegewinnung, die Jugendkriminalität. Wo soll man anfangen? Sind die Probleme überhaupt zu lösen? Angesichts dieser und anderer Herausforderungen, denen wir uns heute gegenübersehen, muten die Probleme des 19. Jahrhunderts fast harmlos an. Wie leicht wären sie zu lösen gewesen, wenn man frühzeitig und entschlossen das Richtige getan hätte? Andererseits: Wir haben die Herausforderungen *unserer* Zeit anzunehmen und auf sie eine Antwort zu finden.

Wer ist die Kirche? Eine geweitete Sicht

Während früher die Kirchenleitung oft dem einfachen »gläubigen Volk« übermächtig gegenüberstand, ist durch das Zweite Vatikanische Konzil (1962–1965) das Bewußtsein gewachsen, daß alle zusammen Kirche sind, daß alle erst in der Gemeinschaft miteinander das Volk Gottes bilden. Unterscheidungen wie »Kirche von oben« und »Kirche von unten« gehören eigentlich der Vergangenheit an.
Kardinal Joseph Höffner schreibt:

»Die Kirche sind w i r a l l e. . . . Wir alle sind für die Kirche verantwortlich. Die Zeit der stummen Zuschauer ist vorbei. Mündige Verantwortung ist freilich keine Willkür, kein Rütteln an der Wahrheit unseres Glaubens und an der von Christus der Kirche gegebenen Ordnung . . . Wenn Vorwürfe gegen die Kirche erhoben werden, wird meistens übersehen, daß w i r a l l e die Kirche sind. Dem Unbehagen und Mißtrauen gegen die Kirche liegt fast stets ein verengter Kirchenbegriff zugrunde. Man stößt sich am A m t in der Kirche, am Papst, an den Bischöfen und an den Priestern. Die Gegenüberstellung von Kirche und Amtskirche ist falsch. Es gibt nur e i n e Kirche Christi. Das Amt aber steht im Dienst der Kirche.« *Joseph Kardinal Höffner*

Die Kirche nimmt die Herausforderung an

Dritte Welt
Für Menschen in der Dritten Welt hat die schwäbische Gemeinde St. Ulrich in Kirchheim/Teck rund 30 000 DM gesammelt. Anlaß war das 75jährige Jubiläum. Für die Bauern in Ghana sind Buschmesser ein unentbehrliches Arbeitsgerät, damit sie ihre Äcker bestellen können. Für die Herstellung der Buschmesser benötigt man Stahl. Dieser aber ist in Ghana derzeit nicht zu haben, da die ghanesische Inlandproduktion nahezu zum Erliegen gekommen ist. Die notwendigen Devisen für Importe fehlen. So sind zahlreiche Kleinbauern trotz eines günstigen Klimas in ihrer wirtschaftlichen Existenz bedroht.
Das Missionsreferat der Diözese Rottenburg-Stuttgart hatte das Projekt »Buschmesser« gestartet, zu dem die Kirchheimer jetzt ihr beeindruckendes Sammlungsergebnis beisteuerten.
Insgesamt sollen mit dem Projekt 60 000 Buschmesser beschafft werden.

Pressenotiz

Wenn manche Völker Überfluß haben an Nahrungsmitteln, während in anderen Ländern breite Volksmassen Hunger und Not leiden, dann fordern Gerechtigkeit und Menschlichkeit, daß die Überschußländer den Mangelgebieten zu Hilfe kommen.

Johannes XXIII., Mater et Magistra, 1961

Gefährdung des Friedens

Während des EG-Gipfels in Stuttgart fastete eine Gruppe von 20 Jugendlichen und Erwachsenen in der katholischen Marienkirche in der Landeshauptstadt, um gegen das Wettrüsten in Ost und West und gegen die Vernichtung von Lebensmitteln zu protestieren. Der Pfarrer der Gemeinde unterstützte die Aktion von Mitgliedern der katholischen Friedensbewegung Pax Christi, der Aktion »Ohne Rüstung leben« und der »Gewaltfreien Gruppe der Universität Hohenheim«, indem er die täglichen Gottesdienste morgens, mittags und abends ebenfalls unter das Friedensanliegen stellte.

Pressenotiz

Papst Paul VI. hat leidenschaftlich eine Beendigung des Rüstungswettlaufs und eine völlige Beseitigung der Massenvernichtungswaffen gefordert. Papst Johannes Paul II. setzt die Appelle seiner Vorgänger fort und begründet seine Forderungen nach Frieden vor allem vom Recht und von der Würde des Menschen her. Die Worte gegen die Rüstung mit Waffen, die Tod und Vernichtung bringen, Furcht hervorrufen und wirtschaftliche Mittel in falsche Kanäle leiten, werden immer schärfer.

Wort der Deutschen Bischofskonferenz zum Frieden, 18. 4. 1983

Arbeitslosigkeit

Am 19. März 1983 hat der Diözesanrat der Diözese Rottenburg-Stuttgart mit Zustimmung von Bischof Dr. Georg Moser beschlossen, Mittel für Maßnahmen gegen die Arbeitslosigkeit in einen »Solidaritätsfonds für Arbeitslose« einzubringen. Gleichzeitig wurden die Mitarbeiter im kirchlichen Dienst und alle Gläubigen der Diözese aufgerufen, zur Finanzierung der geplanten Maßnahmen beizutragen.

Nach der Auffassung des Diözesanrates sollen vorrangig Ausbildungsplätze in kirchlichen Einrichtungen geschaffen werden. Dementsprechend lautet der Beschluß, daß aus Mitteln des »Solidaritätsfonds für Arbeitslose« zusätzliche Ausbildungsplätze für Auszubildende sowie zusätzliche Stellen für Anerkennungspraktikanten, die ein Praktikum zum Abschluß ihrer Berufsausbildung unabdingbar benötigen, zu bezuschussen sind. Darüber hinaus können Hilfen in Einzelfällen und Beratungs- und Betreuungsmaßnahmen für Arbeitslose unterstützt werden. Zu den Entscheidungen über Hilfen im Einzelfall werden die Gemeindepfarrer, Betriebsseelsorger, Caritaskreisstellen und andere fachlich zuständige kirchliche Mitarbeiter gehört.

Bis zum 31. Mai 1983 wurden Zuschüsse in Höhe von 3300000 DM zugesagt.

Die Arbeit ist ein Gut für den Menschen – für sein Menschsein –, weil er durch die Arbeit nicht nur die Natur umwandelt und seinen Bedürfnissen anpaßt, sondern auch sich selbst als Mensch verwirklicht, ja gewissermaßen »mehr Mensch wird«.

Johannes Paul II., Laborem exercens

1. *Inwiefern hat sich das heutige Selbstverständnis der Kirche »geweitet«?*
2. *Wie wirkt sich diese »geweitete« Sicht auf die Beurteilung der Rolle der Kirche in den sozialen Problemfeldern aus? (Wer muß sich bewähren?)*

Ausländer
Das Zentralkomitee der deutschen Katholiken setzte sich in einer Erklärung vom 14. 12. 1981 für bessere Bildungschancen für ausländische Kinder und Jugendliche in Deutschland ein. Es befürwortete nachdrücklich den Ausbau eines partnerschaftlichen Verhältnisses zwischen der deutschen und der ausländischen Bevölkerung in Deutschland. Auch für die einzelnen Christen ergeben sich nach der Erklärung eine Reihe von Aufgaben: Sie müßten sich von den Nöten ausländischer Familien und Jugendlicher angesprochen fühlen. Ausländische Familien und Kinder sollten stärker am alltäglichen Gemeindeleben und an der Arbeit in kirchlichen Gremien beteiligt werden. Die Jugendarbeit müsse verstärkt Initiativen entwickeln, um ausländische Jugendliche zu integrieren.

»Die Wirtschaftsentwicklung in den Industrieländern stagniert . . . Diese Lage wird in zunehmendem Maße solche Anstrengungen von den Verantwortlichen erfordern, daß die Grenze des Zumutbaren und des Erreichbaren bald in Sicht kommt. . . . Vor allem sollte jegliche aufkeimende Fremdenfeindlichkeit sorgsam beachtet werden, damit – auch mit Hilfe der Medien und aller Gestalter der öffentlichen Meinung – gegen blinde Angstgefühle und instinktive Abwehrreaktionen ein sachgerechter Realismus aufgeboten wird, der mutig genug ist, die Zeit des unbegrenzten Wachstums für beendet zu erklären und die Bevölkerung auf eine notwendige Beschränkung der Lebensmöglichkeiten für den einzelnen vorzubereiten. Auf die Dauer wird sich kein wohlhabendes Land vor dem Ansturm so vieler Menschen, die wenig oder gar nichts zum Leben haben, abriegeln können. So wird es wahrscheinlich in Zukunft immer weniger möglich sein, daß der einzelne einheimische Bürger an den ausländischen Mitmenschen in seinem Land achtlos vorbeilebt und deren Belange den Sozialämtern und der Caritas überläßt. Jeder muß seine eigene Einstellung zu den Ausländern in seiner Nähe überprüfen und sich im Gewissen Rechenschaft geben, ob er in ihnen bereits den Menschen entdeckt hat mit der gleichen Sehnsucht nach Frieden und Freiheit, nach Ruhe und Sicherheit, deren Erfüllung wir für uns selbst so selbstverständlich beanspruchen.«
Johannes Paul II.

Alte Menschen
»Ihr Brüder und Schwestern der älteren Generation, Ihr seid ein Schatz für die Kirche, Ihr seid ein Segen für die Welt! . . . Ihr seid eine notwendige Ergänzung in einer Welt, die sich für den Schwung der Jugend und für die Kraft der sogenannten »besten Jahre« begeistert, in einer Welt, in der so sehr zählt, was man zählen kann. . . . In euch wird sichtbar, daß der Sinn des Lebens nicht nur in Geldverdienen und Geld-ausgeben bestehen kann, daß in allem äußeren Tun zugleich etwas Inneres reifen soll und in allem Zeitlichen etwas Ewiges.« *Johannes Paul II.*

1. *Wie begegnet die Kirche den sozialen Herausforderungen heute?*
   (Dritte Welt? Gefährdung des Friedens? Arbeitslosigkeit? Ausländer? Alte Menschen?)
2. *Die größte soziale Herausforderung von heute ist die strukturelle Arbeitslosigkeit. Welche Vorschläge gibt es, die vorhandene Arbeit besser zu verteilen?*
3. *Machen Sie Vorschläge, was wir tun könnten (in Schule, Beruf, Freundeskreis, Gemeinde)!*

8.6 Der arbeitende Mensch im Wirtschaftsprozeß

Wie die Mittenwalder ihre Geigen bauen

Die notwendigen Hölzer stammen aus den umliegenden Wäldern von Mittenwald, und zwar sind es besonders Fichte und Ahorn, die der Geigenbauer bevorzugt. Er sucht die geeigneten Bäume durch Abklopfen heraus. Sie werden dann im Winter gefällt und im Frühjahr geschnitten. Ein gründlicher Geigenbauer spaltet die Bäume selbst, signiert sie und zeichnet sie mit Jahrgang und Nummer, um einer Verwechslung vorzubeugen. Ehe das Holz richtig trocken ist, soll es wenigstens 15 Jahre gelagert haben. Die Mittenwalder wählen für den oberen Teil der Geige Fichtenholz, während sie für den Boden, für die Zarge, für Hals und Schnecke Ahorn bevorzugen. Das Holz wird nicht, wie in der Tischlerei üblich, waagrecht geschnitten, sondern in konischen Stücken senkrecht. Griffbrett, Saitenhalter und Wirbel hat man früher gern aus Buchsbaum angefertigt, heute dient dazu mehr das importierte Ebenholz.

Der Bogėn und die Resonanzdecke werden in Mittenwald nicht gepreßt oder gefräst, sondern mit einem Spezialmesser aus einem Holzstück herausgeschnitten. Da die Decke dünner sein muß als der Boden, ist es nötig, ständig mit einem Meßzirkel nachzumessen. Die F-Löcher richten sich nach der gewünschten Klangfarbe. Je schmaler sie sind, um so dunkler ist der Ton. Wenn die Schnekke geschnitzt ist, wird der Hals auf- und der Stimmstock in die Decke eingesetzt. Durch ihn werden die Schwingungen in der Längsrichtung verstärkt. Die schwache Decke würde sonst dem Ziehen und Drücken der Saiten nicht standhalten können.

Über das Geheimnis der Lackzusammensetzung ist schon viel geschrieben worden. Innerhalb der Familien haben sich ganz bestimmte Mischrezepte vererbt, und man kennt auch heute noch die Lackmischung, die Klotz vor fast 300 Jahren benutzt hat. Der Lack ist sozusagen die Rüstung der Geige und schützt sie vor den Witterungseinflüssen. Zehn- bis zwölfmal pflegt man eine Geige zu überstreichen.

Zu einer guten Geige braucht man 150 Stunden Arbeitszeit.

Brotbacktag der Bäuerin

Kleinbetriebe – Vorteile

Kleinbetriebe (etwa das Handwerk als Teil der gewerblichen Wirtschaft oder der bäuerliche Betrieb) sind umstellungsfähig durch Verzicht auf Spezialisierung. Sie eignen sich so auch für individuelle Arbeiten und schwierige Sonderaufgaben. Die menschlichen Beziehungen sind überschaubar und meist gut entwickelt. Selbständige Arbeit, vor allem wo sie gestalterische Tätigkeit beinhaltet, befriedigt menschlich, so daß man sich mit der Arbeit identifizieren kann. Da Arbeitsprozesse in aufeinanderfolgenden Phasen von ein und derselben Person durchschritten werden, beanspruchen sie umfassend die menschlichen Kräfte. Kleinbetriebe bieten auch gute Voraussetzungen für unternehmerische Phantasie und Initiative.

Wenn die Arbeit ihr Gesicht verliert

Die Arbeit in der Form strikter Taktgebundenheit hat ihr Gesicht verloren ... Sie erlaubt keinen Durchblick, ergibt keine Perspektive für den, der sie tut, sie vermittelt keinen Sinn, keinen Stolz, keine Befriedigung. Das Gesicht der Arbeit ist zur Fratze geworden. Denn es fehlt ihr eine Vision dessen, was Arbeit für den Menschen in Wirklichkeit bedeuten könnte.
Die Arbeiter sagen es in ihrer Sprache: »Ein paar Jahre, und du verblödest ...«, »Stolz sein kann man auf diese Arbeit nicht ...«, »Was wir hier tun, ist doch ein Idiotengeschäft ...«
Solche Arbeit wirft nicht mehr ab als Geld.
...
Gewiß – die menschliche Arbeit war immer schon zwiespältig und zerrissen. Man stößt an Grenzen mit ihr, an Grenzen im Umgang mit den eigenen Kräften, an Grenzen im Umgang mit der Materie, die da zu bearbeiten ist. Schweißtreibend von Anfang an, ein »notwendiges Übel« – bestimmt zur Existenzsicherung im täglichen Lebensunterhalt. »Man muß eben leben ...«, sagen die Arbeiter.
Und doch gibt es auch eine grundlegend andere Erfahrung der Arbeit. Menschen, die in ihrer Arbeit geradezu aufgehen, denen sie zur Mitte und zum Lebensinhalt wird, die sich verwirklichen und sich mit ihr identifizieren können in Kreativität und Verantwortlichkeit. Selbst die Sprachgeschichte ... spiegelt die Zwiespältigkeit der menschlichen Arbeit: Fast alle alten und neuen Sprachen kennen zwei Vokabeln zu ihrer Umschreibung. Da reden z. B. die Lateiner einerseits von »opus« (Werk) und meinen damit etwas Schöpferisches, Ganzes, Entwurf und Vollendung zugleich und andererseits von »labor« (Mühsal, Not, Beschwerde). Und diese beiden Begriffe bilden tatsächlich die Pfeiler menschlicher Arbeitserfahrung: Zwischen ihnen spannt sich die ganze Bandbreite menschlichen Arbeitsglückes und Arbeitsleides. Eine ungeheure Polarität prägt die Arbeitserfahrung der Menschen in Geschichte und Gegenwart: niedrigste Arbeit vor allem in der Sklaverei, höchste Selbstverwirklichung in Kunst, Kultur und Politik.
Schwer leidet auch die heutige Industriearbeit an den Symptomen des »labor«: Monotonie der Fließarbeit, ständige Wiederholung der immer selben Handgriffe, Hetze durch Akkord und knapp berechnete Zeitvorgaben, mangelnde Kreativität, fehlende Freiheits- und Entscheidungsspielräume. Arbeit, die zwar der »Herstellung« von Massengütern dient, nicht aber der persönlichen »Darstellung«, der Verwirklichung des arbeitenden Menschen.

Paul Schobel

1. *Erklären Sie die beiden »Pfeiler« menschlicher Arbeitserfahrung (»opus« und »labor«)! Welche Erfahrung überwiegt bei dem Mittenwalder Geigenbauer, bei der Bäuerin am Brotbacktag, beim Fließbandarbeiter?*
2. *Unterscheiden Sie Klein- und Großbetrieb (Vorteile? Nachteile?)!*
3. *Wenn die Bibel sagt: »Im Schweiße deines Angesichts solst du dein Brot essen« (Gen 3,19), so gilt dies für jede Arbeit. Zeigen Sie an Beispielen, daß Schwarz-Weiß-Malerei fehl am Platz ist!*
4. *Welchen Zusammenhang sehen Sie zwischen Arbeiten und Christsein? Was unterscheidet einen christlichen Arbeiter von einem nichtchristlichen?*

Fasse dich kurz!

Eine Arbeiterin bittet den Direktor um eine Unterredung. Während der Unterhaltung dreht der Direktor eine kleine Metallplatte in das Blickfeld der Besucherin: »Fasse dich kurz!« Die Arbeiterin meinte nachher: »Ich habe Verständnis dafür, daß der Direktor wenig Zeit hat. Aber das sollte der Mann *sagen*, weil ein Mensch vor ihm sitzt. Dazu sollte er keine Metallplatte benutzen.«

Rentabilität oder humaner Arbeitsplatz?

Den sehr massiven Vorwürfen gegenüber, die gegen die Technisierung des modernen Arbeitslebens erhoben werden, weist die Christliche Soziallehre zunächst darauf hin, daß es unhaltbar ist, die Technik als solche dämonisch zu nennen. Im Befehl Gottes an die Menschen, sich die Erde untertan zu machen, ist vielmehr der Auftrag zur Technik miteinbeschlossen. Der Mensch darf und soll – mit der überlegenen Kraft seines Geistes – die verborgenen Gesetze der Natur erforschen und die Kräfte der Materie in seinen Dienst nehmen, also auch durch Technik und technische Zivilisation über die Erde und das Weltall, über die Gegenwart und die Zukunft (durch Wahrscheinlichkeitsrechnung und vorausschauende Planung) herrschen. Jede Eroberung im Reich der Materie ist ein Sieg des Geistes über den Stoff.

In der modernen Wirtschaft sind Rationalisierung und technischer Fortschritt ohne Zweifel im Interesse der Konkurrenzfähigkeit – und damit auch im Interesse der Arbeitnehmer – erforderlich. Dabei darf jedoch nicht übersehen werden, daß die Betriebe, Büros und Verwaltungen Stätten sind, wo Menschen ihr Tagewerk verrichten. Der Mensch ist auch für die technische Rationalisierung »Gottes Augapfel« mit einer unantastbaren »fremden Würde« und nicht ein teurer und dazu noch störrischer Produktionsfaktor. Eine auf den Menschen Rücksicht nehmende Gestaltung der Arbeitsplätze wird sich deshalb mühen, den Arbeitsraum, die Arbeitszeit und die Arbeitsdinge (Maschinen, Geräte, Rohstoffe usw.) in geeigneter Weise an den Menschen anzupassen. . . . *Joseph Kardinal Höffner*

1. *Stimmen Sie der Arbeiterin zu?*
2. *Wie sieht der Zielkonflikt in der modernen Wirtschaft aus? Weshalb sind beide (sich widerstreitende) Anliegen berechtigt?*
3. *Worin besteht die Humanisierung des Arbeitsplatzes in dem Volvo-Experiment?*
4. *Kennen Sie weitere Versuche, den Arbeitsplatz zu humanisieren? Mit welchem Erfolg?*

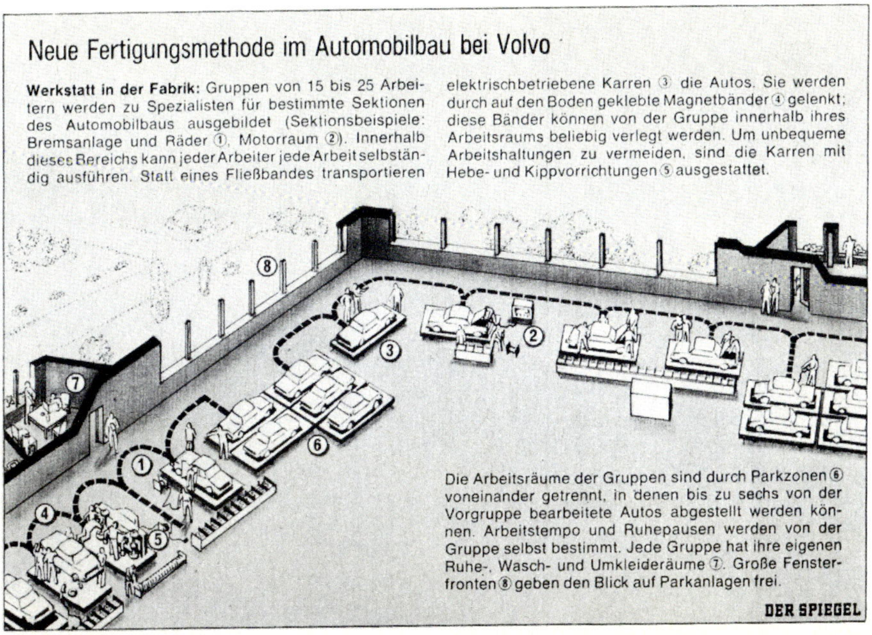

Humanisierung im Großbetrieb – das Beispiel der Volvo-Werke

8.7 Wirtschaftspraktiken

Multis zwingen Außenseiter zur Aufgabe

Nach rätselhaftem Lieferverzug bei Silicium-Metallen ging 1972 die Aachener Firma Garbe Lahmeyer an die französische Alsthom-Gruppe, angeblich einem Kartell-Mitglied. Ausgehungert wurde auch die Hamburger Motorenfabrik Gustav Altmann KG. Kommentierte ein AEG-Direktor: »Es war vielleicht nicht schön, aber es ging darum, Angebotskapazitäten dem Markt zu entziehen.« Auch in der Ölindustrie haben es Außenseiter schwer. Mit einem Zwölfjahresvertrag über Sowjetöl baute Anfang der sechziger Jahre der Millionär Amon gegen den Rat von Branchenkennern die Schweizer Raffinerie du Rhone in Collombey-Muraz. Die Multis aber wollten dort selbst raffinieren und beschlossen auf einer Sitzung in Zürich, das Unternehmen verkaufsreif zu schießen. Die Federführung im Exekutionsverfahren erhielt ein BP-Manager. Schon bald sackten in der Schweiz die Rohölpreise, so daß Amons Produkte aus teurerem Russenöl unter Kosten verkauft werden mußten. Als der Millionär nach Österreich exportierte, gingen auch dort die Preise abwärts. Schließlich sank auch der Kurs der Raffinerie-Aktien . . . Heute gehört das Unternehmen als »Raffinerie du Sud-Ouest« zu BP, Esso und Eni.

Die Arbeiterschaft ist ihrer Kampfmittel beraubt

BREMEN. Vor verschlossenen Türen standen am Wochenanfang die 57 Mitarbeiter der Firma Pionieer-Melchiors in Bremen, der Filiale eines japanischen Konzerns der Unterhaltungselektronik, als sie ihre Arbeit antreten wollten. Die Konzernspitze in Düsseldorf hatte am Wochenende die in Bremen ansässigen Abteilungen Verwaltung und Rechenwesen ohne Wissen ihrer Bremer Angestellten heimlich in die nordrhein-westfälische Landeshauptstadt verlegt.

Hintergrund der Aktion war die Absicht der Firmenspitze, bereits im Frühjahr dieses Jahres die Bremer Filiale nach Düsseldorf zu verlegen. Dagegen hatten die Mitarbeiter protestiert. Der Betriebsrat hatte schließlich in Verhandlungen mit den Japanern erreicht, daß bis zum 30. Dezember nicht nach Düsseldorf verlegt werde. Die Firmenleitung hatte auch einen Sozialplan angeboten, den die Gewerkschaft Handel, Banken und Versicherungen jedoch ablehnte.

Daraufhin soll in Düsseldorf ein Schreiben eingetroffen sein, in dem auf geplante Warnstreiks hingewiesen wurde. Die 57 Mitarbeiter aus Bremen und Umgebung sollen bis zu ihrer Entlassung noch ihr Gehalt bekommen.

Pressenotiz

Multis: Geschäftsunternehmen mit Niederlassungen in vielen Ländern. Risiken einer nur regionalen Niederlassung werden somit ausgeglichen. Wenn die Wirtschaft eines bestimmten Landes schlecht geht, kann das international angelegte Geschäftsunternehmen auf andere Länder ausweichen. Unter Multis kann man auch Konzerne verstehen (rechtlich selbständige Unternehmen mit gemeinsamem Management) oder Kartelle (verschiedene Firmen mit bindenden Preisabsprachen).

Arbeitskampf: In der Auseinandersetzung um gerechten Lohn, Mitbestimmung, Gewinnbeteiligung, Arbeits- und Urlaubszeiten, Arbeitsschutz u. a. haben die autonomen (d. h. nicht staatlicher Weisung unterworfenen) Tarifpartner, gewerkschaftlich organisierte Arbeitnehmer einerseits und Arbeitgeber andererseits, etwa gleich starke »Waffen«: den Streik und die Aussperrung. Ob sie gleichberechtigte Mittel im Arbeitskampf sind, ist immer noch Gegenstand der öffentlichen Diskussion.

Dom Helder Camara und die Fischer – oder: Ein Sieg der Gewaltlosigkeit

Eines Tages kamen die Fischer von Pernambuco (Brasilien) zu Dom Helder Camara: »Padre, es sind keine Fische mehr im Fluß und an der Küste. Wir müssen mit unseren Kindern verhungern!« Dom Helder überlegte. Er durfte die Menschen, die voll Vertrauen gekommen waren, nicht enttäuschen. Er mußte einen Weg finden, wie sie um ihre Rechte kämpfen konnten. Er beschloß, mit den Fischern einen Marsch zu der neuen Industrie zu unternehmen, deren Abwasser das große Fischsterben verursacht hatte. Der General, der für das Gebiet zuständig war, verbot zwar den Marsch. Er befürchtete Aufruhr. Dom Helder aber erklärte, es handle sich eigentlich um eine »Prozession«. Religiöse Veranstaltungen gingen aber das Militär nichts an. Die Prozession fand also statt. Die Direktoren des Betriebs waren vom Kommen der Fischer unterrichtet. Dom Helder hatte sie gebeten, die Fischer anzuhören und mit ihnen zu sprechen. So zogen Hunderte von Männern, Frauen und Kindern, bloßfüßig, in ärmlichen, abgerissenen Kleidern, ausgemergelt, die Kinder mit großen, vom Hunger und falscher Ernährung aufgeschwemmten Bäuchen, durch den staubigen, roten Lehm Brasiliens. An der Spitze des Zuges wurde ein großes Holzkreuz getragen, über das ein Fischernetz gehängt war. Die Fischer selbst trugen tote Fische in den Händen. Ihr Bischof ging unter ihnen. Als sie sich den Fabrikgebäuden näherten, sahen sie, daß diese von bewaffneten Polizisten umstellt waren, die sie mit vorgehaltenen Maschinenpistolen empfingen. Keiner der Unternehmer war erschienen, um zu verhandeln. Was sollte Dom Helder diesen armen Menschen sagen, die ihn nun so entmutigt, ja verzweifelt anblickten, daß er spürte: Sie waren bereit, auf sein Wort hin alles zu tun, auch auf diese Fabrik einzustürzen, sie zu demolieren, um zu zeigen, daß auch sie ein Recht hatten, gehört zu werden. Sie hatten ja nichts zu verlieren! Nichts konnte schlechter sein, als ihr gegenwärtiges Dasein. Aber Dom Helder versuchte, ihnen zu zeigen, daß die Reichen Menschen sind wie sie selbst. Sie hätten auch ein Gewissen. Es genüge aber nicht, einmal nur an ihr Herz zu klopfen. »Wir müssen morgen zurückkehren und wieder klopfen und wieder, bis sie nicht mehr widerstehen können.«

Die Fischer gingen ohne Trost nach Hause; der Hunger, das Elend waren geblieben; aber sie wollten wiederkommen.

Am nächsten Tag sprach die ganze Presse davon. Die Menschen waren empört. Noch am selben Tag erklärten sich die Direktoren bereit, mit den Fischern zu verhandeln, – und bald wurde das Wasser gereinigt. Die Fischer konnten leben. Zum ersten Mal haben sie gespürt, daß in ihnen eine unbesiegbare Kraft liegt, um ihr Leben und ihre Rechte zu kämpfen, die Kraft der Gerechtigkeit und der Liebe.

Nach Hildegard Goss-Mayr

1. *Welche anderen Praktiken des Konkurrenzkampfes kennen Sie? Was könnte man dagegen tun?*
2. *Die Fischer setzten sich ohne Gewalt gegen die Umweltsünder durch. Worin bestand ihr »Erfolgsrezept«? Läßt es sich auf unsere Situation übertragen? Wie beurteilen Sie die Rolle des Bischofs?*

8.8 Entwicklungshilfe und Kirche

In den Entwicklungsländern heute

1. Arbeitslosigkeit
Nach Angaben des internationalen Arbeitsamtes (ILO) waren im Jahre 1975 in den außereuropäischen Entwicklungsländern offiziell 33 Millionen Menschen arbeitslos, darunter 18 Millionen in Asien, 10 Millionen in Afrika und 5 Millionen in Lateinamerika. Dies gibt kein vollständiges Bild, da die Zahl der versteckten Arbeitslosen nicht berücksichtigt ist.
Versteckte Arbeitslosigkeit meint eine unzulängliche Beschäftigung als mithelfender Familienangehöriger oder in Saisonarbeit. Offene und versteckte Arbeitslosigkeit zusammen betreffen rund 40% der arbeitsfähigen Bevölkerung der Dritten Welt.

2. Kinderarbeit
Nach Informationen des internationalen Arbeitsamtes (ILO) müssen etwa 52 Millionen Kinder unter 15 Jahren in Entwicklungsländern arbeiten. Die Zahlen sind vorsichtige Schätzungen, weil erwerbstätige und zugleich zur Schule gehende Kinder nicht in dieser Statistik enthalten sind.
Kinder werden häufig wie Sklaven behandelt und in Familienbetrieben eingesetzt, als Handlanger unter dem gesetzlichen Mindestlohn auf Baustellen beschäftigt oder gar buchstäblich schon als Siebenjährige vom Land in städtische Haushalte »verkauft«. Die meisten Kinder arbeiten jedoch in der Landwirtschaft.

3. Landflucht und Wohnungsnot
Im Jahre 1950 lebten 48 Millionen Menschen der Dritten Welt in 24 Städten mit mehr als 1 Million Einwohner. Im Jahre 1985 werden aller Voraussicht nach 465 Millionen in 147 Riesenstädten wohnen. Die Wohnungsnot ist unbeschreiblich. In vielen Großstädten der Dritten Welt leben bis zu 50% der Einwohner in Slums.

4. Gesundheitszustand
Die Gesundheitsdienste in den Entwicklungsländern erfassen im Durchschnitt nur eines von 20 Kindern (5%), mehr als 1 Million Kinder erblinden jedes Jahr, weil sie zu wenig Vitamin A erhalten. Die Sterblichkeitsrate von Müttern und Neugeborenen liegt zweibis achtmal höher als in der Bundesrepublik Deutschland (19,7 pro 1000).
Viele hundert Millionen Menschen leiden an ansteckenden Massenkrankheiten: Malaria, Bilharziose, Lepra.
In den ärmsten Entwicklungsländern kommt ein Arzt auf 10300 Menschen. In den Industrieländern versorgt ein Arzt durchschnittlich 630 Menschen.

5. Streiks
Streiks bedeuten selbst da, wo sie gesetzlich möglich sind, häufig vollständige materielle Ungesichertheit, Entlassungen, Verfolgung u. a.

6. Politische Mitsprache, Arbeitsschutz und Versicherungen
In den meisten Entwicklungsländern gibt es keine unabhängigen Gewerkschaften. Eine wirksame Interessenvertretung der Arbeitnehmer ist deshalb kaum möglich. Streiks werden oft als illegal verboten. Eine politische Mitsprache der Masse der Bevölkerung ist in den oft autoritären und totalitären Regimen nicht möglich.
In den meisten Entwicklungsländern gibt es keine wirksamen Arbeitsschutzbestimmungen. Nur ein kleiner Teil der Arbeitnehmer genießt Krankenversicherungsschutz. Meist sind Altersversicherungen nicht vorhanden. An eine Arbeitslosenversicherung ist nicht zu denken.

7. Lebensstandard
Jeder fünfte Mensch hat nicht genug zu essen.

Eine typische Durchschnittsfamilie im Slum

Vater:
Gelegenheitsarbeiter oder arbeitslos, selbstgebrauter Alkohol hilft ihm, ungeachtet der schweren gesundheitlichen Schäden, für einige Stunden der Realität zu entfliehen.
Mutter:
Sie steht im täglichen Kampf um Nahrung, Trinkwasser und Sauberkeit für die oft vielköpfige Familie.
Kinder:
Die allgemeine Lage der Kinder in einem Slumgebiet ist gekennzeichnet durch Unterernährung, Krankheit, hohe Kindersterblichkeit, schulisches Versagen und Kriminalität. Sie müssen schon früh zum Familienunterhalt beitragen und haben daher oft keine Möglichkeit zum Schulbesuch.

Slumsanierung (= Erleichterung der Lebensbedingungen im Slum)
Das würde bedeuten:
Anerkennung und Bejahung der Bewohner.
Klare Zustimmung zum Wohnrecht.
Mitbestimmung der Bewohner.
Mitgestaltung und Beteiligung beim Bau der Unterkünfte.
Versorgung mit Wasser, Energie und Kanalisation. Zulassung von Gewerbe- und Kleinbetrieben.
Slumclearing (= Vertreibung aus den Slums und Umsiedlung in Mietskasernen)
Das würde bedeuten:
Herausreißen aus vertrauter Umgebung.
Verringerung von Wohn- und Lebensraum.
Verteuerung der Lebenshaltungskosten durch (zu) hohe Mieten und Fahrtkosten.
Nutzung der neuen Wohnung fast ausschließlich als Schlaf- und Lagerplatz der Arbeitskraft.

1. *Beschreiben Sie die Zustände in den Entwicklungsländern heute!*
   Vergleichen Sie mit den Zuständen im Deutschland des 19. Jahrhunderts! (Vgl. S. 177!)
2. *Unterscheiden Sie die beiden Konzepte, wie man das Problem der Slums lösen will (Slumsanierung und Slumclearing)!*
3. *Wie wirken sich die Zustände im Slum auf eine durchschnittliche Familie aus?*
4. *Stellen Sie eine Beziehung her zwischen den beiden Bildern!*

Versuche zu helfen – vier »Modelle«

Modell 1
Brosamen vom Tisch des Reichen – oder: Das wundersame Wachstum

Modell 2
»Hilfe« – das Geschäft des Jahrhunderts

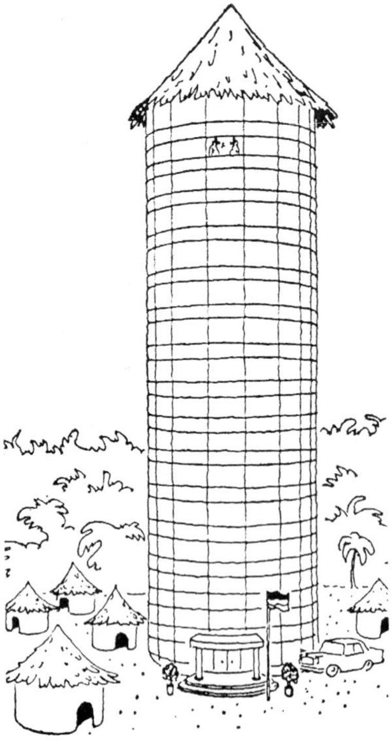

»Glauben Sie mir, Meier, das Allerwichtigste bei der Entwicklungshilfe ist das Einfühlungsvermögen.«

Neokolonialismus: Eine neue Form des Kolonialismus, in der ehemalige Kolonien als Lieferanten von billigen Rohstoffen und als willkommene Absatzmärkte für die eigenen Fertigprodukte in Abhängigkeit gehalten werden.

Modell 3
Verordnete Hilfe – oder: Hilfe ohne Kenntnis von Land und Leuten

Modell 4
Solidarität und Ausgleich – Ansatz zu einer »Weltinnenpolitik«

Das wirtschaftliche und soziale Gefälle zwischen den industrialisierten Zonen und den Entwicklungsgebieten der Erde erhält Abhängigkeiten und schafft Konflikte. *Entwicklungspolitik soll Völkern helfen, sich selbst zu helfen,* damit sie sozial und wirtschaftlich aufholen, ihre Gesellschaft nach eigenen Zielen modernisieren und . . . über die gemeinsame Zukunft mitbestimmen können. Entwicklungspolitik macht politische Kräfte, wirtschaftliche Interessen und solidarische Hilfsbereitschaft dem sozialen und politischen Ausgleich dienstbar . . . Entwicklungspolitik fordert die Lernfähigkeit auch unserer Gesellschaft heraus, ihre Bereitschaft, die Sorgen anderer Völker zu teilen und ihre Entscheidungen ernst zu nehmen . . . Entwicklungspolitik zielt auf Frieden. Sie beweist und mobilisiert Hoffnung.

Bundesministerium für Wirtschaftliche Zusammenarbeit

Kirchliche Entwicklungshilfe

Nächstenliebe fordert die christliche Predigt. Christen sollen alle Menschen lieben. Ohne Unterschied der Rasse, Klasse, Weltanschauung und Nationalität. Glauben hat etwas mit dem Herzen, aber auch mit den Händen zu tun. Kirchliche Entwicklungshilfe ist praktizierte Nächstenliebe. Hunger, Krankheit und Unterentwicklung entsprechen nicht dem Willen Gottes. Des Menschen Schicksal ist der Mensch. Wir können die Welt verändern, wenn wir wollen. Frieden und Gerechtigkeit fallen nicht vom Himmel. Sie müssen erarbeitet werden. »Brot für die Welt« und »Misereor« sind Agenturen der christlichen Nächstenliebe. Sie leisten Hilfe zur Selbsthilfe. Sie arbeiten nach dem Grundsatz: Gebt den Menschen nicht einen Fisch, sondern zeigt ihnen das Angeln. Wunden heilen ist gut. Wunden verhindern ist besser.

Informationsheft über kirchliche Entwicklungshilfe

Grundlagen in der katholischen Soziallehre

1. Entwicklung, der neue Name für Friede

Papst Johannes XXIII. stellte schon im Rundschreiben »Mater et Magistra« (1961) die Herstellung gerechter Beziehungen zwischen Industrieländern und Entwicklungsländern als eine der größten Aufgaben unserer Zeit heraus. In seiner Enzyklika »Pacem in Terris« (1963) werden politische Unabhängigkeit, kulturelle Eigenständigkeit und Selbstverantwortlichkeit der weniger entwickelten Länder als Voraussetzung eines Aufbaus einer friedlichen Völkergemeinschaft genannt. Aber erst die Enzyklika »Populorum progressio« von Paul VI. spricht 1967 die konkreten Verhältnisse und Erfordernisse für eine wahre Entwicklung zur einer Friedensordnung an:

»Die Habsucht der einzelnen, der Familien, der Völker kann die Armen und die Reichen packen und bei den einen wie den anderen einen erstickenden Materialismus hervorrufen. Mehr haben ist also weder für die Völker noch für den einzelnen das höchste Ziel.«

»Die allseitige Entwicklung des Einzelmenschen muß Hand in Hand gehen mit der Entwicklung der gesamten Menschheit.«

»Die Pflicht zur Solidarität unter den Menchen besteht auch für die Völker.«

2. Theologische Begründung der Entwicklungsaufgaben

»Der Einsatz für die Gerechtigkeit und die Teilnahme an der Umgestaltung der Welt erscheinen uns deutlich als ein wesentlicher Bestandteil der Verkündigung des Evangeliums und damit der Sendung der Kirche zur Erlösung des Menschengeschlechts und der Befreiung aus jeglicher Art der Unterdrükkung.« (Die Gerechtigkeit in der Welt. Dokument der römischen Bischofssynode, 1971)

»Entwicklung kann sich nicht einfach auf die begrenzte wirtschaftliche, politische, soziale oder kulturelle Dimension beschränken, sondern muß den ganzen Menschen in allen Dimensionen sehen, einschließlich seiner Öffnung auf das Absolute, das Gott ist. Sie ist deshalb an ein bestimmtes Menschenbild gebunden, an eine Lehre vom Menschen, die sie niemals den Erfordernissen irgendeiner Strategie, einer Praxis oder eines kurzfristigen Erfolges wegen opfern kann.« (Evangelii nuntiandi, 1975)

---

1. *Unterscheiden Sie die vier »Modelle«, nach denen Entwicklungshilfe praktiziert werden kann!*
2. *Zeigen Sie an konkreten Beispielen, ob Entwicklungshilfe nach einem dieser »Modelle« praktiziert wird!*
3. *Wie wird kirchlich Entwicklungshilfe begründet?*
4. *Zeigen Sie Grundlagen der kirchlichen Entwicklungshilfe in der katholischen Soziallehre!*
5. *»Hilfe zur Selbsthilfe«. Zeigen Sie, weshalb aus christlicher Sicht hauptsächlich dieses Konzept für Entwicklungshilfe in Frage kommt!*

Wasser, das man gefahrlos trinken kann – ein kirchliches Projekt

Wasser ist im unwegsamen Hochland von Chiapas, im äußerten Süden Mexikos, Mangelware. Wasser – so muß man hinzufügen –, das einmal für die Menschen ohne lange Wege erreichbar ist, und das man zum anderen ohne nachteilige Folgen für die Gesundheit trinken kann. Denn »schlechtes« Wasser ist überall in der Dritten Welt ein Infektionsherd für zahlreiche Krankheiten. Wenn die Indiofrauen in der Umgebung von Bachajon und anderswo in Chiapas heute über besseres Wasser verfügen, dann ist dies mit ein Verdienst der kirchlichen Entwicklungsarbeit. Misereor gab das Geld zum Kauf von Rohren und Materialien. Die Bevölkerung steuerte ihre Arbeitskraft bei. In tagelangen Märschen mußten die Indios häufig die Leitungsrohre vom Ort der Anlieferung bis in ihre entlegenen Dörfer transportieren. Gleichzeitig mußten, um gutes Quellwasser anzuzapfen, kilometerlange Leitungen durch unwegsames Gelände verlegt werden.

Wasser, ein Schlüsselwort jeder Entwicklungsarbeit, bietet für den Entwicklungshelfer den Ansatz für Gespräche über Verbesserungsmöglichkeiten vielfältiger Art. Im landwirtschaftlichen Bereich ebenso wie in der häuslichen Umgebung; bei der Anlage von Gärten für Obst und Gemüse, die bisher kaum für die Ernährung verwendet wurden, wie bei Fragen der Hygiene und Säuglingspflege. Wo Wasser aus der Leitung sprudelt, gewinnt man Zeit, die für die Verbesserung der Lebensverhältnisse allgemein nutzbar gemacht werden kann.

Misereor-Projekt Nr. 150 . . ./31 D
Stipendienfonds für Universitätsausbildung in den Ländern Südafrika, Namibia, Botswana, Swaziland (drei Jahre)
Aus Mitteln Misereor und der Bundesregierung vergibt die Südafrikanische Bischofskonferenz Stipendien an schwarze Studenten für naturwissenschaftliche, technische und gesellschaftliche Studien.
(Seit 1976 DM 1010000.–)

1. *Welche Vorteile bietet »gutes« Wasser für die Menschen der Dritten Welt? Wer hat in dem beschriebenen Projekt Wasser beschafft? Wie? Würde es Sie reizen, an einem solchen Projekt mitzuarbeiten?*
2. *Weshalb fördert Misereor die Universitätsausbildung schwarzer Studenten?*
3. *Zeigen Sie, daß Haitzinger mit seiner Karikatur eine Warnung ausspricht! Wie reagiert die Kirche, wie reagieren die Christen auf diese Warnung?*

KAPITEL 9

Kunst als Ausdruck des Glaubens

Kunst ist der Versuch, Unsagbares auszudrücken

9.1 Religiöse Kunst – Christliche Kunst

Orpheus mit der Leier. Mosaik aus der Türkei

Totengericht. Ägyptische Malerei

Bei einer nicht repräsentativen Umfrage in einer Klasse der Beruflichen Schule einer Kleinstadt ergaben sich folgende Äußerungen zum Thema Kunst und religiöse Kunst:

- »Kirchen, wie z. B. das Straßburger Münster gefallen mir gut, weil sie so alt, so geheimnisvoll und so still sind.«
- »In der religiösen Kunst finde ich farbige Kirchenfenster und Wandmalereien schön. Was mich nicht interessiert, sind Kirchen mit viel Marmor und Goldverzierungen.«
- »Ich schaue mir gern alte Kirchen an, aber eigentlich bringt es nichts.«
- »Kunst und alles, was dazugehört, finde ich langweilig.«
- »Die Kunst begleitet den Menschen. Doch der heutige Mensch hat nicht mehr die Geduld wie früher, wenn es um Kunst geht.«

Kunst – ein universales Phänomen

Künstlerischer Ausdruck in Malerei, Plastik, Architektur, Musik und Literatur ist keine Erfindung des Abendlandes. Künstlerische Darstellungen finden sich zu allen Zeiten, bei allen Völkern. Höhlenmalereien, griechische Tempel und Götterdarstellungen, Totempfähle in indianischen Kulturen, kunstvolle Masken in Neuguinea, prächtiger Kopfschmuck in Peru . . . der Mensch versucht, in künstlerischen Darstellungen seine Erfahrungen einzufangen und auszudrücken.

Vor allem in den Religionen finden sich künstlerische Ausdrucksformen; Kunst ist eine einzigartige Möglichkeit, Unsagbares mitzuteilen und zu »bannen«. Phantasievoll wird die Schönheit des Göttlichen, aber auch das Drohende, das vom Göttlichen ausgeht, gestaltet, als wolle man es dadurch in den Griff bekommen. Das Göttliche wird in von Menschenhand geschaffene künstlerische Formen gegossen. Dadurch wird das Göttliche dem Menschen nahegebracht oder auch erträglich gemacht. Religiöse Kunst ist eine Art Code, in dem sich der Mensch mit dem Göttlichen austauscht.

Christliche Kunst

Ich bin Jahwe, dein Gott, der dich aus Ägypten geführt hat, aus dem Sklavenhaus. Du sollst neben mir keine anderen Götter haben. Du sollst dir kein Gottesbild machen und keine Darstellung von irgend etwas am Himmel droben, auf der Erde unten oder im Wasser unter der Erde. Du sollst dich nicht vor anderen Göttern niederwerfen und dich nicht verpflichten, ihnen zu dienen. *Ex 20,2–5*

Das Buch Exodus enthält im ersten der Zehn Gebote eine deutliche Mahnung, daß der Mensch sich von Gott kein Bild machen soll. Das hat unterschiedliche Gründe. Zum einen: Gott ist zu groß, zu mächtig, um mit menschlichen Ausdrucksformen faßbar zu sein. Gott kann nicht beschrieben oder eingefangen werden, weder in einem Abbild noch in einem Begriff. Zum anderen: Durch das Bilderverbot setzte sich Israel vom magischen Bild- und Kultverständnis seiner Umwelt ab. Magisches Bildverständnis bedeutet: Bildern werden göttliche Kräfte zugesprochen, ja sie werden selbst für Götter angesehen und verehrt. Die Juden bestanden und bestehen bis heute auf dem biblisch begründeten Bilderverbot.

Auch die junge Kirche gebrauchte anfänglich – wie die Juden – nur Zeichen und Symbole, nicht Abbildungen. Doch die Einstellung zu bildhaften Darstellungen scheint in der Kirche von Anfang an umstritten gewesen zu sein. Die Bildergegner argumentierten im Anschluß an das alttestamentliche Bilderverbot damit, daß das Göttliche auch in Christus nicht darstellbar sei. Doch Christusdarstellungen ließen sich auf die Dauer nicht verhindern. Das Problem des Bilderverbotes tauchte in der Zeit der Reformation noch einmal mit aller Schärfe auf. Sogenannte »Bilderstürmer« entfernten aus den Kirchen die Bilder. Diese Bilderfeindlichkeit bestimmt zum Teil bis heute die Ausstattung evangelischer Kirchen.

Die Christen sind überzeugt, daß in Christus der unsichtbare Gott sichtbar Gestalt angenommen hat. Deshalb stellen sie ihn auf vielerlei Weise dar. Die Bilder Jesu erinnern daran, daß Gott sich menschlich sehen läßt. Aus diesem Glauben heraus wagte die christliche Kunst schließlich auch Gottesdarstellungen. Solche Darstellungen sind gerechtfertigt, wenn man sich bewußt bleibt, daß das Wesen Gottes sich als solches nicht darstellen läßt. Bilder sind nur Hinweise.

Georges Rouault, »Ecce homo«

1. *Welche Haltung zu religiöser Kunst und Kunst überhaupt steckt hinter den zitierten Schüleraussagen?*
2. *Mit welchen Argumenten kann man die Aussage stützen, Kunst sei ein »universales Phänomen«? Welche künstlerischen Darstellungen aus nichtchristlichen Religionen kennen Sie? Warum findet die Kunst gerade in den Religionen solche Bedeutung?*
3. *Worauf bezieht sich das biblische Bilderverbot? Wie kam es trotzdem zu einer religiösen Kunst im Christentum? Was versteht man unter einem »Bilderstürmer«? Warum verzichten manche Religionen auf bestimmte Darstellungen?*
4. *Vergleichen Sie das Christusbild von Rouault mit anderen Ihnen bekannten Darstellungen!*

Epochen christlicher Kunst von 300–1800

*Epoche**	*Baukunst*	*Bildkunst*	*Musik*	*Dichtung*
300–600 *Frühchristliche Kunst* Konstantin bis zum Ende der Völkerwanderung	Basilika: Trier, Rom, Ravenna. Byzanz: Rund- und Kuppelbau, Zentralbau	Mosaiken, Katakomben-malerei, Sarkophage. Frühe Buchmalerei (Wiener Genesis)	Hymnen (Ephrem der Syrer, Ambrosius) Wechselgesang	Wulfila-Bibel Boetius
800–1250 *Romanik* Höhepunkt um 1100; vor allem in Frankreich und im »Heiligen römischen Reich deutscher Nation«	Kreuzförmiger Grundriß, Rundbogen, Türme: Worms, Speyer, Mainz; Laach, Limburg, Hildesheim, Bamberg	Buchmalerei, Plastik in Stein, Holz, Elfenbein, Wandmalerei, Schmiedekunst, Wandteppiche	Gregorianischer Choral, Notenschrift, Orgel, Schulen für Kirchengesang, Mehrstimmigkeit (ab 900)	Wessobrunner Gebet (800), Heliand (830), Mönchsdichtung: Notker v. St. Gallen (912)
1150–1500 *Gotik* von Frankreich ausgehend (Chartres, Reims, Notre Dame) vor allem in England und Deutschland verbreitet	Mehrschiffiger Bau, Wandauflösung durch Fenster, Spitzbogen, hohe Türme: Ulm, Köln, Freiburg, Lübeck, Straß-burg, Mailand	Bildhauerei (Parler, Riemen-schneider, Stoß) Glasfenster, Tafelmalerei: Giotto, van Eyck, Meister Bertram, Witz, Lochner, Memling	Geistliche Lieder (»Leisen«), Sequenzen (Thomas v. A.) Thomas v. Celano	Hildegard v. Bingen, Mechthild v. Magdeburg, Kreuzfahrerlieder, Dante (1300)
1400–1600 *Renaissance* in Italien beginnend, dort auch am stärksten ausgeprägt: Rom, Florenz, Venedig	Wiederentdeckung der Antike: Symmetrie, Ruhe, Horizontale; St. Peter, Rom; St. Michael, München	Plastik, Fresko, Tafelbilder: Fra Angelico, Botticelli, da Vinci, Michelangelo, Raffael, Dürer, Cranach, Vischer, Holbein	»Lochheimer Liederbuch« (1450), Niederländische Schule. Palestrina († 1594) Gemeindechoral Orlando di Lasso	Hans Sachs, Martin Luther
1575–1800 *Barock* entsteht in Italien, Höhepunkt in Süddeutschland und Österreich; als Kunst der Fürstenhöfe und Klöster von größter Pracht (Rokoko)	Bewegung als Gestaltungsprinzip, Oval als Grundriß, keine rechten Winkel: Neumann, Zimmermann, Asam: Wieskirche, Vierzehnheiligen, Rott a. Inn	Plastik, Malerei, Architektur in völliger Harmonie; Greco, Rubens, Rembrandt, van Delft, Ignaz Günther	Monteverdi, Schütz, Praetorius, Buxtehude, Bach, Händel, Vivaldi, Haydn, Telemann, Mozart	Camoes, Theresia v. Jesu, Friedrich Spee, Cervantes, Calderon, Andreas Gryphius, Paul Gerhard, Angelus Silesius, Claudius

* Die Jahreszahlen geben nur eine grobe Orientierung. Die Übergänge sind gleitend und auch nach Ländern verschieden. Daher überlappen die Zeitangaben.

9.2 Beginn des Kirchenbaus im Christentum

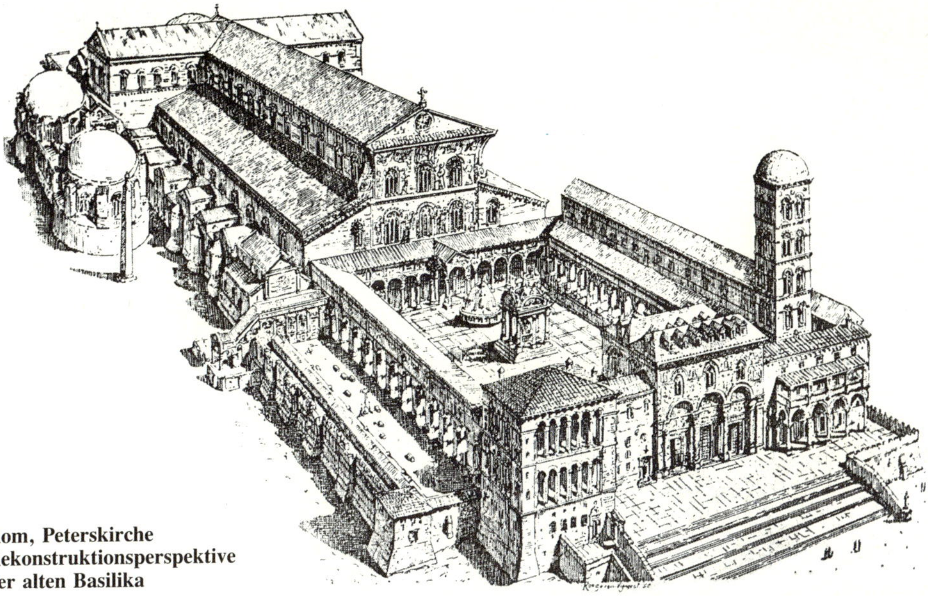

Rom, Peterskirche Rekonstruktionsperspektive der alten Basilika

Die ersten Zeugnisse christlicher Kunstausübung finden wir im Bereich der Architektur im Osten des Römischen Reiches. Es sind Hauskirchen, Räume von Privathäusern, die zum Zweck gottesdienstlicher Handlungen hergerichtet wurden. Die früheste in ihrem Grundriß bekannte Hauskirche aus vorkonstantinischer Zeit ist die von Dura-Europos am mittleren Euphrat. Literarisch überliefert wird ein gewisser Theophilos, der die »große Basilika seines Hauses« der christlichen Gemeinde als Kirche bereitstellte. In dieser Kirche fand sich auch eine Wandmalerei, das Christusbild des »Guten Hirten«.

Als zu Beginn des 4. Jahrhunderts unter Kaiser Konstantin die Christenverfolgungen zu Ende sind, und das Christentum im römischen Staat aufgewertet wird, beginnt der eigentliche Kirchenbau.

Die frühchristliche Basilika ist ein rechteckiger langgestreckter Bau mit Innengliederung. Reihen von Säulen (Kolonnaden) gliedern den Gesamtraum nach den Seiten und nach oben hin. Der mittlere Raumteil, das Mittelschiff mit Fenstern, ist wesentlich höher als die Seitenschiffe. Die Reihe der Säulen, durch Rundbögen verbunden, läßt das Gefühl einer Trennung allerdings nicht aufkommen. Der Chorabschluß einer Basilika ist entweder gerade oder wird durch ein Halbrund, die Apsis, betont. Die Bauform der Basilika entnehmen die Christen ihrer Umwelt, denn Versammlungs- und Gerichtshallen waren so gebaut.

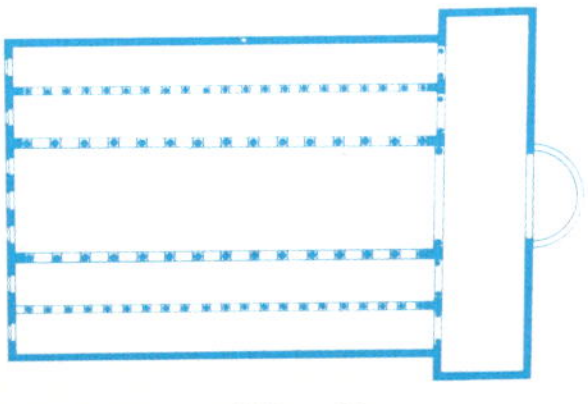

Grundriß: Lateranbasilika, Rom

1. *Was ist eine Hauskirche? In welcher Zeit entstanden Hauskirchen?*
2. *Welche politische Voraussetzung ermöglicht es den Christen, eigene Kirchen zu bauen?*
3. *Was ist das Wesentliche an der Architektur einer Basilika? Was bedeutet der Begriff Basilika ursprünglich?*

9.3 Zeitalter der Romanik: 800–1250

Das Kloster Maria Laach in der Eifel bietet ein klassisches Beispiel romanischer Baukunst. Das dreischiffige, mit sechs Türmen ausgestattete Gotteshaus wurde 1156 errichtet.

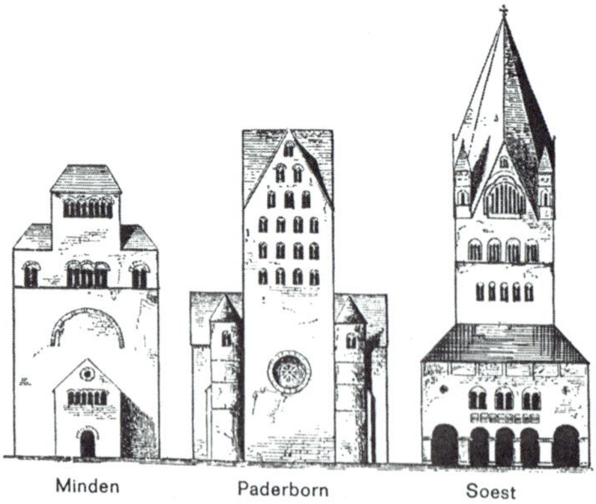

Drei unterschiedliche Beispiele romanischer Kirchenfronten. Allen ist der wehrhafte, burgähnliche Charakter gemeinsam. In den Zeiten ihrer Entstehung boten sie oft Schutz.

Meisterwerke der Romanik

Pfalzkapelle in Aachen
St. Pantaleon in Köln
St. Michael in Hildesheim
Bamberger Dom
Mainzer Dom
Abteikirche Maria Laach
Wormser Dom
Dom zu Speyer
Naumburger Dom
Limburger Dom
Paderborner Dom
Stiftskirche Gernrode
Dom von Magdeburg

Besuch in Maria Laach

Links der Straße lag der Laacher See, rechts der Straße stand dichter Wald. Das Tal wurde lichter, und auf einmal lag vor mir die mächtige Klosteranlage des Klosters Maria Laach. Ich parkte mein Auto auf einem der Parkplätze, die am frühen Morgen noch autoleer waren.

Dann stand ich vor der Abteikirche des Klosters. Auf Bildern hatte ich diese Kirche schon oft gesehen. In Wirklichkeit war sie allerdings noch beeindruckender. Man kann die Eindrücke und die Gefühle eines solchen Augenblicks nur schwer schildern. Meist sind es doch nur Klischees, die man herausbringt, wenn man etwas, das einen bewegt, in Worte fassen will. Das Wort von der »Burg Gottes« – so abgegriffen es auch sein mag – fiel mir als erstes ein. Eine »Festung«, hinter deren dicken Mauern der Flüchtling Zuflucht fand vor dem Verfolger, der ihm nach dem Leben trachtete, aber Zuflucht auch für den, der auf der Flucht war vor der Welt. Zwei Liedanfänge kamen mir in den Sinn: »Ein Haus voll Glorie schauet« und: »Ein feste Burg ist unser Gott«. Romanik bedeutet im Kirchenbau nicht nur Fenster mit Rundbögen, nicht nur wehrhafte Mauern. Romanik ist Ausdruck einer Zeit, in der Religion nicht am Rand des Lebens stand, sondern sein kämpferisches, wehrhaftes Zentrum war.

Das Christusbild in der Romanik

Eine besondere Bedeutung gewinnt das Christusbild im romanischen Kirchenbau: die romanische Kirche wurde zur Himmelsburg des göttlichen Herrschers. Am Eingang und im Chor wurde der burghafte Eindruck dieser Kirchen besonders deutlich: der Eingang als Pforte zum Palast des Herrschers, der Chor als der Ort seines Throns, der ihm im Altar errichtet war. Es lassen sich also in der Romanik deutlich die Wechselbeziehungen von bildlicher Darstellung und Stimmung der Zeit erkennen.

Das romanische Kreuz (12. Jh.) zeigt Christus als König des Weltalls (Sonne, Mond und Sterne am Kreuzbalken).

1. *Welches ist der Grundgedanke beim Kirchenbau in der Zeit der Romanik?*
2. *Die Christusdarstellungen der romanischen Epoche sind verwandt mit dem Grundgedanken der Architektur. Welches Christusbild stellt die Romanik heraus?*
3. *Welche romanischen Bauwerke oder Darstellungen gibt es in Ihrer Umgebung?*

9.4 Zeitalter der Gotik: 1150–1500

Blick zum Königsportal der Kathedrale von Reims

Das Münster Unserer Lieben Frau in Freiburg im Breisgau. Erbaut in der Zeit vom 12.–15. Jahrhundert. Ursprünglich Pfarrkirche in Freiburg.

Meisterwerke der Gotik

Kölner Dom
Straßburger Münster
Freiburger Münster
Ulmer Münster
Notre Dame in Paris
Kathedrale in Chartres
Kathedrale in Reims
Stephansdom in Wien
Kathedrale in Canterbury

Richtender Christus. Altarbild von Stefan Lochner, um 1447

Zu Füßen des Münsterturms

Ein bedeutender Historiker hat vor vielen Jahren über den Turm des Freiburger Münsters geschrieben: »Der schönste Kirchturm der Christenheit«. Immer, wenn ich zu Füßen dieses so hochgelobten Turmes sitze und einen Kaffee trinke, geht mein Blick hinauf zur Spitze des Münsterturms. Der Anblick des Turmes fesselt mich immer wieder. Der Turm wirkt zerbrechlich und ragt unendlich schlank in den Himmel. Das könnte das Prinzip der Gotik sein: himmelstürmende, jauchzende, jubelnde Frömmigkeit in Stein.
Auch im Innern des Münsters geht der Blick unweigerlich nach oben, als sei in der Decke eine Öffnung, die direkt in den Himmel schauen läßt. Dazu kommt das Spiel des Lichts. Scheint die Sonne, dann glühen die Glasfenster in hellen Farben, und das Licht, das in das Münster hereinfällt, wärmt das Herz.

Das Christusbild der Gotik

Das charakteristische Christusbild der Frühgotik ist die Gestalt des Beau Dieu (»schönen Gottes«). Über der lehrenden Gestalt thront der Richtende. Die Brust entblößt, die Seitenwunde ist sichtbar. Engel halten die Leidenswerkzeuge. Das Vorbild dieser Darstellung ist in dem antiken Brauch zu suchen, wo der Feldherr während des Gerichtsaktes sitzt, aber steht, wenn er Gnade walten läßt. Ein anderes Bild, das in der Gotik häufig ist, ist das des leidenden Christus mit der Dornenkrone. Etwa ab 1300 findet man den Menschensohn als den leidenden Dulder, den »Schmerzensmann« dargestellt. Im 15. Jahrhundert werden die Christusdarstellungen volkstümlicher, die Darstellung »sensationeller«: die Geißelung inmitten der Volksmenge, die Darstellung des »Ecce homo«, Christus auf dem Weg zur Hinrichtungsstätte. Das Drumherum wird sehr wichtig. Die Bilder werden personenreich, es spielt sich auf den Bildern ein Schauspiel ab. Allerdings finden sich im 15. Jahrhundert auch wieder Darstellungen von Christus als dem König, dem Erlöser der Welt.

1. *Versuchen Sie, anhand der Abbildungen das Charakteristische der Architektur im Zeitalter der Gotik herauszuarbeiten. Vergleichen Sie auch die Titelseite dieses Kapitels!*
2. *Wie unterscheiden sich die Christusdarstellungen der Gotik von denen der Romanik? Welche Gedanken beeinflussen in der Gotik die Christusdarstellungen?*

9.5 Zeitalter der Renaissance und des Barock: 1400–1800

Die *Renaissance* ist eine stilbildende Zeit, die nicht grundlegend Neues schafft, sondern Elemente aus der Antike neu gestaltet. Sie bedient sich dabei weniger Grundformen: Kubus, Quader, Zylinder und Kugel. Der Rundbogen wird, wie in der Romanik, zum Leitmotiv. Zwei Raumformen herrschen vor: der basilikale Längsraum und der Zentralbau. Eine Symmetrieachse festigt den Raum, verleiht ihm Ruhe und Ausgeglichenheit. Die Säule dominiert wieder, gemäß antikem Vorbild. Außerdem erhalten die Säulen ihre eigentliche Aufgabe zurück, Lasten zu tragen und dieses Tragen auch zu zeigen, im Gegensatz zur Gotik, die Schwerelosigkeit zeigen will.

Allen Künsten des *Barock* ist gemeinsam der Ausbruch aus der begrenzten, in sich ruhenden, irdischen Form ins Grenzenlose, immer Bewegte, Überirdische. Stilmerkmale der deutschen Barockarchitektur: Einfügung in die Landschaft, Gliederung durch Türme, sich vorwölbende Fassaden und ovale Seitenflügel; im Innenraum: Seitenschiff, Kapellen, Emporen; bei aller Lebensfreude und Festlichkeit eine ins Unendliche verschwebende Perspektive (Lichtführung, Verquikkung von Malerei und Plastik).

Renaissance, frz., von ital. rinascimento = Wiedergeburt
Barock, von portug. barocco = unregelmäßige Perle

Innenraum der Kirche von Ottobeuren

Christus in den Darstellungen der Renaissance und des Barock

Nördlich der Alpen entsteht eine neuartige Darstellungsweise: die des schwebenden Auferstandenen. Die Erhöhung und die Verklärung Christi sind die Hauptakzente, großer Realismus im anatomischen Detail, umgeben vom Glanz des Himmels. Christus in seiner Verklärung wird sinnlich faßbar. Seit Dürer findet man immer häufiger das Sonnenmotiv als Hintergrund der Christusfigur. Nicht der leidende Christus mit von Wunden entstelltem Körper, sondern der verklärte Christus in Vollkommenheit und Schönheit ist das höchste Ideal der Christusdarstellung in der *Renaissance*.

Die Christusdarstellungen des *Barock* sind verziert durch Allegorien, oft sind sie beschriftet. Der triumphierende Christus wird als Christkind dargestellt, das Christkind als Heiland der Welt, umgeben von einem Gewimmel von Cherubinen. Eine andere Art: Realistische Darstellung des Antlitzes Christi und unrealistische Lichtführung. Auf diese Weise wird das Wunderbare irdisch und glaubhaft, andererseits zu einer überirdischen Erscheinung. Langes, in Locken fallendes Haar, Bart, tiefliegende Augen, oft ekstatisch zum Himmel gewendet, gehören von nun an zum Christusbild. Relativ selten ist im Barock die Darstellung der Marter.

Meisterwerke

Renaissance
San Lorenzo, Florenz
Santo Spirito, Florenz
St. Michael, München

Barock
Frauenkirche, Dresden
Johann-Nepomuk-Kirche, München
Wallfahrtskirche Weingarten
Basilika Ottobeuren
Wieskirche, Birnau am Bodensee
Vierzehnheiligen, Neresheim
Santa Maria della Salute, Venedig

Giovanni Battista Tiepolo, Die Anbetung der Könige, 1753

1. Welche Grundelemente werden in der Architektur der Renaissance und des Barock verwendet? Welches Lebensgefühl steht dahinter?
2. Welches sind die typischen Christusdarstellungen dieser beiden Kunstepochen?

9.6 Kirchenbau der Neuzeit

Wie ein übergroßer Markierungsstein im flachen Gelände erscheint das 20 Meter hohe Kirchengebäude. Obwohl stark gegliedert, wirkt die Gesamtform wie ein wichtiger Meßpunkt. Durch Pyramidenform der Kirche angeregt, verbinden viele Besucher das Gesehene mit der Erinnerung an die alten Heiligtümer der Ägypter. Andere verstehen dieses Bauwerk als ein mächtiges Zelt.
Kirchen, die den Mittelpunkt unserer Städte und Orte bilden, liegen heute abseits der großen Verkehrsströme. Mit dem Neubau der Autobahnkirche Baden-Baden wurde der Versuch gemacht, an einem der verkehrsreichsten Abschnitte des Autobahnnetzes die Menschen anzusprechen und ihnen eine Möglichkeit religiöser Besinnung anzubieten.
Die Zeltform der Autobahnkirche entspricht ihrer Bestimmung für eine »wandernde« Gemeinde. Auch kann sie wie die ägyptischen Pyramiden als ein Zeichen gelten, das über die rasch dahinbrausende Zeit an die Ewigkeit erinnert.

Leben und Glaubensbewußtsein der Christen haben sich in der Neuzeit gewandelt; davon gibt auch der moderne Kirchenbau Zeugnis.

Autobahnkirche St. Christophorus in Baden-Baden

Moderne Baumaterialien wie Beton, Stahl und Glas prägen fast alle neuen Kirchenbauten. Doch sie bleiben Sakralbau: Ort zur gemeinsamen Feier des Gottesdienstes. Bedingt durch die Liturgiereform zeigt sich eine Vorliebe zur traditionsreichen Form des Zentralbaues.

Der Baustoff Beton ermöglicht jede gewünschte Form. Alle Raumformen sind bestimmt von ihrer Nutzung durch die Gemeinde. Denn die moderne Kirche will nicht so sehr als »Gotteshaus« durch besondere Pracht unmittelbar der Ehre Gottes dienen. Vielmehr möchte sie in erster Linie ein Haus der Gemeinde sein und ihr helfen, im Geist Jesu Christi die Welt menschlicher zu machen – zur Ehre Gottes. Daher steht heute bei Neuanlagen in der Regel die Kirche nicht mehr für sich allein, sondern ist Herzstück eines »Gemeindezentrums«. Architektur und Kunst waren noch immer ein verschlüsseltes Spiegelbild der Geisteskultur ihrer Zeit. Wer solche Spiegelbilder zu deuten versteht, wird nicht nur einen ästhetischen Genuß, sondern auch »tiefere Einsichten« gewinnen.

1. *»Das Zelt Gottes unter den Menschen«. Welche Ziele werden mit dem Bau eines Gotteshauses wie der Autobahnkirche verfolgt? Wo liegen die Unterschiede zur »normalen« Funktion einer Kirche?*
2. *Welche Vorstellungen von Gemeinde und Gottesdienst werden in der Architektur moderner Kirchen sichtbar? Versuchen Sie, dies anhand der Innenansicht eines modernen Gotteshauses zu zeigen!*

Innenraum der Kirche von Ronchamps

9.7 Christliche Symbole

Auge
Das Auge im Dreieck wurde schon im alten Ägypten für den Gott Osiris gebraucht. In der christlichen Symbolik erinnert das »allsehende Auge« an die Wachsamkeit Gottes, der alles sieht und alle Geheimnisse durchschaut. Deshalb wird es häufig über Altären, Kirchenportalen oder Kapellentüren angebracht. Da das Auge als unser zentrales Sinnesorgan nicht nur wahrnimmt, sondern auch ausstrahlt (Liebe, Haß, Gier), gewinnt es in der christlichen Kunst besondere Bedeutung.

Brot
Das Brot ist wie der Wein ein eucharistisches Zeichen von großer Symbolmacht. Es wird als Brotlaib, als Hostie oder Ähre dargestellt. Brot und Wein bedeuten zusammen Leib, Seele und Geist, unsere ganze Existenz, während Wasser und Brot zwar auch zur Erhaltung des Lebens genügen, aber als Not- und Strafernährung gelten. Indem Christus Brot und Wein zu Zeichen des zentralen Sakraments erhob, zeigte er zugleich auch eine geistige Nahrung an.

Farben
An der Liturgie werden die Farben ausschließlich nach ihrem Symbolgehalt verwendet, der zwar auch allgemein gilt, aber durch die liturgische Ordnung lebendig gehalten wird. Schwarz, farblos und unlebendig, zeigt die Nähe zum Tod an, weshalb die Meßgewänder am Karfreitag, aber auch bei Gottesdiensten zum Gedenken der Toten schwarz sind. Weiß, das ungebrochene Licht, ist die Farbe der Freude und Reinheit. Rot ist die Farbe des Blutes und damit des Lebens, aber auch des Feuers, weshalb rot als liturgische Farbe an Pfingsten und an Festen der Martyrer gewählt wird. Als Variation gilt der Purpur, ein uraltes Symbol herrscherlicher Erhabenheit. Purpur ist als Farbe den Kardinälen vorbehalten, hier freilich als Zeichen der Bereitschaft zum Martyrium gedeutet. Violett wird für das Meßgewand in der stillen Zeit – Adventszeit und Fastenzeit – gewählt. Grün wirkt als Farbe der Natur zuversichtlich und hoffnungsfroh. Es dient für die liturgischen Paramente in der Zeit zwischen Pfingsten und Advent.

Kelch
Der Kelch ist im Unterschied zum Becher das festliche Trinkgefäß, das zwar aus Glas mit Fuß und Knauf für das Haus nachgebildet wird, aber als Gold- und Silberkelch nur sakrale Verwendung findet. Auch das Wort verbindet sich nur mit Erhabenem: Kelch des Schicksals, des Leidens, des Heils. Als liturgisches Gefäß dient der Kelch zur Konsekration des Weines wie auch zur Aufbewahrung konsekrierter Hostien.

Kerze
Die Kerze ist nicht nur selbst ein »Licht«, sondern ein Zeichen des Lebens, besonders aber des Opfers. Sie verzehrt sich im Leuchten selbst. Sie bringt sich, wenn sie angezün-

det ist, dar und hat deshalb ihren Platz auf dem Altar; als Tauf- und Kommunionkerze symbolisiert sie Christus, als Sterbekerze weist sie auf seine Nähe im Tode hin. Als Osterkerze erhält sie eine besondere Weihe.

Taube
Die Taube genießt unter den symbolisch verwendeten Tieren die sublimste Bedeutung. Dies schon deshalb, weil sie ikonographisch oft den Heiligen Geist vertritt, sei es bei Dreifaltigkeitsdarstellungen, bei Bildern, die die Verkündigung oder die Taufe Jesu zeigen. Die Bibel erwähnt nach der Sintflut eine

Taube, die als Zeichen der Versöhnung Gottes mit den Menschen einen Ölzweig im Schnabel trägt. So wurde sie auch zum allgemeinen Symbol des Friedens. Da die Taube keine Gallenblase besitzt, die nach alter Deutung dem Mars, also der Schärfe und Aggression zugeordnet ist, gilt sie nicht nur als Botin der Liebe und Sanftmut, sie wird auch mit Maria verglichen (»du taube sunder gallen«) und zählt in den Kindheit-Jesu-Legenden zu den bevorzugten Tieren.

Tor
Das Tor, die Türe, die Pforte, besitzt als Grenze und Übergang zweier Bereiche auch übertragene Bedeutung, weshalb es in der Heiligen Schrift oft genannt wird. Künstlerisch tritt die Symbolik des Tores besonders deutlich an Kirchen und Kathedralen in Erscheinung, weil sie den weltlichen vom sakralen Raum trennt. Domportale werden reich geschmückt mit Szenen, die den Unterschied zwischen geistlichem und weltlichem Lebensweg zeigen.

1. *Versuchen Sie, mit eigenen Worten die Symbole Auge, Brot, Farben, Kelch, Kerze, Taube und Tor zu erläutern!*
2. *Welche anderen christlichen Symbole sind Ihnen bekannt? Welche profanen Symbole unserer Zeit kennen Sie?*
3. *Warum werden Symbole in den verschiedensten Bereichen verwendet?*

9.8 Das Lied der Glocke

Neben dem Glockenturm Iwana Welikogo im Kreml, dem Turm Iwans des Großen, steht seit 1836 die wohl größte Glocke der Welt. Ihr Durchmesser beträgt mehr als 6,5 m, ihre Höhe 7,9 m, ihr Umfang fast 20 m. Sie wiegt 201924 kg, d. h. ca. 202 t. Die Stärke der Glockenwand mißt im oberen Teil 27 cm, im unteren 56 cm. Die 1733 gegossene Glocke fiel nach dem Erkalten vom Gerüst, wobei ein 11 t schweres Stück absprang.
VIVOS VOCO – MORTUOS PLANGO – FULGURA FRANGO. Die Lebenden rufe ich. Die Toten beklage ich. Die Blitze zerbreche ich!
Von der Geburt bis zum Tode begleitet den Menschen in christlichen Bereichen der Klang der Glokken: rufend, mahnend, aufrüttelnd. Das Abendland übernahm die Glocke aus dem Fernen Osten (China, Japan), wo ihr Werdegang sehr genau verfolgt werden kann. Das Wort Glocke, im Althochdeutschen Clocca, leitet sich vom althochdeutschen Klochôn oder kloppen = schlagen ab, das im Englischen zu Clock, im Dänischen zu Klokke, im Französischen zu Cloche wird. Auf lateinisch werden große Glocken Campana, kleine Nola genannt, Bezeichnungen, die sich vermutlich auf Kampanien und die Stadt Nola beziehen.
Die ältesten Glocken waren aus Eisen geschmiedet und entsprechend klein; sie wurden von Wandermönchen mitgeführt. Eine solche, aus dem Gepäck des hl. Patrick, dem Landesheiligen von Irland stammend, ist noch heute im Dubliner Nationalmuseum zu sehen. Vom irischen Mönch Dagäus wird behauptet, er habe 300 Glocken geschmiedet. Erhaltene schmiedeeiserne Glocken bewahren die Kirchen in Wilparting, Ramsach und St. Gallen in der Schweiz. Die St.-Gallus-Glocke stammt aus dem Jahre 646, während der berühmte »Saufang«, eine Glocke des Kölner Rheinischen Museums, gar 613 von einer Sau aus dem Morast herausgewühlt wurde.
Viele Formungen mußten die Glocken durchlaufen, ehe sie die heutige gebräuchliche erhielten. So zeigt eine Glocke zu Siena aus dem Jahre 1150 Eiform und ist immerhin schon einen Meter hoch, eine andere zu Córdoba von 925 ist halbkugelig, wieder andere verlaufen konisch oder haben durchbrochene Wandungen, was dem Klang aber abträglich ist. Als älteste erhaltene Glocke Deutschlands in der zunächst vorherrschenden Bienenkorbform, die kurz darauf von der Spitzhutform abgelöst wird, gilt die Lullusglocke zu Bad Hersfeld mit einem Durchmesser von 1,1 m und einer Gesamthöhe von 1,05 m. Aus dem Schriftband mit den Worten: »Meginhard fudit...« geht hervor, daß sie während der Jahre 1036–1059 gegossen worden sein muß, zu jener Zeit, in der ein Abt Meginhard dem Kloster vorstand. Rund 60 Jahre jünger ist die früheste, mit der Jahreszahl 1098 datierte Glocke von Drohndorf in Anhalt.

9.9 Die Königin der Musikinstrumente

Der Orgelprospekt, die Schau, oft Prunkfassade des eigentlichen Werkes, war anfänglich nichts als ein Kasten am Chorgestühl, in dem die Orgel, unsichtbar für Sänger und Gläubige, untergebracht war. Im Laufe der Zeit wurde der Kasten bemalt und freier aufgestellt. Als die Orgel ihren Platz auf der Empore erhielt, damit sie voll sichtbar wurde, begann die künstlerische Gestaltung des Prospekts, wofür oft bedeutende Künstler, wie Holbein d. J. gewonnen wurden. Neben der Empore als Aufstellungsort wurden häufig auch die Mittelschiffwände als Orgelemporen benutzt, im Volksmund wegen ihrer Form »Schwalbennester« geheißen.

Die Orgel im Passauer Dom St. Stephan besteht aus einem Hauptwerk und vier Nebenorgeln. Mit 208 Registern und nahezu 17000 Pfeifen ist sie die größte Orgel Europas. Der Hauptspieltisch hat 5 Manuale und 300 Kipptasten und Knöpfe. (Die größte Orgel der Welt mit 455 Registern und 33000 Pfeifen steht in der Festhalle von Atlantic City, USA.)

Die »Königin der Instrumente«, wie die Orgel oft bezeichnet wird, durchlief einen langen Weg von ihren Anfängen bis zum Beginn der Neuzeit. Ihr Ursprung liegt in der Antike, wo sie als Organum Hydraulicum, als Wasserorgel, schon im 2. Jahrhundert v. Chr. von einem Schüler ihres legendären Erfinders, Ktesibios aus Alexandrien, beschrieben wird. Wann die komplizierte Technik der Wasserorgel durch ein Gebläse aus Handbälgen ersetzt wurde, wie sie seit Urzeiten die Schmiede benutzten, ist nicht bekannt. Reste der bei Ausgrabungen im antiken römischen Aquincum (Ungarn) gefundenen Orgel aus dem Jahre 228 zeigen, daß dieses Instrument bereits eine Balgorgel mit vier Registern zu je 13 Tönen war.

Die Entwicklung der Kirchenorgel setzte viel später ein, lehnten doch die frühen Christen die Orgel als Instrument im Gottesdienst ab. Ausschlaggebende Gründe dafür waren ihre Verwendung im antiken Theater und im Zirkus; wahrlich keine frommen Orte. Die Ostkirche hat bis heute die Orgel aus ihrem Kult ausgeschlossen.

Frühestes Datum für den Nachweis einer Kirchenorgel ist das Jahr 826, in dem der venezianische Presbyter Georg, im Auftrag Ludwigs des Frommen, eine Orgel für das Aachener Münster erbaute. Daß die Kirchen in den Ländern nördlich der Alpen eher Orgeln besaßen als die des Mittelmeerraumes, bezeugt ein Schreiben des Papstes Johannes VIII. (872–882) an den Freisinger Bischof Anno vom Jahre 873, in dem er den Bischof bittet, ihm eine erstklassige Orgel und einen Künstler dazu zu schicken (OPTIMUM ORGANUM CUM ARTIFICE), der das Instrument nicht nur beherrscht, sondern auch zu bauen weiß. Dieser Brief beweist, daß es in Freising schon vor 873 eine Orgel und eine Orgelbauschule gegeben haben muß.

9.10 Religiöse Volkskunst

Votivtafeln

Alle Wallfahrtsorte sind mit sogenannten Votivtafeln ausgestattet, auf denen für Heilung von schwerer Krankheit, wunderbare Errettungen oder Hilfe in schwerer Not gedankt wird.

1. *Versuchen Sie eine Definition des Wortes Volkskunst! Welche Beispiele volkstümlicher Kunst sind Ihnen bekannt?*
2. *Welche religiösen Motive führen zu künstlerischen Betätigungen wie dem Malen einer Votivtafel oder dem Legen von Blumenteppichen? Halten Sie solche Dinge für wichtig oder für überflüssig?*
3. *Wie erklären Sie sich, daß Weihnachtskrippen auch in Familien aufgestellt werden, die sonst mit dem Christentum nicht mehr viel zu tun haben wollen? Welchen Sinn hatten Krippen ursprünglich?*
4. *Wegkreuze und Herrgottswinkel – welche Bedeutung kam und kommt ihnen heute noch zu?*
5. *Diskutieren Sie den kritischen Satz: »Volkskunst zeigt naive Frömmigkeit«.*

Die Hauptstraße als Blumenteppich

Wer in der Hüfinger Altstadt zwischen Stadtkirche und Landesheim wohnt, hat an Fronleichnam nur eine kurze Nachtruhe. Schon um vier Uhr morgens beginnen die Hüfinger »Volkskünstler« – und das sind fast alle Mitglieder der Dorfgemeinschaft –, die Hauptstraße in einen duftenden Blütenteppich zu verwandeln.

Diesen Brauch führte ein Hüfinger Bildhauer vor fast 150 Jahren aus Italien ein. Zur weiteren Ausbildung nach Portici bei Neapel gereist, sah Franz Xaver Reich dort zum erstenmal die großangelegten Blumenteppiche, die zur Verehrung des Allerheiligsten Altarsakramentes ausgelegt worden waren. Schon ein Jahr später trug er das in der Fremde Gelernte in seine Heimatgemeinde auf der Baar: Am Fronleichnamstag 1842 legte er vor seiner Wohnung in der Hauptstraße 5 den ersten Blumenteppich.

An Fronleichnam Blumen auf den Prozessionsweg zu streuen, ist auch in anderen deutschen Gemeinden üblich. Doch die Hüfinger machen ihren »Herrgottstag« zu einem wahren Blütenfest. Schon Wochen vorher setzen sich Hausgemeinschaften, Vereine und kirchliche Verbände zusammen, um über Form und Ornamente der Teppiche zu beraten. Wessen schöpferische Talente im Ort bekannt sind, der wird in diesen Tagen und Wochen mit »Aufträgen« für neue Muster überhäuft.

Der Sinn des künstlerischen Wettbewerbs ist nicht die Perfektion. Es ist vielmehr der Wunsch, gemeinsam etwas zu gestalten und das Brauchtum als Brücke für Gruppenerleben und neue soziale Kontakte zu pflegen. So sind es denn vor allem die Jungen, die auf den komplizierten Blütenteppichen Jahr für Jahr beharren.

Weihnachtskrippen

Als sinnfällige Verdeutlichung des Weihnachtsgeheimnisses stellt die Krippe einen schönen Familienbrauch dar. Vom Stern im Fußboden der Geburtsgrotte in Bethlehem, den Kaiserin Helena († 330) anbringen ließ, und der daraufgestellten einfachen Futterkrippe mit einem Kind darin während der Christmette, führt der geschichtliche Weg über Rom bis zu Franz von Assisi, der in seiner Weihnachtsfeier im Wald von Greccio 1223 einen jungen Ochsen und einen Esel hinter eine Holzkrippe mit einem neugeborenen Kind führte, um den Menschen das »Wunder der heiligen Nacht« vor Augen zu führen. Die erste Krippe auf deutschem Boden stand 1252, wohl durch Franziskaner eingeführt, in Füssen im Allgäu. Jeder Kunststil hat seither an der Gestaltung der Krippen mitgewirkt. Vor allem die Krippenbewegung der zwanziger Jahre unseres Jahrhunderts in Süddeutschland hat die Krippe in Kirchen und Häusern wieder heimisch gemacht.

Wegkreuze und Herrgottswinkel

Das eigenartige Kreuz zeigt den Heiland, umgeben von allen Leidenswerkzeugen, auch von der Lanze, womit der römische Kriegsknecht Longinus Christus nach seinem Tod in die Seite stach. Im Volksmund bezeichnet man aber den Reiter mit der Lanze, der auf einem Balken seitlich angebracht ist, als Longinus und nennt Kreuze, an denen er zu sehen ist, nach ihm. Vermutlich ist der Reiter aber der »gute Hauptmann«, der gesagt hat: »Wahrlich, das ist Gottes Sohn.« Das hier abgebildete Kreuz befindet sich am Hippenseppenhof im Freilichtmuseum »Vogtsbauernhöfe« in Gutach im Kinzigtal. In diesem Freilichtmuseum stehen alte Schwarzwaldhäuser, die dort wieder aufgebaut wurden.

Vor allem in ländlichen Gegenden findet man noch häufig Wegkreuze, die zumeist von Privatpersonen errichtet wurden. Sie erinnern an besondere Vorkommnisse, die an dieser Stelle passierten. In alter Zeit gab es in den meisten christlichen Wohnungen den sogenannten Herrgottswinkel, zumeist in der Wohnstube. Christus als Zentrum des Glaubens mitten im Familienalltag.

9.11 Heiligendarstellung – Heiligenverehrung

Das II. Vatikanische Konzil schreibt über die Heiligen: »In den Gedächtnisfeiern der Heiligen verkündet die Kirche das Pascha-Mysterium in den Heiligen, die mit Christus gelitten haben und mit ihm verherrlicht sind. Sie stellt den Gläubigen ihr Beispiel vor Augen, das alle durch Christus zum Vater zieht, und sie erfleht um ihrer Verdienste willen die Wohltaten Gottes.« Heilige sind also Menschen, die durch die Gnade Gottes zur Vollkommenheit geführt wurden und das ewige Heil bereits erlangt haben, so daß sie für uns Fürsprache bei Gott einlegen können.
Die Heiligenverehrung hat viele Künstler angeregt, Bilder zu schaffen, die eine lebendige Heiligenverehrung unterstützen. Die meisten Heiligen werden mit bestimmten Attributen dargestellt, an denen man sie erkennen kann.

Heiliger Stephanus

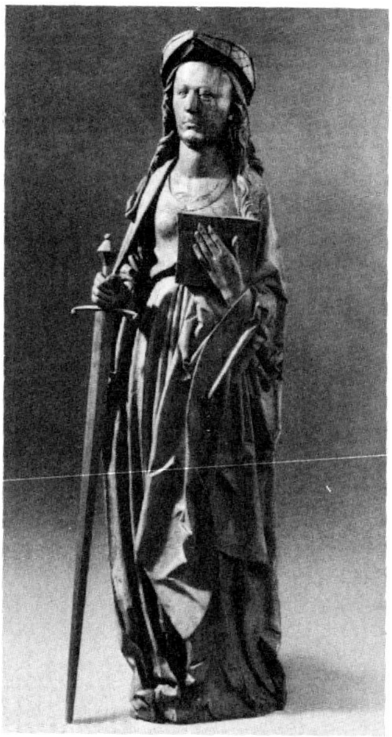
Heilige Katharina

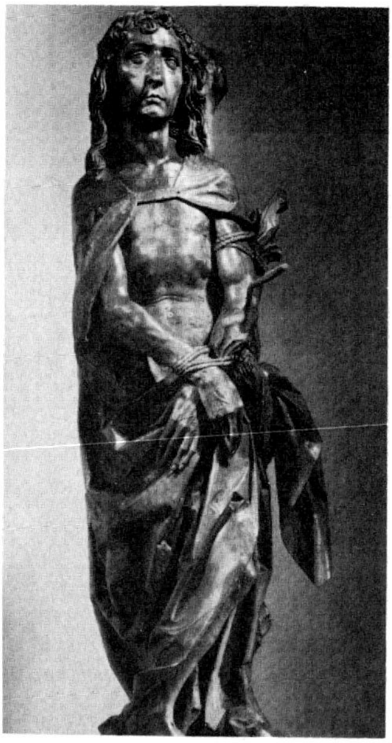
Heiliger Sebastian

Heilige und ihre Attribute

Petrus: Dargestellt mit zwei Schlüsseln. Sie sind das Symbol dafür, daß Petrus von Christus die Vollmacht des Bindens und Lösens erhielt.
Katharina: Sie trägt ein zerbrochenes Rad. Vor ihrem Märtyrertod wurde sie mit dem Rad gefoltert. Doch der Legende nach zerbrach dieses Rad.
Wendelin: Er zählt zu den vierzehn Nothelfern und ist der Patron des Viehs. Er wird zumeist dargestellt mit der Wurfschaufel des Hirten und einem Lamm.
Sebastian: In der Darstellung eines gefesselten, von Pfeilen durchbohrten Mannes.
Laurentius: Mit einem Rost dargestellt, auf dem er der Märtyrerakte nach zu Tode gequält wurde.
Ottilie: Sie ist die Heilige, die bei Augenkrankheiten angerufen wird. Sie trägt auf einem Kissen zwei Augen bei sich.
Cäcilia: Patronin der Musik. Sie trägt in ihren Händen eine Orgel.

9.12 Verweltlichung

Wirtshausschilder
Die Wirtshäuser im Dorf mit ihren malerischen Zeichen bevorzugten einst Namen, die sie aus der Kirche bezogen. Zuerst die Evangelistensymbole Engel, Löwe, Ochse (statt Stier), Adler, dann Kreuz und Lamm.
Die Geschichte der Heiligen Drei Könige, die als Reisepatrone verehrt werden, gab ebenfalls manchen Gasthäusern den Namen: Krone, Stern, Mohren.

Briefmarken mit christlichen Symbolen
Zu besonderen Anlässen wurden und werden Briefmarken gedruckt mit christlichen Motiven.

Kunst oder Kitsch?

Wer schon einmal Wallfahrtsorte besucht hat, wird manche Produkte gesehen haben, die sich nur schwer als Kunst bezeichnen lassen. Doch es gibt viele Menschen, denen so etwas gefällt. Oft ist es schwer, eine klare Trennungslinie zwischen Kitsch und Kunst zu ziehen. Kitsch wird zumeist als süßlich und verlogen bezeichnet; Kitsch schildert nicht die Wirklichkeit in künstlerischem Ausdruck, sondern übertreibt durch übersteigerte Harmonie. Vielleicht kommt aber Kitsch der Sehnsucht vieler nach Harmonie entgegen.

Anhang

Text- und Bildquellen

Alle Beiträge dieses Buches, bei denen kein Verfasser genannt ist, sind von den Autoren des Buches verfaßt worden.

8/9 Zeichnungen: Albert Burkart, in: Katholischer Katechismus der Bistümer Deutschlands. Verlag Herder, Freiburg 1956

11 Bibel-Comic. Deutsche Bibelgesellschaft, Stuttgart (Lizenzausgabe v. David C. Cook Publishing Co., Elgin, Ill. (USA)

12 Aus: F. Krenzer, Morgen wird man wieder glauben. Lahn-Verlag, Limburg 1972. – Aus: Grundriß des Glaubens. Kösel-Verlag, München 1980

13 Aus: P. Alexander, Die Welt der Bibel. © 1980 R. Brockhaus Verlag, Wuppertal (Text u. Abb. re. o.). – Abb. li. o. aus: H. Witzig/F. Testa, Sachbilder zur Bibel. Verlage Kaufmann/Kösel, 1982

15 Bibelhandschriften. Aus: W. Trutwin, Gesetz und Propheten. Patmos Verlag, Düsseldorf 1967

17 Hans Burgkmair d. Ä.: Johannesaltar. Johannes auf Patmos, 1518. München, Alte Pinakothek. Iv. 685

18 Aus: E. von Däniken, Erinnerungen an die Zukunft. Econ Verlag, Düsseldorf ^{33}1971. – Aus: I. Hemleben, Galileo Galilei. Rowohlt Verlag, Reinbek 1969 (rororo-bildmonographie 156)

19 Aus: W. Keller, Und die Bibel hat doch recht. Econ Verlag, Düsseldorf ^{24}1966

23 König David. Psalter, engl., spätes 12. Jh. London, Brit. Museum

25 »Zahlenangaben«. Aus: W. Trutwin, a.a.O., 20ff.

26 Aus: W. Trutwin, a.a.O., 24ff.

27 München, Alte Pinakothek

29 El Greco, Die Apostel Petrus und Paulus (Ausschnitt: Paulus). Ölgemälde um 1614. Leningrad, Eremitage

34 Rembrandt Harmensz van Rijn (1606–1669), Das Gleichnis von den Arbeitern im Weinberg, 1637. Holz, 31 × 42 cm. Leningrad, Eremitage

35, 36, 37 Aus: A. Kemmer, Gleichnisse Jesu. Verlag Herder, Freiburg 1981

37 Rembrandt Harmensz van Rijn (1606–1669), Die Rückkehr des verlorenen Sohnes, Radierung 1636

40 Aus: F. Chalet, Die verkehrte Welt. Aus d. Franz. v. A. Reitlinger. Styria Verlag, Graz

42 Christus Pantokrator. Berlin, Privatsammlung

43 Roland Peter Litzenburger, Schutzmantelchristus. 7778 Markdorf-Leimbach. – In: G. Biemer/R. Ruß, wenn das Antlitz sich verbirgt. Verlag Katholisches Bibelwerk, Stuttgart 1975

44 Aus: Ders., was ich gesehen habe. Verlag Vandenhoeck & Ruprecht, Göttingen

47 Nach: Die Bibel. Band 5. © 1977 bei Andreas & Andreas, Verlagsbuchhandel, Salzburg

49 Nach: G. Bornkamm, Jesus von Nazareth. Kohlhammer Verlag, Stuttgart ^{9}1971

50 Aus: S. Köder/H. Leroy, Und mit deinem Geist. Vaas Verlag, Ulm 1980 (gekürzt). – S. Köder, Enthüllung. © Vaas Verlag, Ulm

52/53 Aus: P. Alexander, a.a.O., 148f. – Das Gleichnis vom Senfkorn. Holzschnitt von Sr. Sigmunda May, Kloster Sießen, 1978

54 Martertod des Hl. Petrus. Aus: Glaubens- und Sittenlehr, Verlag Benziger 1887. (Foto: Bavaria, Gauting)

55 Aus: G. Lohfink, Der letzte Tag Jesu. Verlag Herder, Freiburg 1981 (auszugsweise)

56 S. Köder, Geheimnis des Glaubens (Die Emmausjünger). © S. Köder, Rosenberg. – Aus: Ders. u. a., Ahnung des Ewigen. Verlag Katholisches Bibelwerk, Stuttgart

59 Karikatur v. D. Schubert, Fürstenberg

60 Aus: S. Köder, Menschen in der Passion. Süddeutsche Verlagsgesellschaft Ulm. © S. Köder, Rosenberg

61 Aus: M. Bolliger/B. Schären, Bilderbuch (Eine Wintergeschichte). Artemis Verlag, Zürich 1976

62 Christus. Gemeinde St. Johannes, Bietigheim-Bissingen. © Praschak. – Aus: W. Kasper, Einführung in den Glauben. Matthias-Grünewald-Verlag, Mainz ^{3}1973

63 © Verlag Merseburger Berlin GmbH, Kassel

64 © Ernst Alt, Petrus geht über Wasser

65 Aus: Für wen aber haltet ihr mich? Jesus-Zeugnisse. Informationszentrum Berufe der Kirche, Freiburg i. Br.

67 Aus: J. Carmichael, Leben und Tod des Jesus von Nazareth. Szcesny-Verlag, München 1965. – Aus: M. Gandhi, Freiheit ohne Gewalt. Verlag Hegner, Köln 1968. – Marc Chagall. © 1985 A.D.A.G.P., Paris & COSMOPRESS, Genf

69 Miniatur aus der Manessischen Handschrift, 14. Jh.

70 Foto aus: U. Bracht, Bilder von der Schulbank. © Carl Hanser Verlag, München 1978

72 © B. Schmid, Stuttgart. – © STERN/Markus, Hamburg

73 Aus: E. Klee, Sozialprotokolle. Patmos Verlag, Düsseldorf 1978. – Aus: Stuttgarter Zeitung v. 28. 6. 80 (gekürzt)

74 »scheitern«, in: Bietigheimer Zeitung v. 18. 8. 83. – »Selbstmord« nach: A. Reiner/Ch. Kulessa, Ich suche keinen Ausweg mehr. Chr. Kaiser, München/Matthias-Grünewald Verlag Mainz ^{3}1981

75 Aus: P.-M. Pflüger, Kurzpsychotherapie und Krisenintervention. Bonz-Verlag, Fellbach 1978. – Grafik aus: A. Reiner/Ch. Kulessa, a.a.O., 93

76 Mit frdl. Genehmigung des kath. Pfarramtes St. Vitus, Ellwangen

77 © S. Köder, Rosenberg

78 I. u. G. Eisele in: RADIUS I/1978, Radius-Verlag, Stuttgart

79 Aus: Bischof G. Moser, Wie finde ich zum Sinn des Lebens? Verlag Herder, Freiburg i. Br. 1978

80 Aus: Arbeitsblätter für den Religionsunterricht. Thema Tod. Verlag F. Arbogast, Otterbach

81 M. Peitz-Gesquière, in: Junge Zeit 4/1983

82 Aus: Religionen der Menschheit – Verständnis der Welt. Verlag für Gemeindepädagogik R. Pfützner, München 1977

83 Auferstehung. Fresko 14. Jh. Chateau de Brancion/S.-et L. (Frankreich)

84 Karikatur © HEYNE PRESS München. Aus: Schwarzer Humor v. Gahan Wilson. Heyne-Taschenbuch. W. Heyne Verlag, München

85 Aus: J. Bill, Vom zärtlichen Menschen. Verlag Katholisches Bibelwerk, Stuttgart ^{2}1977. – Karikatur Vladimir Renčin, CSSR (Löwensteiner Cartoon-Service)

86 Karikatur Fred Schmidt, Gerlingen (Löwensteiner Cartoon-Service). – Aus: C. Zuckmayer, Gedichte. S. Fischer Verlag, Frankfurt/M. 1977

88 Interview in: La Croix (Übersetzung O. Simmel SJ)

91 L. Steger, in: Briefe an Soldaten 50. Kath. Militärbischofsamt, Bonn ^{2}1968

93 in: ferment 5/6 1978

94 Aus: A. de Saint-Exupéry, Der Kleine Prinz. Karl Rauch Verlag, Düsseldorf 1956. – Aus: Ph. Bosmans, Liebe wirkt täglich Wunder. Verlag Herder, Freiburg i. Br. – Aus: B. Brecht, Gesammelte Werke. Band 11 (Prosa 1), Suhrkamp Verlag, Frankfurt/M. 1967

96 © Brigitte Lange-Helms, Münster. Monotypie 23,5 × 28 cm. In: Bibel im Bild. Bischöfl. Generalvikariat, Münster

97 © Sr. Sigmunda May, Kloster Sießen, 1980
101 Marc Chagall. Öl auf Leinwand, 81 × 65,5 cm. Sammlung des Künstlers. © 1985 by A.D.A.G.P. Paris & COSMOPRESS, Genf
105 Aus: R. Tschuch, Gott für Kinder. Gütersloher Verlagshaus Gerd Mohn (GTB 83) 1974
106 »Krisen« aus: Ev. Erwachsenenkatechismus, Gütersloher Verlagshaus Gerd Mohn, ^{3}1977
108 »Ernst nehmen« aus: Ev. Erwachsenenkatechismus, a.a.O.
111 Wien, Kunsthistorisches Museum
114 In: Acher und Bühler Bote, Bühl, 24. 2. 81. – In: Neue Bildpost 34/21. 8. 83
115 In: Die Zeit. – In: Welt am Sonntag 1/1983
116 Aus: H. Dollinger (Hg.), Außerdem. Scherz-Verlag, München 1967
117 In: DIE WELT, 28. 1. 81
119 In: ZEIT-magazin 27/1. 7. 83
120 Aus: Wir sind ein Teil der Erde. Walter-Verlag, Olten ^{6}1983
122 Aus: gemeinsam anders leben. Arbeitshilfen zu Fragen der Entwicklung. Misereor, Aachen
124 Aus: Ch. Stückelberger, Aufbruch zu einem menschengerechten Wachstum. Theologischer Verlag, Zürich 1979. – In: konradsblatt, Karlsruhe 2. 1. 83. – In: Süddeutsche Zeitung, München 22. 8. 83
125 Mut, in: Bietigheimer Zeitung v. 21. 7. 83
126 Aus: gemeinsam anders leben, a.a.O. – Aus: Ders., Texte der Zuversicht. Verlag J. Pfeiffer, München 1973
127 Aus: I. Fetscher, Von Marx zur Sowjetideologie. Verlag Moritz Diesterweg, Frankfurt/M. 1963. – Aus: Legenda aurea. Verlag Lambert Schneider, Heidelberg 1979. – Zit. nach: J. Marcilly, Le Testament politique de Guevara, Zürich 1968
128 Jerusalem, Tempel Salomos. Holzschnitt
130 Aus: H. J. Franz, Grundrechte in Deutschland. Süddeutsche Verlagsgesellschaft, Ulm 1973
131 li. o.: Illustration zu Beecher-Stowe, Onkel Tom's Hütte. Bildarchiv Preußischer Kulturbesitz, Berlin. – Mi. li: Hexenverbrennung in Derneburg/Harz, Okt. 1555. Bildarchiv Preußischer Kulturbesitz, Berlin. – u. Plünderung der Judengasse zu Frankfurt, 1614. Kupferstich v. M. Merian d. Ä., kol., Bildarchiv Preußischer Kulturbesitz, Berlin. – KZ Wobbelin. – Berlin, Mauer
132 Suppl. Grec. 1286, fol. 29. Paris, Bibliothèque Nationale
133 Karikatur Punch/Lüning
134 In: Neu-Ulmer Zeitung, 17. 12. 79
137 Quelle unbekannt
138 Aus: E. Blechschmidt, Vom Ei zum Embryo. Deutsche Verlags-Anstalt, Stuttgart 1968
140/141 In: konradsblatt, Karlsruhe, 25. 8. 83
145 Aus: D. Emeis, Zum Frieden erziehen. Verlag J. Pfeiffer, München 1968
146 Aus: Über Friedenssicherung. Hrsg. v. ASJ e. V., Wiesbaden
149 Alle Rechte beim impulse-Musikverlag, 4406 Drensteinfurt. – Karikatur Jupp Wolter, Lohmar
150 © D. Emeis, in: Briefe an die Soldaten, Nr. 171
152 Aus: W. Hoffsümmer, 255 Kurzgeschichten. Matthias-Grünewald-Verlag, Mainz 1982. – Karikatur: Bosc, Abendgebet. © Ch. Charillon, Paris
154 L. Hoffmann, aus: P. Jakobi, Um der Menschen willen. Verlag Haus Altenberg, Düsseldorf 1970
155 Aus: Neue geistl. Lieder, BE 285. Gustav Bosse-Verlag, Regensburg
157 © S. Köder, Rosenberg
161 In: Kirchenzeitung der Diözese Augsburg, 20. 3. 83
162 In: Augsburger Allgemeine, 4. 3. 83. – Aus: Dies., Mord am Altar. Rex-Verlag, Luzern 1981
164 In: Frankfurter Allgemeine, 5. 1. 81
165 In: konradsblatt, Karlsruhe, 23. 1. 83. – In: Acher und Bühler Bote, Bühl, 25. 2. 81
167 Zit. nach: Amtsblatt d. Diözese Augsburg, 20. 8. 82
168/169 Aus: Th. u. G. Sartory, Strukturkrise einer Kirche. Deutscher Taschenbuchverlag, München 1969 (dtv-report 585). – Maria mit Kind. Holzplastik, Füssen. 15. Jh.
171 In: kontinente 5/1982
172 Aus: Grundriß des Glaubens, a.a.O.
174 Aus: Grundriß des Glaubens, a.a.O.
175 Andrea Pisano, Relief v. d. Bronzetür des Baptisteriums, Florenz (Ausschnitt: Jesus heilt Kranke, 1330–1336)
177 Zit. nach Ausstellungskatalog: 1871 – Fragen an die deutsche Geschichte.
183 Das äthiopische Misereor-Hungertuch – Motiv X
184 Dritte Welt, in: Katholisches Sonntagsblatt, Rottenburg 30/1983
185 Gefährdung, in: Katholisches Sonntagsblatt, Rottenburg 27/1983. – Arbeitslosigkeit, in: Informationen Nr. 163/1983 d. Priesterrats und Diözesanrats, Rottenburg
187 Aus: H. Sinz, Volksbuch vom deutschen Handwerk. Verlagsanstalt Handwerk, Düsseldorf
188 Aus: P. Schobel, Dem Fließband ausgeliefert. Chr. Kaiser Verlag, München/Matthias-Grünewald-Verlag, Mainz ^{2}1981
189 Aus: Kardinal Joseph Höffner, Christliche Gesellschaftslehre. Verlag Butzon & Bercker, Kevelaer 1978. – In: DER SPIEGEL 2/1973
190 Multis, in: DER SPIEGEL 21/74 (gekürzt). – In: Bietigheimer Zeitung, 7. 9. 1983
191 Nach: H. Goss-Mayr, Die Macht der Gewaltlosen. Styria Verlag, Graz 1968
192/193 Aus: gemeinsam anders leben, a.a.O.
194 Karikaturen: Jupp Wolter, Lohmar. – DIE WELT. – Marcus, Nijmegen
196 Aus: Mittelamerika. Hg. Misereor, Aachen. – Karikatur Horst Haitzinger, München
199 © SPADEM, Paris/Bild-Kunst, Bonn 1985
201 Aus: B. Moser (Hg.), Das christliche Universum. Südwest Verlag, München 1981
205 Detail aus Stefan Lochner, Das Weltgericht. Köln, Wallraf-Richartz-Museum
206 Aus: B. Moser (Hg.), a.a.O.
207 München, Alte Pinakothek
208 Autobahnkirche von Osten mit Noah-Turm. Betonbildwerk, Fenster und Emailtüren von Emil Wachter, 1976–78
210/211 Aus: B. Moser (Hg.), a.a.O.
212/213 Aus: B. Moser (Hg.), a.a.O.
214 Votivtafel (Ölfarben auf Holz, 31 × 46 cm). München, Bayerisches Nationalmuseum (Slg. Kriss. Inv. V 173)
215 In: PAN/Juni 1982
218 Tilman Riemenschneider, Hl. Stephanus, Lindenholz um 1505. Mainfränkisches Museum, Würzburg. – Riemenschneider Schule, Hl. Katharina, um 1515–1520. – Tilman Riemenschneider, Hl. Sebastian
220 Obstädter Bauernschrank, in: PAN 2/1983

Fotonachweis

action-press, Hamburg: 118; Alinari, Florenz: 175; T. Angermayer, Holzkirchen: 121 (H. Pfletschinger); ARTOTHEK-J. Blauel, Planegg: 17, 207; Associated Press, Frankfurt: 129 (2×); G. Bäuerle, Gärtringen: 215; B. Bartel, Simmozheim: Umschlag, 72 (1×), 211 (1×); Bavaria, Gauting: 54, 89 (Geiges), 115 (Lehnartz), 198 (Fiore), 203 (Bauer), 204 (Sammer, re), 209 (Neuwirth); F. Bruckmann, München: 88; CIRIC, Genf: 171 (2×), 193 (1×); M. Cremer, München: 202; DVA, Stuttgart: 136, 138 (Blechschmidt); dpa, Hamburg: 88, 140 (Wieseler), 141 (Wattenberg), 142, 146 (Pfund); G. W. Drahn, München: 187 (2×); Fotokunst Groh, München: 123; Franz-

Hitze-Haus, Münster: 179; L. Geiges, Staufen: 217 (2×); Greenpeace, Hamburg: 125; Herder-Bildarchiv, Freiburg: 178; R. Holder, Urach: 156; W. Jäger, Missio München: 63; G. Janin, Besançon: 155; KNA, Frankfurt: 58, 59, 148, 162, 196; Kösel-Archiv: 7, 12, 13, 14, 15, 23, 33, 151 (3×), 158 (2×), 159 (2×), 165, 169, 174, 191, 198 (2×), 219; W. Kohn, Bamberg: 193 (1×); laenderpress, Düsseldorf: 41; E. Martin, Weßling: 102; Missio, München: 119, 170; L. Nahler, Wiesbaden: 186; V. Otto, Idstein: 104; PAN: 220 (Koether); G. Schaider, München: 48; M. Schneiders, Lindau: 213; T. Schneiders, Lindau: 69, 155 (o.), 204 (li), 206; O. Schnurr, Ottenhöfen: 108, 131 (1×), 197, 216 (3×); Ch. Sonderegger, Rheineck: 91; STERN, Hamburg: 153 (Hinz); Studio X, Limours: 78; Ullstein, Berlin: 131 (1×), 144, 146 (1×), 201; F. Wachter, Karlsruhe: 208; Weltbild Löppert, München: 212

Stichwortverzeichnis

Autorenverzeichnis

(Die Namen der darstellenden Künstler sind *kursiv* gesetzt.)